중국문명대시야 4

中華文明大視野
by 袁行霈

Copyright © 2002 by 21st Century Publishing House
Korean translation copyright © 2007 by Gimm-young Publishers, Inc.
Korean translation rights arranged with 21st Century Publishing House
Through Imprima Korea Agency.

中华文明

중국문명대시야

베이징대학교 중국전통문화연구센터 기획 | 장연·김호림 옮김

大视野

4

한중수교
15주년 기념

김영사

중국문명대시야 4

저자_ 위안싱페이
역자_ 장연 · 김호림

1판 1쇄 인쇄_ 2007. 12. 1.
1판 1쇄 발행_ 2007. 12. 4.

발행처_ 김영사
발행인_ 박은주

등록번호_ 제406-2003-036호
등록일자_ 1979. 5. 17.

경기도 파주시 교하읍 문발리 출판단지 515-1 우편번호 413-756
마케팅부 031)955-3100, 편집부 031)955-3250, 팩시밀리 031)955-3111

이 책의 한국어판 저작권은 Imprima Korea Agency를 통한 21st Century Publishing House와의
독점 계약으로 김영사에 있습니다. 저작권법에 의해 한국 내에서 보호를 받는
저작물이므로 무단 전재와 무단 복제를 금합니다.

값은 표지에 있습니다.
ISBN 978-89-349-2739-6 04910
　　　 978-89-349-2735-8 (세트)

독자의견 전화_ 031) 955-3104
홈페이지_ http://www.gimmyoung.com
이메일_ bestbook@gimmyoung.com

좋은 독자가 좋은 책을 만듭니다.
김영사는 독자 여러분의 의견에 항상 귀 기울이고 있습니다.

中国文明 大视野

추천사 | 양국 교류의 새로운 지평을 열기 위하여

올해는 중국과 한국이 수교한 지 15주년이 되는 해입니다. 하루 평균 1만 1천 명의 한국인이 매주 800여 항공편을 통해 한국의 6개 도시와 중국 30여 개 도시를 왕래하고 있습니다. 사람들이 자주 오가면서 중국에는 '한류韓流'가 퍼져나가고 한국에는 '한풍漢風'이 거세게 불고 있습니다. 중국에서는 매일 1억 명 이상의 시청자들이 한국 드라마를 봅니다.

한국에서는 중국어 학습 열풍이 불고 있습니다. 한국에는 현재 130여 개 대학이 중문과를 개설하였고 중국어를 할 줄 아는 외국인 3명 가운데 2명은 한국인입니다. 특히 HSK 상위권 득점자 대다수가 한국인입니다. 전 세계에서 중국어를 제일 잘 구사하는 외국인이 한국인인 것입니다. 이렇게 중국과 한국이 1992년 수교 이후 15년 만에 비약적인 관계발전을 이룩했다는 점은 어느 누구도 부인할 수 없습니다.

그러나 저는 한 가지 아쉬움이 있습니다. 문화의 가장 기본적인 바탕이라고 할 수 있는 도서의 교류가 아직 부족하지 않은가 생각하는 것입니다. 조금 과장해서 말하면 저는 양국 간의 활발한 도서 교류가 양국 관계에 새로운 전기를 마련해줄 수 있을 것이라고 봅니다. 두 나라의 국민들이 상대 국가에서 출간되는 양서를 더 많이 읽고 이해하면 두 나라가 좀 더 서로를 깊이 알고 좋은 관계로 발전해갈 수 있지 않을까 생각하는 것입니다.

김영사의 박은주 사장님이 4년 전 중국대사관 문화원 측에 중국문화를 제대로 이해할 수 있는 책을 함께 기획해보자는 의견을 주셨습니다. 그때 중국 문화원의 담당자는 양국의 친선교류를 위한 좋은 기회라고 판단하고 면밀한 검토 작업에 들어갔습니다. 그 결과로 선택한 책이 명문 베이징대학교의 대표적인 교수진이 집필한 이 책 〈중국문명대시야(원제: 中華文明大視野)〉였습니다. 김영사에서도 흔쾌히 출간을 수락하였고 그 결과 한중수교 15주년을 기념하여 출간하게 되었습니다. 저는 이 도서가 중국이 오랫동안 축적해온 문명의 정수를 제대로 한국인에게 보여줄 것이라고 생각합니다.

다행스럽게도 최근에는 양국의 출판계에서도 서로 활발한 교류가 이루어지고 있습니다. 양국의 작가들이 오가며 열띤 토론과 의견을 나누고 한국 서점에서도 중국의 다양한 책들을 볼 수 있게 되었습니다. 저는 주한 중국대사관 문화원과 김영사가 공동으로 기획한 이 도서가 양국의 지식 정보 교류에 새로운 전기를 마련해주기를 진심으로 바랍니다.

2007년 겨울
주한 중국대사
닝푸쿠이 寧賦魁

서문 | 중국인이 중국인인 이유

만리장성, 황허, 창장강, 팔괘八卦, "높은 지위에 있는 사람도 삼가지 않으면 후회하게 된다亢龍有悔" "요조숙녀는 군자의 좋은 짝일세窈窕淑女 君子好逑", 띠, 중추절, 단오절, 용주龍舟 시합, 새해 인사, 양고기 샤브샤브, 젓가락 사용…….

앞에서 말한 것들은 중국인에게 무척 익숙한 것들이다. 중국인이 중국인인 이유는 이 수많은 요소들의 영향을 통해 중국인이 되었기 때문이다. 노란 피부, 검은 머리, 검은 눈동자 때문에 중국인이 중국인인 것은 아니다. 중국인이 머릿속으로 생각을 떠올리면 중국식 사유이고, 하루하루의 일상은 중국식 생활방식이다. 중국인은 중국문화에서 벗어나지 못한다. 중국인은 세계의 어느 곳에 있건 음력 섣달 그믐날이나 중추절 같은 명절이 되면 강렬한 반응을 보인다. 이런 크고 작은 일들이 넓은 중국문화의 그물이 된다. 중국인은 모두 이런 것에 익숙하지만 대부분은 그 이유를 모르고 어떻게 된 일인지 잘 설명하지 못한다. 이《중국문명대시야》는 중국인의 생활 속에 있는 중국문화를 친절하고 간단하면서도 믿을 수 있는 언어로 소개해준다.

1994년 내가 베이징대학교의 명예교수 자리를 받았을 때, 베이징대학교 국학연구원 중국전통문화연구센터의 학자들과 좌담회를 한 적이 있다. 그들은 마침 큰 프로젝트를 시작하고 있었다. 그들은 조를 나누어 중국문화와 역사에 대한 연구과제 1백여 편을 쓰고 있었는데, 어려운 내용을 알기 쉽게 쓰되, 착오 없이 정확하고 재미있어야 했다. 그 원고들은 중앙방송국에서 텔레비전 방송물로 제작되었다. 연구센터의 주임인 위안 싱페이 교수는 내게도 "무술"과 "칭기즈칸" 혹은 맘에 드는 역사 인물에 관한 글을 써보라고 권했다. 무척 흥미가 당긴 나는 이 부탁을 받아들이려고 했다. 그러나 오래지 않아 홍콩으로 돌아갔고, 업무상 연락이 쉽지 않아 결국 마음을 접고 말았다. 나중에 베이징대학에 다시 돌아갔을 때 위안 교수와 그의 동료들이 내게 이미 촬영을 마친 텔레비전 방송물 몇 세트를 선물했다. 내용을 보니 수준이 대단히 높아서 독자들에게 널리 추천할 가치가 있다고 생각했다. 이제 방송 내용을 체계적으로 정리하여 한결 더 훌륭하게 출간된 책을 보니 정말 기쁘지 않을 수 없다. 이 책은 중국문화의 정수를 담고 있다. 이 책을 읽고 이해한 독자라면 중국문화를 이해했다고 말해도 지나치지 않을 것이다. 독자 제현의 일독을 권한다.

진융金庸

차례

추천사 | 양국 교류의 새로운 지평을 열기 위하여 • 6
서문 | 중국인이 중국인인 이유 • 8

제7부
탕현조와 임천사몽 • 17
서하객과 《하객유기》 • 31
왕양명 • 45
송응성과 《천공개물》 • 57
서광계와 《농정전서》 • 69
이시진과 《본초강목》 • 81
명대의 왕릉과 유물 • 91
타이완을 수복한 정성공 • 105
포탈라 궁과 티베트 불교 • 117
장서루 • 131

지방지 • 145
명말의 3대 사상가 • 157
명·청대의 베이징성 • 171
명·청대의 원림 • 183
명·청대의 판화 • 197
명·청대 문인의 인장 • 211
명·청대의 국자감 • 225
고궁 건축 • 237
피서산장 • 251
주거지와 사합원 • 265

제8부

강건성세 • 281
곤곡의 흥망성쇠 • 297
청대의 곡예 • 309
전통 희극을 집대성한 경극 • 321
18세기 프랑스의 '중국 붐' • 335
원명원 • 347
천단 • 359
포송령과 《요재지기》 • 375
오경재와 《유림외사》 • 387
조설근과 《홍루몽》 • 401

공자진 • 415
임칙서 • 427
황준헌 • 441
무술변법 • 453
경사대학당 • 467
추근 • 479
손문 • 493
5·4 신문화운동 • 507

역자 후기 | 중국 이해의 새로운 지평을 열다 • 518

차례

【 제1부 】

용과 중국 민족
염제와 황제
물을 다스린 대우
상주의 청동기 예술
갑골문
《주역》과 팔괘
《시경》
제자와 백가쟁명
노자
공자
손무와 《손자병법》
묵자
장자
맹자
한비자
굴원과 〈이소〉
이빙과 두장옌
선진시대의 수레
선진시대의 옥기

【 제2부 】

진나라 시황제
장성
진시황릉 병마용
마왕퇴
문경의 정치
한나라 무제
서역으로 간 장건
사마상여와 한부
한나라의 악부
사마천과 《사기》
왕충과 《논형》

고대의 제지술
장형의 과학적 성취
한자 이야기
고대의 종
한나라 황실의 능과 궐
한나라의 백희
열두 띠 이야기
청명과 한식
설날 풍속

【 제3부 】

동고
석경
건안 풍골
신의 화타
의성 장중경
제갈량
도연명
육조의 고승
왕희지와 그의 서예
갈홍과 위진시대의 도교
조충지
북위 효문제와 북방 민족
윈강 석굴
조주교와 교량 건축
대운하
당나라의 장안성
당나라 태종과 정관의 치세
서역의 경전을 가져온 현장
대안탑과 소안탑

【 제4부 】

실크로드
당나라의 무악
문성공주와 송찬감포
무측천
개원 시기의 태평성대
당 왕조 능묘의 조각상
룽먼 석굴
둔황 석굴
감진의 일본행
당삼채
당대의 복식
당대의 서예
당시
왕유
이백
두보
백거이
한유
유종원

사마광과 《자치통감》
송사
소식
이청조
악비
육유
신기질
중국의 서원
주희와 이학

【 제5부 】

남조의 문화
회흘의 문화
서하의 문화
짱족의 영웅서사시 《거싸얼》
당나라의 전기소설
육우와 《다경》
팔선에 관한 전설
청렴한 관리 포증
범중엄과 〈악양루기〉
구양수
왕안석과 회령변법

中國文明 大視野

제7부

탕현조와 임천사몽 • 서하객과 《하객유기》 • 왕양명 • 송응성과 《천공개물》 • 서광계와 《농정전서》 • 이시진과 《본초강목》 • 명대의 왕릉과 유물 • 타이완을 수복한 정성공 • 포탈라 궁과 티베트 불교 • 장서루 • 지방지 • 명말의 3대 사상가 • 명·청대의 베이징성 • 명·청대의 원림 • 명·청대의 판화 • 명·청대 문인의 인장 • 명·청대의 국자감 • 고궁 건축 • 피서산장 • 주거지와 사합원

【 탕현조와 '임천사몽' 】

● 탕현조

탕현조는 당대의 소설과 원대의 잡극을 계승하여 '임천사몽'을 완성함으로써 당시는 물론이고 후세의 희곡 창작에 큰 영향을 주었다. '임천사몽'은 명대 말기의 어두운 현실을 날카롭게 비판하며 이상에 대한 추구 등을 표현했다.

탕현조湯顯祖(1550~1616)는 자가 의잉義仍이고 호는 약상若上이다. 장시성江西省 린촨臨川 사람으로 명나라의 저명한 희곡 작가이다.

탕현조는 선비 가문 출신으로서 일찍부터 문장으로 이름을 떨쳤다. 14세에 진학하여 21세에 과거에 급제했지만, 부귀와 권력에 아부하지 않은 탓에 34세가 돼서야 진사에 급제해 난징南京에서 태상시太常寺 박사라는 한직에 몸담았다. 당시 명 왕조는 건립된 지 200여 년이 지나면서 지배계급의 부패상을 점차 드러내기 시작했으며, 탐관오리들의 착취는 백성에게 이루 말할 수 없는 고난을 안겨주었다. 탕현조는 이런 현실에 직면하자 분노에 차서 조정을 규탄했으며, 이로 인해 레이저우雷州 반도 쉬원현徐聞縣의 전사典史로 강등되었다.

그 후 저장성浙江省 쑤이창현遂昌縣의 지현知縣으로 부임해서 호환虎患을 없애고 토호들의 세력을 억제했으며, 섣달 그믐날이 되면 죄수들을 집으로 돌려보내 식구들과 함께 지내게 했다. 하지만 이런 조치는 지방 봉건 세력의 반발을 샀고 탕현조 자신은 상급 관리의 시기를 받았다.

만력萬曆 26년(1598) 그는 끝내 벼슬을 버리고 고향으로 돌아가서 18년간 책을 읽고 저술을 하던서 자식을 기르고 부모를 봉양했다.

탕현조는 1598년에 대표작 《모란정牡丹亭》을 완성했다. 희곡 《모란정》과 더불어 그가 창작한 《자차기紫釵記》, 《남가기南柯記》, 《한단기邯鄲記》를 '임천사몽臨川四夢'이라고 부른다. 작가가 린촨臨川 사람인 데다 네 작품 모두 인물의 꿈속 이야기를 줄거리로 하고 있기 때문이다.

임천사몽 중에서도 특히 《모란정》은 희곡사에서 중요한 위치를 차지하며, 탕현조도 이로 인해 중국 문학사상 불후의 작가 중 한 명이 되었다.

각종 판본으로 나온 탕현조의 저술

【 탕현조의 문예관 】

탕현조는 문예 이론에 관한 어떤 저작도 남기지 않았지만 그의 작품에는 시, 문장, 그림, 음악에 관해 논한 내용이 많다. 따라서 이러한 글을 정리해보면 탕현조의 문예관을 어느 정도 이해할 수 있다.

탕현조의 문예관은 '지정至情'이 핵심이다. 만력 연간의 문단에서 탕현조는 '정情'이라는 깃발을 높이 치켜들었다. '임천사몽'의 창작을 논할 때 탕현조는 "정으로 인해 꿈을 이루고, 꿈으로 인해 극〔戲〕을 이룬다"고 하여, 정이 지극하면 생사를 초월해서 영원한 의의를 갖출 수 있다고 여겼다. 〈모란정기제사牡丹亭記題詞〉에서 그는 이렇게 말했다.

"정이 지극하면 산 자도 죽을 수 있고 죽은 자도 살 수 있다. 그런데 살아서 죽음과 함께할 수 없고 죽어서 다시 살 수 없다면, 그것은 모두 정이 지극하지 않기 때문이다."

이처럼 지정 이론은 그의 작품에 반영되었다. 하나는 대담하게 사회 현실을 비판한 것이고 다른 하나는 남녀 간의 사랑을 노래한 것이다.

탕현조는 문예 작품 속의 '정情'은 응당 '진眞'이어야 한다고 여겼다. 하지만 구체적인 작품 속에서는 기이한 사람, 기이한 일, 기이한 경계를 추구했으며, 이런 것들을 통해서 사회와 인생을 그리고 이상을 표현했다. 그는 상상의 날개를 대담하게 펼쳐서 예술적 상상력을 자유롭게 발휘해야 한다고 주장했다.

명나라 사람의 연극 그림

탕현조가 표방한 또 하나의 문예관은 "성정性情을 충분히 발휘해서 세상의 변화를 통달해야 한다"는 것이다. 즉 앞사람의 경험을 배우고 전통을 되돌아보면서 시대의 변화에 따라 자신의 재능과 정조를 충분히 발휘해야 한다는 뜻이다.

【 '임천사몽'의 예술적 특색 】

'임천사몽'은 줄거리와 구상이 기이하고 곡절이 많으며 짙은 낭만적 색채를 띠고 있다. 또 언어가 우아하고 아름다워 수많은 장면에서 풍부한 시적 정취와 그림 같은 경지를 보여준다.

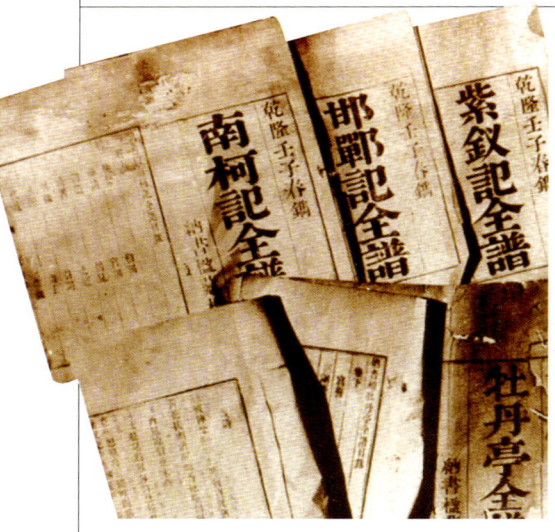

청나라 건륭제 임자년에 간행된 '임천사몽'

《모란정》의 예술적 성과는 '임천사몽'의 다른 작품들보다 훨씬 뛰어나다. 그 낭만주의적 특색은 "꿈에서 죽고", "죽었다가 다시 태어나는" 환상적인 줄거리를 통해 이상과 현실 간의 모순을 표현하고 있다. 여주인공 두여낭이 추구한 이상은 당시의 현실에서는 거의 실현될 수 없는 것이었지만, 몽상과 혼유魂遊(영혼의 떠돎)의 경계에서 그녀는 끝내 봉건시대 예교의 갖가지 속박을 벗어나 자신의 아름다운 소망을 실현했다. 이런 낭만적인 색채는 주인공의 예술적 이미지와 반역의 성격을 형상화하는 데 빠트릴 수 없는 수단이다.

그다음 서정시의 수법으로 인물의 내면을 부각해서 그 성격을 더 선명하게 보여준다. 예컨대 〈경몽驚夢〉에서 두여낭은 처음엔 흥분한 상태로 정원에서 노닐다가 대자연을 접촉한 후 봄 경치의 아름다움에 탄복하지만, 자신의 처지를 생각하고는 암담해한다. 내면세계의 발전 맥락이 아주 분명하다. 〈경몽〉, 〈심몽尋夢〉, 〈요상鬧殤〉 등을 읽다보면 극본을 본다는 느낌보다는 서정시를 읽는 듯한 느낌이 든다.

상대적으로 《자차기》의 곡사曲詞는 지나치게 화려하고 조탁彫琢이 많아서 초기의 미성숙한 작품이라 할 수 있다. 《남가기》와 《한단기》에서는 불교와 도교의 교의를 선양하는 데 치우쳐 인물의 성격이 변화하는 근거를 잘 묘사하지 못하고 있다. 예컨대 《남가기》의 주인공 순우분은 술을 좋아하고 실의에 빠진 건듯에서 백성을 사랑하는 청렴한 관리가 되지만, 나중에는 부귀와 권력을 탐하는 관료로 변신한다. 하지만 이 역시 당시의 사회 현실을 구체적으로 반영한 것이다.

《모란정》

탕현조는 "'임천사몽' 중에서 유독 《모란정》만이 자랑스럽다"고 말한 바 있다. 《모란정》은 《환혼기還魂記》 혹은 《모란정몽牡丹亭夢》이라고도 하며 중국의 희곡 역사상 낭만주의 걸작으로 꼽힌다.

《모란정》은 심금을 울리는 의미심장한 사랑 이야기이다. 두여낭은 난안南安 태수 두보杜寶의 무남독녀이다. 부친의 엄격한 통제로 두여낭은 관아에 살면서 뒤뜰의 화원에도 가보지 못한다. 삼엄한 봉건 예교와 특수한 가정 환경은 성장기 소녀에게 고뇌를 안겨준다. 어느 날 그녀는 봄빛이 무르익은 뒤뜰의 화원에 몰래 나가서 놀고 온 뒤 꿈속에서 이상적인 애인 유몽매柳夢梅를 만난다. 그러나 잠에서 깨어난 그녀는 차가운 현실에 절망하다가 근심 속에서 죽고 만

《모란정》의 삽화

다. 3년 후, 유몽매도 꿈속에서 만난 사람을 찾아가 그곳에서 두여낭의 유혼을 만난다. 그때 두여낭이 정情의 감응으로 되살아나고, 두 사람은 마침내 부부가 된다.

두여낭과 유몽매가 삶과 죽음을 넘나들며 이별하고 결합하는 사랑 이야기를 통해 작가는 봉건 예교를 반대하고 자유로운 행복의 추구와 개성의 해방을 노래했다. 두여낭은 죽음에 이르면서까지 고집스럽게 사랑을 추구하여 끝내 뜻을 이루는데, 이는 독자들을 고무시킬 뿐 아니라 아름다운 삶에 대한 작가 자신의 동경을 담고 있다.

《자차기》

탕현조는 다른 사람과 함께 《자소기紫簫記》라는 작품을 썼다. 이는 주인공 곽소옥이 등불놀이를 구경하다가 우연히 자옥소紫玉簫를 습득하고 이름을 얻는다는 내용이다. 작품은 당나라 때의 전기傳奇인 《곽소옥전霍小玉傳》에서 소재를 얻었지만, 그 비극적인 결말은 바꾸었다.

《자소기》는 예술적으로 미숙한 점이 많다. 《자차기》는 바로 그 《자소기》를 개작한 것이다.

정월 대보름날 곽소옥이 등불놀이를 구경하다가 옥비녀를 잃어버렸는데, 마침 서생 이익이 그것을 주우면서 두 사람은 부부의 인연을 맺게 된다. 그 후 이익은 과거에 응시해 장원급제를 하지만, 나중에 세도가인 노태위太尉를 배알하지 않고 그의 딸과 결혼하라는 것도 거절하다가 태위의 관저에 감금된다. 소옥은 이익이 재혼했다는 헛소문을 믿고 중병에 걸리는데 노란 옷을 입은 협객이 신발을 가져다주는 꿈을 꾼다. 신기하

연극 '임천사몽'

〈한단기〉

〈자차기〉

〈남가기〉

메이란팡梅蘭芳과 옌후이주言慧珠가
연기한 경극 〈모란정〉

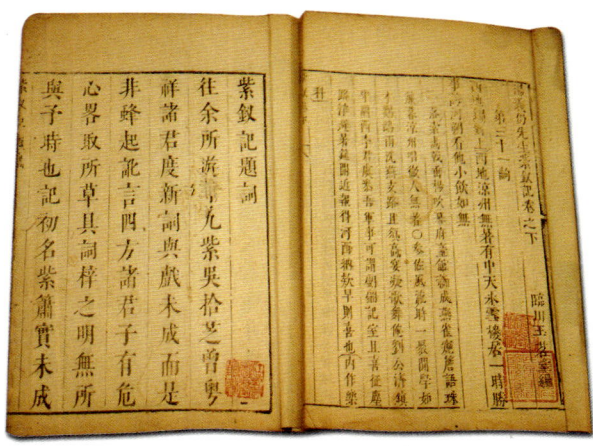

《자차기》

게도 얼마 후에 정말로 노란 옷을 입은 협객이 이익을 구해 소옥에게 데려다줌으로써 두 사람은 다시 만나게 된다.

작품은 곽소옥의 사랑과 노란 옷을 입은 협객의 의협심을 노래하는 동시에 노태위로 대표되는 세도가의 사악한 전횡을 비판한다. 작품은 원만하게 끝을 맺지만 실제로는 비극이 깔려 있다.

"한편으로는 몸단장을 하면서 잠을 설치니, 들려오는 듯한 말발굽 소리는 내 마음속을 맴도는구나. 실을 씻으며 기다리면 그 사람은 머지않아 올 것이다."(《자차기》의 제52에서)

이 구성진 곡사는 사랑에 대한 곽소옥의 집착을 표현하고 있다. 하지만 작품의 가장 큰 약점은 갈등을 해결하는 역할을 노란 옷의 협객에게 맡김으로써 남녀 주인공을 수동적인 위치에 놓았다는 것이다. 그래서 곽소옥의 이미지는 《모란정》의 두여낭만큼 강렬하지 않다. 그녀는 죽음에 이르면서까지 사랑을 추구하는 두여낭과 같은 정신이 부족하다. 하지만 《자소기》에서 《자차기》에 이르기까지 현실에 대한 작가의 인식은 점차 고양되고 예술적 표현도 점차 세련되어간다.

《남가기》와 《한단기》

《남가기》와 《한단기》는 각각 당나라 때의 소설 《남가태수전南柯太守傳》과 《침중기枕中記》에서 소재를 취했다. 작가는 꿈속에서 부귀를 마음껏 누리는 이야기를 통해 인생무상과 세상의 풍파를 표현했다.

《남가기》의 줄거리는 다음과 같다. 꿈속에서 괴안국槐安國 공주와 결혼한 순우분은 남가 태수로 부임해 성실함과 근면함으로 명성을 얻는다. 그러나 승상의 자리에 오른 후에는 교만하고 방탕한 생활을 하다가 관직에서 쫓겨나고 만다. 꿈에서 깨어난 후 순우분은 인간세상에 환멸을 느끼고는 승려가 된다.

《한단기》의 이야기는 이렇다. 노생은 여동빈이 준 베개를 베고 자다가 꿈을 꾼다. 꿈에서 그는 부잣집 딸 최씨와 결혼해 아내의 재물을 뇌물로 바치고 과거에 장원급제한다. 그 후 지배층 내부의 알력과 음모 속에서 목숨을 잃을 뻔하지만, 나중에 벼락출세하면서 그 혜택이 자손에게까지 미친다. 그러나 잠에서 깨어난 후 그 모든 것이 꿈이었음을 알고는 승려가 된다.

인생이 꿈과 같음을 보여주는 이 희곡에서 탕현조는 지배계급의 암투와 타락을 자세히 보여주는 한편 세태를 생생하게 묘사하고 있다. 예컨대 《한단기》의 〈탈원奪元〉에서 사례司禮 태감은 황제가 노생을 장원으로 낙점했다는 소식을 우문융宇文融에게 알릴 때 이렇게 말한다.

"그와 조정의 대신들은 서로 아는 사이로 모두 그의 문재文才가 으뜸이

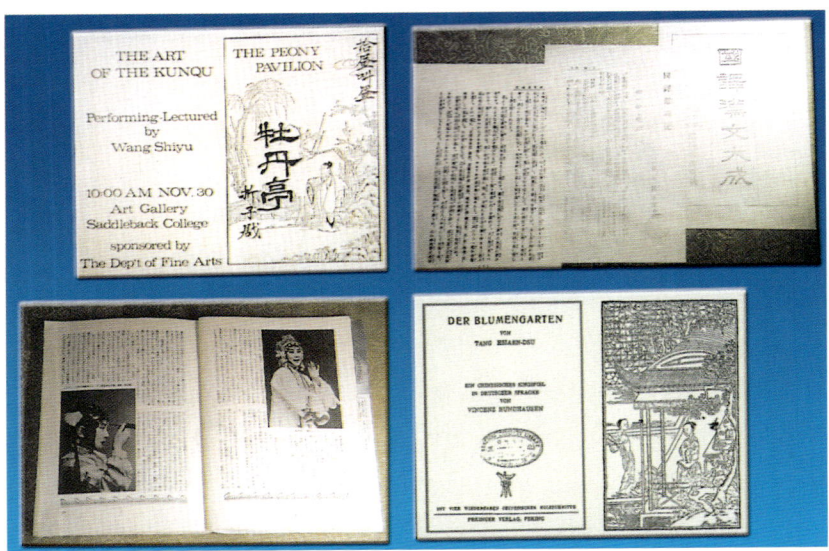

다양한 언어로 번역된 탕현조의 저작

라고 합니다. 나 또한 그의 글에서 바르고 단정함을 발견할 수 있습니다."

탕현조는 이 말로 과거시험장의 폐단을 지적할 뿐 아니라 사례 태감이 노생의 덕을 보기 위해 부화뇌동하고, 모르면서도 아는 척하는 추태를 묘사하고 있다.

이 두 작품은 인간세상을 초월하려는 출세간出世間의 사상을 담고 있지만 인물의 성격을 부각하는 문제에서 앞뒤 연결이 매끄럽지 못한 감이 있다.

結 탕현조는 명대의 극단에서 극작가로 명성을 떨친 인물 중 한 사람이다. 같은 시기 심경沈璟을 대표로 하는 오강파吳江派가 격률格律을 강조한 데 비해서 탕현조는 당대의 소설과 원대의 잡극을 계승하여 '임천사몽'을 완성함으로써 당시는 물론이고 후세의 희곡 창작에 큰 영향을 주었다.

'임천사몽'은 명대 말기의 어두운 현실을 날카롭게 비판하며 이상에 대한 추구 등을 표현했다. 그리하여 '임천사몽'이 거둔 사상적, 예술적 성과는 중국 희곡사에 빛나는 한 페이지를 장식했다.

탕현조의 문학은 정情을 중시하고 진眞을 숭상하며 기이함을 추구했다는 점에서 후세에 깊은 영향을 주었다. 명대 말기의 공안파公安派가 제창한, "성품의 신령함만 묘사하고 격식에 구애받지 않는다"는 문학 이론은 탕현조의 영향을 받은 것임이 틀림없다. 명말 청초의 희곡 작가 이옥李玉의 작품과 그 후에 나온 홍승洪昇의 《장생전長生殿》, 공상임孔尚任의 《도화선桃花扇》 등이 모두 탕현조의 작품을 발전시킨 것이라고 할 수 있다.

장시성 푸저우撫州에 있는 탕현조 기념관

【 서하객과 《하객유기》 】

● 서하객

서하객은 창장[長江]강 기슭에서 깊이 생각하다가 '큰 것은 알아도 먼 것은 모르겠구나!'라고 탄식했다. "눈으로만 만 권의 책을 읽었다"고 토로한 그는 명산대천을 찾아다니면서 그 모습을 마음껏 그리고자 했다.

서하객徐霞客(1587~1641)은 이름이 홍조弘祖, 자는 진지振之로서 오늘날의 장쑤성江蘇省 장인江陰 사람이다. 하객은 그의 아호雅號이다. 뜻이 천리에 있고 주유하는 자취가 구름이나 안개처럼 표일하기 때문에 '하객'이라 했다. 그는 명말의 걸출한 지리학자이자 저명한 풍수가, 여행가, 문학가이다.

　서하객은 선비 가문 출신으로서 조상은 부유한 명문이었다. 부친 서유면徐有勉은 벼슬을 멀리하고 권문세가와는 사귀지 않았으며 은둔생활을 하면서 산수를 즐기고 원림園林 가꾸기를 좋아했다. 이처럼 산수를 좋아하고 명예와 절개를 중시하는 가풍은 서하객에게 크나큰 영향을 끼쳤다.

　서하객이 살았던 명나라 말기는 봉건 제도가 약화되면서 자본주의의 맹아가 싹트기 시작한 시기이다. 부패한 조정에서는 간신 위충현이 권력을 전횡해서 천하가 혼란스러웠다. 서하객의 고향인 강남 일대는 자본주의의 싹이 트면서 문화와 과학이 발달하여 "경서經書를 멀리하고", "실용으로 세상을 다스리는" 사상이 유행했다. 동시에 생산 기술을 연구하고 자연 법칙을 탐구하는 근대적인 과학이 시작되었다.

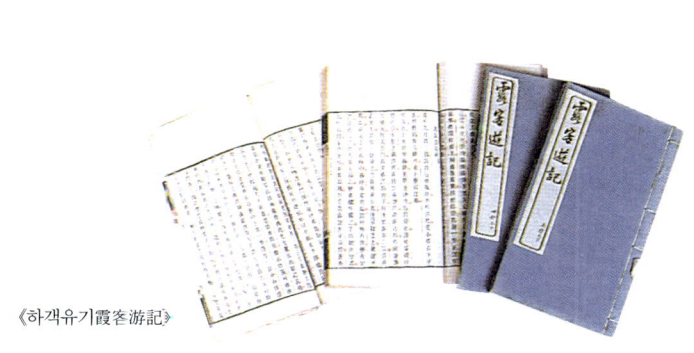

《하객유기霞客游記》

　이처럼 혼란스러운 시기에 서하객은 "벼슬길에 들어서지 않고" "수레의 덮개만 봐도 피했다." 젊은 시절부터 명산대천에 뜻을 두고 "대장부로서 조정에 머물러 세월을 보낸다면 자기 자신을 한구석에 제한하는 것이나 다름없다"고 했다. 그리하여 22세 때부터 길을 떠나 고난을 두려워하지 않고 필생의 정력을 기울여 대부분의 중국 땅을 여행했고, 그 경험을 바탕으로 심혈을 기울여 유명한 《서하객유기徐霞客遊記》(《하객유기霞客遊記》라고도 함)를 완성했다.

【 서하객은 왜 여행을 떠났는가 】

서하객은 많은 책을 읽었다. 특히 지지地志, 도경圖經과 같은 기서奇書를 즐겨 보았는데 이는 천하를 유람하는 데 든든한 기초가 되었다.

여행을 떠나기 위해서는 경제적 기반이 필요했다. 서하객의 가정 경제는 주로 모친 왕王씨가 경영하는 가내 수공 방직업에 의존하고 있었다. 부지런하고 솜씨가 좋은 그의 모친은 방직 기계와 일꾼들을 거느리고, 서씨 집안의 섬세하고 아름다운 방직 제품을 멀리까지 알렸다. 이는 서하객이 여행을 떠날 수 있는 경제적 토대가 되었다.

더 중요한 것은 서하객의 모친도 아들의 여행을 전적으로 지지했다는 점이다. 서하객은 "부모가 계시면 멀리 떠나지 않는다"는 전통을 따르는 효자였다. 그의 모친은 아들을 수시로 격려했으며, 아울러 '원행관遠行冠'을 만들어주면서 유람할 때 잘 기록하고 그려두었다가 돌아와서 얘기해 달라고 했다. 또 아들과 함께 이싱宜興의 선권동善卷洞과 장공동張公洞을 유람하기도 했다.

서하객은 박학다식했지만 수많은 책에서 묘사한 산수의 아름다움과 지리 정보에 만족하지 못했다. 그는 창장長江강 기슭에서 깊이 생각하다가 "큰 것은 알아도 먼 것은 모르겠구나!"라고 탄식했다. "눈으로만 만 권의 책을 읽었다"고 토로한 그는 명산대천을 찾아다니면서 그 모습을 마음껏 그리고자 했다.

【 성령유와 구명유 】

서하객의 여행은 그 목적, 방식, 시간에 근거할 때 51세를 경계로 전후 두 시기로 나눌 수 있다. 전기는 명산대천의 감상이 위주인 '성령유性靈游'이고, 후기는 자연 법칙을 주로 탐구한 '구명유驅命游'이다.

서하객은 22세에 타이후太湖호를 유람하면서 둥팅호洞庭湖의 둥산東山과 시산西山에 오른 것을 계기로 본격적인 여행 인생을 시작했다. 그는 '성령유'로 산수의 심미적 이상을 실현하고 도지圖志의 오류를 바로잡고자 했다. 그리하여 전통적인 명산대천을 목표로 하여, "갈 곳을 정하고 제 시간에 돌아오는" 방식으로 여행했다. 즉 명산의 뛰어난 경치를 유람하고 제때에 집으로 돌아와서 집안일을 처리하고 난 뒤 다시 시간을 정해 여행을 떠나는 것이다. 이 시기에 그는 열네 번이나 집을 떠나서 취푸삼공曲阜三孔, 타이산泰山, 황허黃河, 옌탕산雁蕩山, 루산廬山, 황산黃山 등지를 여행했다.

부모가 세상을 떠난 뒤 서하객은 "예전엔 어머니가 계셔서 그랬지만 지금은 이 한 몸을 산수에 맡겨도 되지 않겠는가?"라고 했다. 그래서 "노정

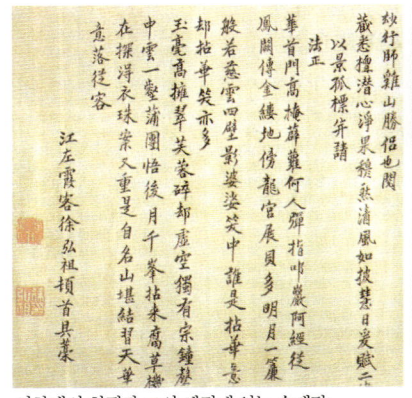

서하객의 친필과 그의 옛집에 있는 숭례당

路程을 정하지 않으며 기간을 계산하지 않겠다"고 마음먹고는 51세에 멀리 서남쪽으로 떠나면서 '구명유'의 단계로 들어섰다.

이 여행에선 고향 장인을 출발하여 저장浙江, 장시江西, 후난湖南을 거쳐 광시廣西, 구이저우貴州, 윈난雲南 등을 답사했는데 3년 9개월에 달하는 시간 동안 갖은 고난을 겪었다. 그와 동행한 사람은 난징 영복사迎福寺의 승려 정문靜聞과 짐을 메는 두 명의 하인이었다. 하지만 여정이 험난한 데다 사회가 혼란스럽고 불안해서 세 번이나 도적을 만나고 여러 번 양식이 떨어지는 고난을 겪었다. 두 하인도 앞서거니 뒤서거니 떠나갔으며, 샹장湘江강에서 만난 강도로 인해 승려 정문도 중상을 입어 난닝南寧에서 사망하고 말았다.

결국 혼자 남게 된 그는 산속으로 최대한 깊이 들어가면서도 "언덕을 오르고 계곡을 건너는 고통을 알지 못했으며" 소금 없는 음식을 먹고 맨땅에 누워 잤지만 아주 즐거웠다." 평생에 걸친 그의 기나긴 여행은 마침내 윈난성 다리大理의 지쭈산鷄足山에 이르러 끝이 났다.

윈난성 다리의 얼하이洱海. 서하객은 갖은 고난을 겪으면서 이곳을 여행했다.

【 황산을 두 번 답사하다 】

서하객은 두 번이나 황산에 올랐다. "평생의 기이한 풍경", "기이함 그 자체", "걸음걸음마다 기이함이 나온다"고 황산의 아름다운 경치를 묘사했다. 산수를 감상할 때 이른바 기이함은 기묘하고 비범한 경치의 형식미를 가리킨다. 황산이 천하에 기이함으로 이름을 날린 것은 그 봉우리, 바위, 소나무, 운무의 기묘한 결합 때문이다.

기이한 봉우리들은 황산의 자연 경관을 대표한다. 황산은 화강암 봉우리로 이루어진 높은 산이다. 서하객은 위핑봉玉屛峯, 쭤톈두左天都, 유렌화右蓮花에 올라서 "주위에 늘어선 기이한 봉우리들을 돌아보니, 이리저리 뻗어 있는 뭇 골짜기가 정말로 황산의 절경이구나. 아마 이보다 더 기이한 것은 없으리라"고 감탄했다. 그는 석순石筍을 돌아보고 "걸음걸음마다 기이함을 낳는다"고 했다.

황산은 천하의 기이한 풍경으로 서하객은 이렇게 찬탄했다. "황산을 오르고 보니 천하에 산이 없구나."

황산은 화강암이 가로, 세로, 빗면의 형태로 발달했으며, 오랜 세월 풍화 작용을 거치면서 저마다 다른 기묘한 모양을 하게 되었다. 서하객은 그것을 보고 "바위 봉우리가 사이사이에 솟았으며, 바위 사이로 길이 완곡하게 돌아간다"고 했다.

"소나무 아닌 나무가 없으며, 소나무가 없으면 기이하다고 할 수 없다"고 하듯이, 황산에는 해발 800미터 이상의 봉우리들에 소나무가 서식하고 있다. 서하객은 황산 소나무의 강인한 생명력에 대해 "돌을 쪼개면서 나오고", "기이한 산이 아니라면 이런 기이한 작품은 없으리라"고 찬사를 보냈다.

황산은 연중 200여 일은 구름과 안개가 끼어서 '구름과 안개의 고장'이라는 별칭과 '황해黃海'라는 아름다운 이름을 갖고 있다. 서하객은 황산 톈두봉天都峯에 오른 후 시시각각 변하는 운해를 감상하고 이렇게 읊었다.

"산 높고 바람 거센데 안개의 오고감도 일정치 않구나. 온갖 봉우리를 굽어보니, 때로는 솟아나 푸른 산길을 만들고 때로는 숨어 은빛 바다를 이루네."

황산의 아름다움은 봉우리, 바위, 소나무, 운무의 기이한 풍경뿐 아니라 그들 사이의 유기적인 결합에도 있다. 봉우리는 넓고 광대하며, 바위는 뾰족하고 교묘하다. 또 바위는 소나무로 인해 신비롭게 보이고 소나무는 바위로 인해 강건해 보인다. 이처럼 봉우리, 바위, 소나무의 고요한 풍경과 운무가 뭉게뭉게 피어오르는 동적인 광경이 서로 어우러져 비할 바 없는 아름다움을 자아낸다. 서하객은 눈대중으로 롄화봉蓮花峯이 황산에서 가장 높은 봉우리라고 했다.

카르스트 지형을 연구하다

서하객은 산수를 유람하고 경치를 감상하며 여행했지만, 여느 여행자와 다르게 자연의 형성 원인과 법칙을 탐색했다. 그는 카르스트 지형에 대해 연구함으로써 카르스트 지형과 동굴학의 선구자가 되었다.

카르스트 지형이란 석회암 지대가 지표수와 지하수에 의해 침식과 퇴적을 거치면서 형성된 지형이다. 서하객은 이싱宜興의 장공동張公洞과 선권동善卷洞을 유람하면서부터 카르스트 지형에 흥미를 가지기 시작했다. 그는 광시의 구이린桂林을 비롯해 중국 서남부 지역의 카르스트 지형을 제일 먼저 고찰한 사람이다.

서하객은 220여 개의 카르스트 동굴을 직접 돌아보았고 구이린 지역에서만 해도 100여 개의 동굴을 답사했다. 기암괴석이 겹겹이 늘어선 동굴에 깊이 들어갔으며, 동굴이 좁으면 "알몸으로 뱀처럼 기어서 들어갔다." 동굴 안에 큰 구렁이가 누워 있는 것도 두려워하지 않아서 온몸이 늘 상처투성이였다.

서하객이 살폈던 석회암 카르스트 동굴인 구이린의 노적암蘆笛巖

서하객이 고찰한 카르스트 지형은 범위가 매우 광범위하고 체계적이어서 기록의 진실성과 유형의 풍부함으로 볼 때 역사상 유례가 없다. 그가 묘사한 내용은 카르스트 지형의 분포 범위, 지표 및 지하 카르스트의 형태, 카르스트 지형의 형성 원인 및 분석 등이다.

서하객은 카르스트 지형에서 볼 수 있는 갖가지 현상을 전문 용어로 설명했다. 예컨대 카르스트 동굴 내의 종유석은 수유垂乳, 소유小乳, 현주懸柱라 불렀고, 석주石柱는 유주乳柱, 석순石筍 등으로 불렀다.

【 서하객의 풍경 이론 】

윈난성 지쭈산鷄足山은 평생을 여행한 서하객의 발길이 마지막으로 닿은 곳이다. 그는 병든 몸으로 《계족산지鷄足山志》를 집필했는데, 이 책은 중국의 명산대천에 대해 고찰하고 연구한 총결산인 동시에 풍경에 대한 과학적 이론서이다.

"산의 경치는 능선과 동굴을 표지標識로 한다. 그리고 사람을 만나야 경치를 이루고, 정情이 전해져야 경치가 구별된다."

'풍경'이란 개념을 서하객은 세 가지 의미로 이해했다. 첫째, 산악 풍경의 주요한 표지는 연봉과 동굴이다. 둘째, 경치가 빼어난 산이라 해도 사람들에게 인식되어야만 온전한 경치를 이룰 수 있다. 셋째, 정이 전해져야 형형색색의 아름다운 경치와 기이한 풍치를 이룰 수 있다.

서하객은 산악 풍경의 요체는 전체적인 구조, 자연 경관, 인문 경관을 포함함으로써 자연으로부터 인문에 이르고 예부터 지금에 통하는 것이라고 여겼다.

"으뜸은 참다운 형태이고, 그다음은 명승名勝이고, 그다음은 우주의 조화로 점차 하늘에서 인간으로 들어가는 것이며, 그다음은 고법古法이고 그다음은 호법護法이니, 이는 순수하게 사람에 관한 것이다."

그는 명산을 답사할 때마다 전체적으로 그 맥락과 형태를 파악한 뒤에 체계적으로 고찰해나갔다.

"훌륭한 경치는 그 근본이 하늘에 있기 때문에 그 맥에 따라 위에서부

화산華山의 뛰어난 풍경과 리장漓江강의 산수

타이산泰山은 인문 경관이 극히 돋보여서 중국의 명승지로 손꼽히고 있다.

터 아래로 갈라진다." "자연 경관은 풍경의 근간이자 주체로 봉우리, 바위, 동굴, 고갯마루, 층계, 골짜기, 협곡, 언덕, 고원, 숲, 샘, 폭포, 연못, 시내, 온천을 포함한다."

인문 경관은 경관을 돋보이게 하는 것으로 "공업功業은 그 근본이 인간에게 있기 때문에 아래서부터 위로 올라간다"고 했다. 사찰과 묘당廟堂, 정자와 대臺와 누각, 마애석각, 인물의 사적事迹, 민간의 풍속 등을 인문 경관으로 보았다.

자연 경관과 인문 경관은 조화를 이루어 "서로를 적절히 돋보이게 함으로써 그 뛰어남을 가리지 않는다." 예컨대 지쭈산의 서래사西來寺는 "높은 벼랑 위에 자리 잡고 노을이 마주한 벼랑을 비추니 하늘의 절반이 아득한" 절경을 이루고 있다.

結 《서하객유기》는 진귀한 과학 문헌이다. 기후, 식물, 민족, 종교, 민속, 음식, 특산물, 문학, 역사와 관련하여 상당한 연구 가치가 있는 자료이며 명산대천의 아름다움에 관한 송가이다.

서하객은 실제적인 고찰을 통해 심미적 체험을 함으로써 미학적이고 과학적인 안목으로 품격이 높은 풍경을 많이 발견했다. 오늘날 그가 발견한 풍경 중 30곳은 국가가 지정한 명승지가 되었고 그중 세 곳은 세계의 자연 및 문화유산에 등재되었으며, 100여 곳 이상은 성省에서 지정한 풍경 구역이 되었다. 지리학에서 서하객이 거둔 성과는 다른 나라보다 앞선 것으로 영국의 과학사가 조지프 니덤은 이렇게 평가했다.

"그의 유람기를 읽어보면 17세기 학자가 쓴 것으로 보이지 않는다. 20세기 탐험가의 기록이라고 해야 할 것이다."

【 왕양명 】

● 왕양명

왕양명은 당시 이미 교조화된 주희의 사상에 도전했을 뿐 아니라 인간의 주체성과 도덕의 주체성을 분명히 했다. 그는 "배움이란 천하가 공유하는 것이지 주자나 공자의 사사로운 전유물이 아니다"라고 역설했다.

왕수인王守仁(1472~1529)은 자가 백안伯安이다. 명나라 때 가장 영향력 있는 사상가이자 철학자로서 심학心學 운동의 대표자이다. 저장성浙江省 위야오餘姚에서 태어났고 나중에 부친을 따라 산음山陰(지금의 사오싱紹興)으로 갔다. 사오싱 동남쪽에 있는 양명동陽明洞에 초막을 짓고 스스로 양명자陽明子라 했기 때문에 학자들이 양명 선생이라 불렀으며, 지금도 일반적으로 왕양명王陽明이라 불리고 있다.

왕양명의 일생은 다분히 전기적 색채를 띠고 있다. 어린 시절 남보다 특출하지는 않았는데, 10세 때 부친이 과거에 급제하면서 그를 수도로 데려가서 공부시켰다. 소년 왕양명은 규칙을 잘 지키지 않아 모두들 "호방해서 매이지 않았다"고 기록하고 있다. 청년 시절에는 변관邊關으로 여행을 가서 말 타기와 활 쏘기를 익히고 병서를 많이 읽었다.

28세 되던 해 진사에 급제했으나, 31세 때 병을 앓게 되면서 집으로 돌아와 수양했다. 이때 그는 양명동에다 초막을 짓고 철학적 문제를 탐구하기 시작했다. 그 후 환관 유근의 전횡을 반대했다가 구이저우貴州의 궁벽한 용장龍場이라는 곳에 역승驛丞으로 강등되었다. 그는 이 시기 역경 속에서 도를 깨닫고는 이때부터 자신의 사상 체계를 세우기 시작했다. 왕양명의 사상은 두 가지 중요한 특색이 있다. 하나는 '지행합일知行合一(앎과 행동의 합일)'이고 다른 하나는 '치양지致良知(선천적인 도덕 의식을 실천함)'이다.

그 후 왕양명은 여러 곳을 옮겨다니며 벼슬살이를 했다. 48세 때는 병사들을 거느리고 영왕寧王 주신호朱宸濠의 반란을 평정했다. 하지만 이것은 그의 인생살이를 호전시키기는커녕 오히려 더 불우하게 만들었다. 갖은 고난을 겪은 뒤 가정嘉靖 초년에 관직이 오르고 봉록도 늘었지만 여전히 중용되지 못했다. 그의 학설은 조정으로부터 거짓 학문으로 간주되어 줄곧 공격과 탄압을 받았다.

【 지행합일 】

왕양명 사상의 특색 중 하나는 바로 지행합일을 강조한 것이다. 지행합일의 배경에는 명나라 중기의 부패한 사회 풍조와 타락한 도덕이 깔려 있다.

사람들은 사회에서 통용되는 도덕의 준칙을 알면서도 그에 따라 행동하지 않고 도덕을 위반한다. 왕양명은 이처럼 "알면서도 행동하지 않는" 것이 "먼저 알고 나서 행동하는" 주희의 사상과 직접적인 관련이 있다고 여겼다. 주희는 도덕적 원칙에 대한 이성적 이해야말로 윤리적 실천의 전제라고 하면서 '지知'를 '행行'의 기초로 삼아야 한다고 강조했다.

그러나 왕양명은 그것이야말로 사람들에게 '지'와 '행'을 분리시키는 구실을 제공했다고 생각했다. 그리하여 사람들이 "나는 아직 충분히 알지 못해서 행할 수 없으니 철저히 안 후에야 행할 수 있다"고 말하게 되었다는 것이다. 하지만 왕양명은 "마음이 곧 도리〔理〕"라는 것을 인정해서 사

왕양명의 제자가 편집한 《왕문성공전서》
'문성文成'은 왕양명의 시호이다.

람마다 모두 양지良知가 있으며, 윤리적 행위로 이끄는 '지'는 내재적이고 고유한 것이어서 구태여 구할 필요가 없다 하여 '행'을 강조했다.

"진정한 앎은 바로 행동하는 것이며, 행하지 못하면 안다고 할 수 없다."

즉 참다운 앎은 행동과 실천이 긴밀히 연결되고 서로 의존한다는 뜻이다. 그는 늘 '지'는 '행'의 시작이고, '행'은 '지'의 완성이라고 강조했다. 여기서 알 수 있듯이, '지' 속에는 '행'의 인자가 있고 '행' 속에는 '지'의 인자가 있어서 둘을 분리할 수 없다는 것이다.

또한 '지'든 '행'이든 독립적인 것은 없으며, '행'에 앞서거나 '행'과 분리된 '지'는 있을 수 없다고 주장했다. 따라서 '지'에 도달하려면 반드시 '행'을 수단으로 삼아야 하며, '행'은 '지'의 공부라고 했다. 동시에 '지'는 '행'의 주된 뜻이고, '행'은 반드시 '지'를 길잡이 삼아야 한다고 했다.

왕양명 ◆ 049

【 양지를 이룬다 】

왕양명의 또 다른 주요 사상은 '양지良知를 이룬다'이다. '양지'라는 관념은 일찍이 《맹자》에서 나왔고, '치지致知(앎을 이룬다)'의 개념은 《대학大學》에서 나왔다. 왕양명은 이 둘을 결합해서 '치지'의 '지'가 양지의 뜻이라고 하면서 《대학》의 '치지'설을 '치양지'설로 발전시켰다.

맹자는 "생각하지 않고도 아는 것이 양지"라고 했다. 맹자의 주장에 의하면, 양지는 타고나는 것이어서 교육이나 도덕적 지식, 정서에 의존하지 않는다고 했다. 맹자가 든 사례를 보면, 어버이를 친애하지 않는 어린아이는 없으며 커서는 형을 존경하지 않는 이가 없다고 한다.

알다시피 도덕적 의식과 정서는 선험적인 것이 아니라 사회화 과정의 결과이며, 사회의 요구가 교육 등의 활동을 통해 인간의 의식과 정서로 변한 것이다. 이런 종류의 도덕적 의식을 맹자는 양지라고 했으니, 이는 곧 윤리학에서 말하는 양심이다.

왕양명에 따르면 양지는 곧 내재적인 도덕적 판단의 체계로서 사람들의 의식에 지도, 감독, 평가, 판단의 작용을 일으킨다. "양지는 선과 악을 아는데 선을 좋아하고 악을 싫어한다." 이것이야말로 도덕적 의식과 도

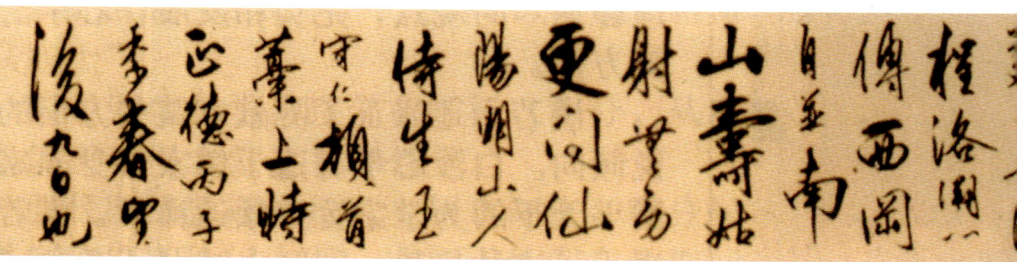

덕적 정감의 통일이다.

사람마다 양지를 갖고 있지만 늘 사욕에 사로잡혀 있으므로 "양지를 이루어" 자신의 양지에 따라 행동해야 한다. 그러므로 "양지를 이룬다"는 그 자체도 지행합일을 구현하고 있다.

송대와 명대의 이학

송대와 명대의 이학理學이란 송·명(원·청을 포함함)대에 주도적 위치를 차지한 학술 체계를 가리킨다. 전통적인 분류에 따르면 이 체계는 크게 두 갈래로 나눌 수 있다.

한 갈래는 송대에 지배적 위치를 차지한 도학道學이다. 도학은 남송 때 전성기에 이르렀고, 명대에도 상당한 영향력을 발휘하며 정통의 지위를 유지했다. 그 주요 인물이 정호程顥, 정이程頤, 주희로서 그들을 정주파程朱派라 부른다. 정호, 정이, 주희는 '이理'를 최고의 범주로 삼았기 때문에 나중에 '이학'은 관습적으로 그들의 사상 체계를 가리키게 되었다.

또 다른 갈래는 송대에 발생하여 명대 중기에 주도적 위치를 차지한 심

왕양명이 쓴 〈칠률七律·수시壽詩〉

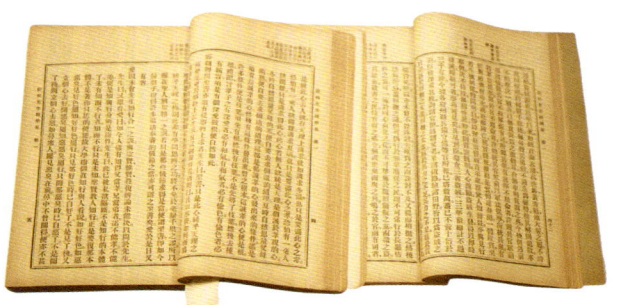

《양명선생이학집陽明先生理學集》

학心學이다. 마음을 최고의 범주로 삼는 사상 체계로서 육구연陸九淵과 왕양명이 대표적인 인물이다. 이들을 가리켜 육왕파陸王派라고 부른다.

일반적으로 이학은 윤리의 원칙을 우주의 본체와 보편의 법칙으로 제고했지만, 도덕적 실천에서는 윤리적 원칙이 다분히 외적 권위를 나타냄으로써 실천적 주체로서의 능동성을 소홀히 하였다. 심학은 이러한 이학의 실천론을 반대하면서 사람의 본심이 도덕의 주체가 되어 스스로 도덕 법칙을 규정할 수 있다고 여겼다.

송대와 명대의 이학은 비록 여러 유파로 나뉘었지만 그 성격과 특징에 일부 공통점이 있다. 예컨대 유가에서 말하는 성인聖人을 이상적 인격으로 보고 그것을 실현하는 것을 인생의 최종 목표로 삼았다. 또 인仁, 의義, 예禮, 지智, 신信을 근본 원리로 삼음으로써 유가의 도덕적 원칙이 내재적 기초를 가지고 있다는 것을 논증했으며, 이를 실현하기 위해서 '위학爲學 공부'라는 구체적인 수양 방법을 제시했다.

【 용장에서 도를 깨닫다 】

왕양명은 환관 유근의 전횡을 반대하다가 궁벽한 구이저우의 용장으로 좌천되었다. 그의 사상을 이해하려면 마땅히 용장에서 도를 깨달은 것부터 말해야 하지만, 그에 앞서 먼저 청년 왕양명의 학문 탐구 과정을 알아야 한다.

시대적 분위기와 집안의 영향으로 왕양명은 소년 시절 성현이 되겠다는 뜻을 세웠다. 청년기에는 주희의 영향을 받아서 '격물格物'의 학문을 열심히 배웠다. 주희가 말한 격물은 사물 위에서 사물의 이치를 이해하는 것이다. 주희는 책을 많이 읽고 사물을 관찰하며 그 도리를 오래오래 사고하다 보면 문득 환하게 뚫리면서 우주 만물의 보편적 법칙을 이해할 수 있다고 강조했다.

청년 왕양명은 전錢씨 성을 가진 친구에게 "주희는 인격이 천하의 물건이라고 했는데 지금 어디에 그런 큰 힘이 있는가"라고 했다. 두 사람은 관청의 뜰 안에 있는 대나무를 가지고 격물을 시험해보기로 했다. 먼저 친구가 아침부터 저녁까지 줄곧 대나무의 이치를 알아내려고 애썼지만, 사흘이 지나도록 아무것도 깨닫지 못했다. 그래서 이번엔 왕양명이 나섰는데 역시 7일이 지난 후에도 아무것도 깨닫지 못한 채 병만 얻었다.

왕양명은 청년 시절 내내 격물로 이치를 깨닫는다는 '격물궁리格物窮理'를 추구했지만 어떠한 결론도 얻지 못했다. 이후 용장에서 도를 깨닫게 된 것은 오래도록 그를 곤혹스럽게 만든 이 일과 관계가 있다.

《연보年譜》에 의하면, 그는 용장에서 밤낮으로 고요히 앉아 있다가 한밤중에 갑자기 '격물치지格物致知'의 종지를 크게 깨달았다. 이후 자나깨나 이에 대해 말하는 자가 있으면, "성인의 도가 처음부터 내 본성에 깃

들어 있음을 알아야지 사물을 향해서 이치를 구하는 것은 잘못이다"라고 말했다.

　말하자면 '도道'와 '이理'는 사물 속에 있는 것이 아니라 우리 마음속에 있으며, 도덕의 법칙이나 원리 역시 외부에 존재하는 것이 아니라 우리 마음속에 내재해 있다는 것이다. 도덕은 외적인 사물이 아니라 우리의 내적인 요구이다. 그래서 '격물'은 사물 위에서 '격格'하는 것이 아니라 응당 자기 마음속에서 찾아야 한다는 것이다. 이로써 그는 "마음이 곧 이理"이며 "마음 밖에 이理가 없다"는 사상을 제기했다.

【 문무를 겸비하다 】

　정덕 14년(1519), 47세의 왕양명은 도찰원우부도어사都察院右副都禦史로 재직하고 있었다. 그해 여름 영왕 주신호가 반란을 일으켜 난창南昌을 점령하고 주장九江강을 공략한 뒤 10만 대군을 거느리고 난징까지 내려왔는데 그 위세가 조야를 진동시켰다.

　당시 장시江西에서 농민 폭동을 평정하고 있던 왕양명은 조정의 명을 받지 못한 긴급한 상황에서 반란을 진압할 것을 주장했다. 그는 결국 명민한 책략과 탁월한 식견으로 35일 만에 주신호를 포양호鄱陽湖 주변에서 사로잡아 반란을 평정함으로써 온 세상이 주목하는 대업을 이루었다. 이때의 공을 인정받아 나중에 난징의 병부상서로 승진했다. 사람들은 너도나도 왕양명을 가리켜 문무를 겸비한 인재라고 칭송했다.

　왕양명의 업적은 고금의 유학자 중에서도 보기 드물 뿐 아니라 명대의 문신과 무장 중에서도 특히 뛰어났다. 하지만 그런 공적에도 불구하고 명대 중엽의 어두운 시대 상황은 그에게 행복이 아닌 구사일생의 험난한 역경을 안겨주었다.

명나라 무종은 왕양명이 반란을 평정한 후에도 공을 세우고 싶었던 나머지 병사를 이끌고 남쪽을 정벌하겠다는 뜻을 굽히지 않았다. 태감 장충張忠 등은 그 뜻을 받들어서 왕양명이 사로잡아온 주신호를 도로 포양호에 놓아주고서 무종으로 하여금 직접 붙잡게 하려고 했다. 그러나 왕양명은 도리어 어긋나는 일이라 하여 이를 거부했다. 그러자 장충은 주신호가 왕양명과 결탁했기 때문에 일부러 장시에서 왕양명의 군대와 충돌한 것이라고 모략했다.

주신호의 난을 평정한 공로를 기념하는 비문

그들은 또 왕양명이 일개 유생인 것을 업신여겨 그와 활솜씨를 겨루었는데, 결과는 왕양명이 세 발을 모두 명중시켜 북군의 환호를 이끌어내고 상대방의 기를 꺾어놓았다. 다행히 무종이 오래지 않아 죽었기 때문에 왕양명은 그나마 큰 화를 피할 수 있었다.

結 왕양명의 주요 저서로는 《전습록傳習錄》,《대학문大學問》등이 있다. 그의 제자들은 스승이 평생에 걸쳐 저술한 책들을 38권의 《왕문성공전서王文成公全書》로 묶었다. 그는 책 속에 갇힌 학자가 아니라 실천을 중시한 사상가였다.

왕양명이 제창한 심학은 주체성을 특히 강조하면서 맹목적으로 권위를 추종하는 것을 반대한다. 그는 "배움은 마음으로 터득하는 것을 소중히 여기니, 마음에서 아니라고 한다면 설사 공자의 말이라도 옳다고 해선 안 된다"고 했다.

왕양명의 사상은 당시 이미 교조화된 주희의 사상에 도전했을 뿐 아니라 인간의 주체성과 도덕의 주체성을 분명히 했다. 그는 "배움이란 천하가 공유하는 것이지 주자나 공자의 사사로운 전유물이 아니다"라고 역설했다. 그의 사상은 교조적인 주자학의 속박에서 벗어나 사상의 새로운 국면을 제시함으로써 명대 중기와 말기의 사상계에 큰 영향을 미쳤다. 또한 유가 사상을 토대로 하여 불교 사상을 수용함으로써 불교와 노장을 배척한 주자학과는 달리 훗날 삼교합일三敎合一의 추세를 촉진시켰다.

【 송응성과 《천공개물》 】

● 송응성

농업과 수공업 부문의 기술을 결합한 고대의 과학 서적은 극히 드물다. 《천공개물》은 처음으로 과학기술의 관점에서 18가지 생산기술의 지식을 종합적으로 연구하여 하나의 체계를 이루었다. 이는 전례가 없는 일로서 세계적으로도 보기 드문 저작이다.

《천공개물天工開物》은 명대 말의 과학자 송응성朱應星의 저술이다. 송응성(1587~1648년경)은 자가 장경長庚으로 장시성 펑신奉新 사람이다.

송응성은 자본주의의 기운이 비교적 활발했던 강남에 살면서 보고 들은 것이 많아지자 점차 과학기술에 흥미를 갖게 되었다. 뛰어난 재능을 가진 송응성은 몇 번이나 과거에 응시했지만 내리 낙방했다. 세월을 허비한 그는 단호히 벼슬길을 포기하고 '가식지문家食之問', 즉 과학기술 연구로 전향했다.

그는 50세 되던 해인 1637년에 과학기술 서적 《천공개물》을 발표했다. 그는 책의 서문에서 "이 책은 벼슬이나 공명을 추구하는 것과는 전혀 상관이 없다"고 말했다.

《천공개물》은 농업과 수공업의 생산기술에 관한 백과사전이다. 봉건사회의 전통은 농업을 중시하고 상공업을 경시했기 때문에 역대로 수공업에 관한 저작이 극히 드물었다. 그러다 명대 중엽 이후 자본주의의 맹아가 싹트고 과학기술이 발전함에 따라 관련 서적도 점차 많아졌다.

《천공개물》은 중국의 농업 기술 성과를 체계적으로 종합하고 전통 수공업의 기술적 성과에 대해서도 구체적으로 설명하고 있다. 책에 수록된 수공업의 종류는 중국 제일의 수공업 생산기술 총서인 《고공기考工記》보다도 훨씬 풍부하다. 《천공개물》은 중국 과학기술사의 거작일 뿐 아니라 세계적으로도 중요한 문헌이다.

《천공개물》

【《천공개물》의 내용 】

"오곡을 중시하고 금과 옥을 천하게 여긴다"는 사상에 의거한 《천공개물》은 모두 18권으로 되어 있으며, 당시의 농업 및 수공업 기술을 거의 망라했을 정도로 내용이 풍부하다. 이 책에는 22점의 삽화가 실려 있어서 글과 조화를 이루며 이해를 돕는다.

농업 방면에서는 경작하는 법, 종자 고르는 법, 누에치는 법 등에 관한 선진 기술을 서술하면서 "종자의 성질은 풍토에 따라 달라진다"는 견해를 제시했다.

방직에서는 면棉, 마麻, 사絲, 피皮, 모毛 등 원재료에 대한 설명과 더불어 직조, 양잠, 견직, 면방직, 마방직, 모방직 등에 대해 기술했다.

강철의 생산과 관련해서는 주로 중국의 독창적인 제련 방식을 서술했다. 즉 철광에서부터 무쇠와 연철을 강철로 제련하는 과정을 구체적으로 기술했다. 야금冶金과 관련해서는 가장 먼저 기술의 난이도가 비교적 높은 아연의 제련을 소개하고, 아울러 황동은 "구리가 7할이고 납이 3할"일 때 전연성展延性이 가장 좋다는 것을 지적했다. 또한 관강灌鋼, 생철림구生鐵淋口(고대의 철 제련방식 : 옮긴이) 등의 공예 과정을 기술했으며, 당시 세계에서 가장 앞선 송풍 설비인 활색식풍상도活塞式風箱圖(피스톤형 풀무 : 옮긴이)를 설계했다. 그 밖에 무기에서 궁弓과 노弩의 제조 과정, 화약과 화기의 제조 과정을 설명했다. 항운 분야에서도 중국 최초의 항행航行 조종 기구인 편피수판偏披水板(배의 날개)에 관해 기술했다. 또한 경공업, 화공업 등에 대해서도 풍부한 내용을 수록했다.

《천공개물》의 과학적 성과

《천공개물》은 17서기 중국의 농업과 수공업에 관한 백과사전으로서 고대의 농업 및 수공업의 생산기술과 경험에 대해 체계적으로 기술하고 있다. 그 내용을 살펴보면 다음과 같다.

논벼를 밭벼로 인공적으로 변이시킨 것과 관련하여 송응성은 〈내립乃粒〉의 '도稻' 항목에서 이렇게 말했다.

"대체로 벼는 열흘만 물을 주지 않으면 금방 죽어버린다. 이후 밭벼의 일종으로 찰지지 않은 메벼가 나왔는데 높은 산에도 심을 수 있다. 이것 또한 변종의 하나이다."

이는 "종자의 성질도 풍토에 따라 달라진다"는 것으로서 종자의 변이에 관한 과학적 논술이다.

송대의 〈경직도耕織圖〉에는 대형 자카드 직기 그림이 있는데, 직기의 구조도를 놓고 보면 《천공개물》의 〈내복乃服〉 '기식機式' 항목에 나오는 것

《천공개물》 초각본에 수록된 삽화

이 비교적 온전하다고 할 수 있다. 이 직기는 주로 용포龍袍와 같은 귀중한 옷감을 짜는 데 쓰였다.

석탄의 과학적 분류와 채굴 방법에 관한 내용도 있다. 송응성은 민간용 석탄과 수공업용 석탄으로 분류한 뒤 다시 명탄明煤, 쇄탄碎煤, 말탄末煤으로 나누었다. 형태, 특성, 용도에 따라 분류한 것인데 당시로선 상당히 앞선 수준이었다.

송응성은 풍력의 강약이 제련에 직접적인 영향을 끼친다고 기술했다. 《천공개물》에 실린 활색식풍상活塞式風箱은 유럽보다 100여 년이나 앞선 것으로, "선로풍상扇爐風箱은 반드시 네 사람, 여섯 사람이 끌어야 한다"고 지적했다. 이 활색식풍상은 기존의 것보다 풍력이 훨씬 커서 화로의 온도를 올려 제련 효과를 높였다.

【 《천공개물》이 태어난 시대적 배경 】

명대 중기와 후기, 유럽에서는 자본주의의 흥기로 과학기술이 급속히 발전하면서 근대 자연과학의 면모를 갖추었다. 이러한 대변혁은 중국에도 상당한 반향을 일으켰다. 역사학자들은 중국의 16세기와 17세기를 가리켜 하늘이 무너지고 땅이 해체되는 '천붕지해天崩地解'의 시대라고 표현한다. 《천공개물》은 바로 이런 시대적 배경에서 태어났다.

명대 중엽 이후 강남에서 자본주의의 맹아가 싹트기 시작했고, 이런 환경은 과학기술의 발전을 촉진시켰다. 농업과 수공업 부문의 생산기술은 전통의 기초 위에서 한 걸음 더 발전했다. 명대에는 농업이 상당히 발달했지만, 특히 수공업은 생산의 규모, 제품의 종류와 품질 그리고 기술 수준에서 이전 시대를 능가했다.

《천공개물》을 편찬하는 송응성

방직업 분야에서 사絲, 면棉, 마麻, 모毛 방직이 흥성해서 지역마다 관판직염국官辦織染局과 기방機房을 설립했고 민간에도 수많은 기방이 있었다. 직기織機, 요기腰機, 직화織花 등 기술과 방직기가 개선되면서 품질도 예전보다 훨씬 좋아졌다.

장시성 징더전景德鎭은 명대 도자기의 중심지였다. 명대에는 제지업과 인쇄업을 비롯해 광석 야금, 주조, 조선, 건축, 화기 제조도 크게 발전했다. 농업과 수공업이 발달하면서 그에 따라 상업과 도시가 날로 번성해갔다.

송응성은 이 같은 사회 발전의 새로운 국면을 보면서 농업 및 수공업 기술과 경험을 종합하여 《천공개물》을 저술한 것이다.

【 송응성의 사적 】

송응성은 어려서부터 뛰어난 재능을 보여 형 송응승宋應升과 함께 작은 할아버지인 송화경宋和慶의 사숙에서 공부했다. 당시 훈장은 매일 아침 일곱 편의 글을 읽어야 한다고 규칙을 정했다. 그런데 어느 날 송응성이

늦잠을 자다가 형이 글을 다 외운 뒤에야 일어났다. 그래서 훈장이 질책을 했지만 그는 즉시 그 내용을 술술 외웠다. 기억력이 비상해 침대에서 형이 외우는 것을 한 번 듣고는 그대로 따라 외운 것이다.

송응성은 몇 번이나 과거에 응시했지만 번번이 실패했다. 1615년 향시에 합격한 그는 여러 번 수도에 가서 회시會試에 응시했으나 발탁되지 못했으며, 다시 전시殿試에 참가하여 진사 시험을 치렀으나 역시 실패했다. 1631년에 마지막으로 응시했는데 당시 그의 나이 44세였다. 그러나 과거 급제의 소원은 이루지 못한 대신 장기간의 여행을 통해 식견을 쌓고 견문을 넓혔다. 그는 여러 성城과 향촌을 돌아보면서 농업과 수공업에 관한 지식을 많이 얻었고, 이것이《천공개물》을 저술하는 데 토대가 되었다.

1634년, 생계를 유지하기 위해 송응성은 장시성 위안저우부袁州府 편이현分宜縣의 교유敎諭가 되었다. 교유는 관아의 하급 관리인데 이 기간 동안 그는 많은 책을 저술했다. 1636년에 펴낸《야의野議》에서는 세운世運, 진신進身, 민재民財 등 12개 부문에서 사회적 폐단을 지적했고, 1637년에는《천공개물》외에도《논기論氣》,《담천談天》등을 저술했다.

1638년에는 푸젠성 정주부汀州府의 추관推官으로 임명되는데, 이 직위는 정7품에 해당하는 지방 사법

송응성은 후저우 지사로 있을 때 서원을 세웠다.

관원이다. 이후 1640년에 사직한 뒤 고향에 머물다가 다시 안후이성 푸양 阜陽에서 임직했다. 1644년 벼슬에서 물러난 뒤 고향으로 돌아가 은거했으며 80세쯤에 세상을 떠났다.

【 《천공개물》의 특징 】

《천공개물》에는 농업과 수공업에 관한 갖가지 선진 기술이 수록되어 있다. 예컨대 〈내립乃粒〉에서는 가뭄에도 잘 견디는 우량 볍씨를 골라 배양하는 방법을 기록했으며, 또한 종자를 고르는 법과 석회로 산성 토양을 중화시키는 방법을 소개하는 등 가히 농업기술의 결정체라 할 만하다.

《천공개물》에는 근대 과학의 실증 정신이 넘친다. 《천공개물》을 집필할 당시 송응성은 장시성에서 교유라는 말단 관직에 있었기 때문에 서양의 과학기술에 관한 지식을 접할 기회가 별로 없었다. 하지만 그는 농업과 수공업이 비교적 발달한 고향 일대의 여건을 충분히 이용해서 공리공담보다는 실용적인 기술을 중시했다. 예컨대 〈고액膏液〉에서는 기름을 짤 수 있는 10여 가지 농작물에서 짜내는 기름의 비율을 열거했으

《천공개물》에서 소개한 풍선차風扇車와 맷돌 모형

며, "아직 실험하지 못해서 잘 모르는 것은 잠시 접어두었다".

《천공개물》은 갖가지 생산 과정에 대해 상세하게 설명할 뿐 아니라 특히 재료, 에너지, 설비 부문에서 구체적인 데이터와 설계도를 보여준다. 각 항목의 기술에 대한 정량定量의 묘사는 이 책의 큰 성과라 할 수 있다. 예컨대 〈오금五金〉에서는 금, 은, 동의 단위 체적 내의 중량을 비교했는데, 이는 물리학에서 말하는 비중 개념에 접근한 것이다.

제목에서 알 수 있듯이 《천공개물》은 소박한 유물주의 자연관과 기술관으로 충만한 책이다. 송응성은 자연의 힘[天工]을 강조하는 한편 인공을 중시하여, 인공은 반드시 '천공'을 알고 '물리'에 통달해야만 생산을 촉진시키며 과학기술을 발전시킬 수 있다고 설명했다.

《천공개물》에서 소개한 와모통瓦模桶 모형

結 농업과 수공업 부문의 기술을 결합한 고대의 과학 서적은 극히 드물다. 《천공개물》은 처음으로 과학기술의 관점에서 18가지 생산기술의 지식을 종합적으로 연구하여 하나의 체계를 이루었다. 이는 전례가 없는 일로서 세계적으로도 보기 드문 저작이다.

명대의 과학 서적 중에서 역대의 성과를 모은 책은 많았지만 농업 및 수공업 관련 기술만을 광범위하게 논술한 종합적인 저술은 없었다. 그런데 《천공개물》은 바로 이 점을 보완했다. 《천공개물》은 당시 혼란한 사회에 반향을 일으켰고, 다른 서적들이 앞다투어 그 내용을 인용했다.

하지만 18세기 후반부터 《천공개물》은 한때 냉대를 받았다. 청대 건륭제의 명령으로 편찬한 《사고전서四庫全書》에도 수록되지 않았다. 그러나 20세기 들어 나날이 주목을 받으면서 과학기술사, 문화사, 사상사, 경제사 및 통사를 연구하는 학자들이 자주 인용하는 책이 되었다.

외국의 학자들도 이 책에 대해 높은 평가를 내렸다. 예컨대 케임브리지 대학의 조지프 니덤 박사는 《중국과학기술사》에서 《천공개물》에 수록된 내용을 대거 인용했으며, 18세기 프랑스의 저명한 과학자이자 《백과전서》의 편찬자인 드니 디드로를 나란히 언급하며 송응성을 "중국의 디드로"라 불렀다. 《천공개물》은 일찍이 한국, 일본, 프랑스 등에 전해졌으며 오늘날에도 세계 과학기술의 명작으로 여러 나라에 소개되고 있다.

【 서광계와 《농정전서》 】

●서광계

서광계가 살았던 시대는 정치가 부패하고 국운이 쇠퇴한 역사의 변혁기로서, 자연재해가 끊이지 않고 농민들이 도탄에 빠져 사회가 혼란했다. 유랑생활을 하면서 서광계는 백성을 구하고 부국강병하기 위해서는 농업 발전에 눈을 돌려야 한다고 생각했다.

《농정전서農政全書》의 저자 서광계徐光啓(1562~1633)는 명대의 걸출한 농학자로서 근대 과학의 선구자로 불린다. 상하이 출신으로 20세에 수재秀才가 되었고 36세에 거인擧人에 합격했으며, 43세에 진사가 되어 한림원에 들어가 서길사庶吉士가 되었다. 그는 고대의 농학, 산학算學, 천문역법, 측량에 관한 자료를 수집했으며, 라자로 카타네오(중국명 곽거정郭居靜), 마테오 리치(중국명 이마두利瑪竇) 등 서양 선교사들과 사귀면서 점차 서양의 과학 지식에 흥미를 갖게 되었다.

서광계의 일생은 험난한 벼슬길, 청빈한 생활, 진취적인 과학 연구로 압축해 설명할 수 있다. 그가 쓴 《농정전서》는 중농주의에 기초한 부국강병을 강조하고 고대의 농업 생산 경험을 체계적으로 종합해서 농업의 발전, 재해의 방어, 이재민 구제, 비상사태에 대한 조치 등을 담아 농업 기술의 백과사전이 되었다.

서광계는 고대의 과학적 성과를 종합하면서 실험, 관찰, 조사, 분석했으며, 근대 과학 연구의 방향을 모색하고 서양의 과학 지식을 소개하는

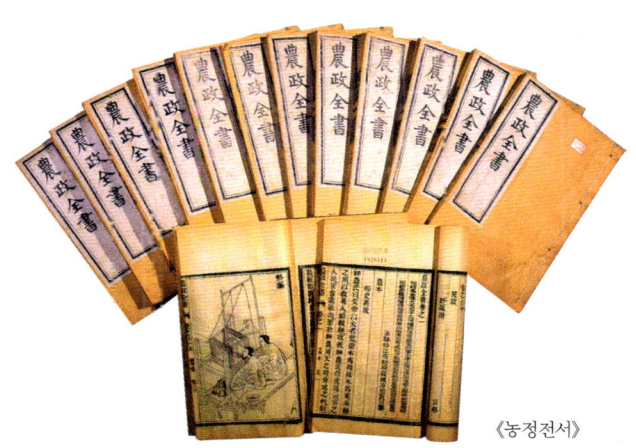

《농정전서》

데 힘을 기울였다. 《농정전서》에는 서광계의 불굴의 정신과 실용 정신이 담겨 있다. 농업의 각 방면을 다룬 《농정전서》는 고대 농업 기술의 백과사전으로 불리고 있다.

【 고대 농업 기술의 백과사전 】

《농정전서》는 70여만 자에 달하는데, 책머리의 〈범례凡例〉 22칙則을 제외하면 모두 60권이다. 그 분류는 농본農本, 토지제도(田制), 농사, 수리水利, 농기農器, 조림造林과 원예園藝, 잠상蠶桑, 잠상광류蠶桑廣類, 종식種植, 목축, 제조, 황정荒政 등 12가지로 되어 있다.

'농본'에서는 주로 국가의 정치와 경제에서 농업이 차지하는 비중을 설명하고 있다.

'토지제도'에서는 고대의 정전제井田制 및 구전제區田制와 토지의 정황을 소개한다.

'농사'에서는 토지의 개간과 농사철 및 기후 조건에 관해 소개한다.

'수리'에서는 수리 사업의 개요, 경험 및 서양의 기술을 소개한다.

'농기'에서는 농업 생산에 쓰이는 도구와 도보圖譜를 소개한다.

'조림과 원예'에서는 양식이 되는 작물과 채소 및 과일 재배 기술을 소개한다.

'잠상'에서는 뽕나무 재배와 누에치기 기술을 소개한다.

'잠상광류'에서는 목면과 마 같은 섬유 작물의 재배에 관해 소개한다.

'종식'에서는 경제 수목과 기타 경제 작물의 재배 기술을 소개한다.

'목축'에서는 가축과 가금류 기르기, 양어養魚와 양봉養蜂 그리고 수의獸醫에 관해 소개한다.

'제조'에서는 농산품의 가공에 대하여 소개한다.

'황정'에서는 그대의 재난 방지와 이재민 구호 조치를 고찰하고, 기아를 해결할 수 있는 야생식물과 도감을 소개한다.

이상에서 '수리'와 '황정'이 전체의 45퍼센트를 차지해 책의 중심을 이루고 있다.

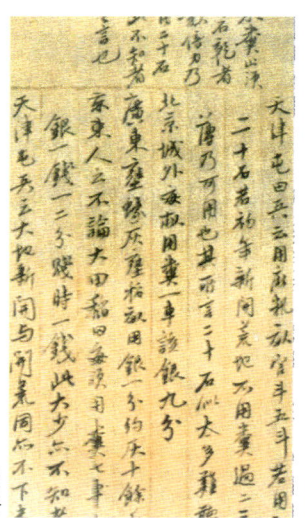
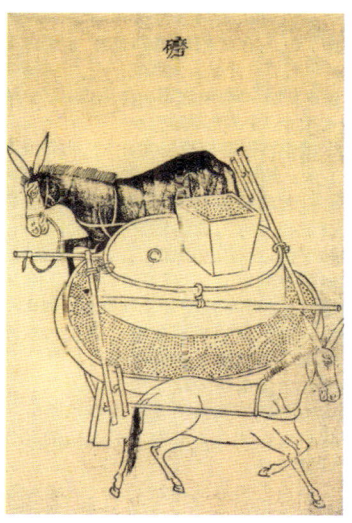

《농정전서》의 친필 원고와 삽화

농경법을 표현한 고대의 그림

【 《농정전서》의 특징 】

　내용이나 자료의 근거를 고찰해볼 때 《농정전서》는 다음과 같은 특징을 갖고 있다.

　첫째, 명대 이전의 농업 기술과 농업 문화를 집대성했다. 중국은 예부터 농업을 나라의 기초로 삼았던 만큼 농본農本이 역대 왕조의 정치 사상이었다. 그래서 농업 관련 기술과 경험을 종합하는 작업을 중시해서 명대 말년에는 농업 기술과 관련된 저술을 수백 권이나 모았다. 예컨대 한대의 《범승지서汜勝之書》, 북위 때의 《제민요술齊民要術》, 원대에 왕정王禎이 지은 《농서農書》 등이 그것이다. 서광계는 고대의 농서를 많이 읽어 모든 사람의 주장을 두루 섭렵했다. 그가 쓴 《농정전서》는 고대 농학의 정수를 망라한 농업 기술의 성과와 지식을 집대성한 것이다.

　둘째, 당시 농민들이 경험에서 얻은 실제적인 성과를 기록했다. 서광계는 농민들에게 무궁한 지혜가 있으므로 허심탄회하게 배워야 한다고 생각했다. 그래서 전국을 돌아다니면서 조사했는데 황허의 남북과 창장강

남북의 10여 성省을 두루 답사했다. 이렇게 해서 얻은 민간의 경험을 바탕으로 그는 고대 농업 서적의 잘못된 점을 수정했다. 따라서 《농정전서》는 당시 농민들의 생산 경험의 총결산이라 할 수 있다.

셋째, 저자가 농업 기술을 직접 실험하여 얻은 결과이다. 서광계는 끊임없이 농업 실험 기지를 개척하여 새로운 지식을 습득했다.

넷째, 서양의 농업 기술을 적극적으로 수용했다. 서광계는 서양의 선교사 마테오 리치와 함께 《측량법의測量法義》를 번역하면서 서양 수력학의 원리와 수리 공정에 관해 배웠다. 《농정전서》는 수리가 농업의 근본이라는 점을 시종일관 강조한다.

《농정전서》의 집필 배경

서광계는 평생을 농업 기술 연구에 힘쓴 결과 마침내 《농정전서》를 내놓게 되었다. 여기에는 심각한 사회적 배경과 역사적 원인이 존재한다.

명대 중엽, 강남에서 자본주의의 맹아가 싹트면서 지식층 사이에서도 경세치용經世致用의 학술 풍조가 일어났

서광계는 마테오 리치에게서 서양의 수리 원리와 수리 공정에 관해 배웠다.

다. 서광계가 살았던 시대는 정치가 부패하고 국운이 쇠퇴한 역사의 변혁기로서 자연재해가 끊이지 않고 농민들이 도탄에 빠져 사회가 혼란했다.

서광계는 농업이 파산하고, 왜구에게 약탈당하고, 장사마저 실패해서 곤경에 빠진 몰락한 집안에서 태어났다. 생계를 유지하기 위해서 그의 아버지는 채소를 심었고 할머니와 어머니는 베를 짰다. 그 후 유랑생활을 하면서 서광계는 재난에 빠진 백성을 구하고 부국강병하기 위해서는 농업 발전에 눈을 돌려야 한다고 생각했다. 굶주림과 추위에 고통받는 가족, 혼란한 사회상 그리고 온갖 풍상을 겪은 뒤의 강인한 생활력이 농업을 진흥시키고 농촌의 현실을 개혁하겠다는 강렬한 염원을 촉발시켰다.

서광계는 젊은 시절부터 농사에 관한 자료를 수집하는 한편 농가의 경험에서 얻은 장점을 취했다. 톈진天津에 있을 때는 장기간 수집한 농사 자료를 12가지로 분류해서 초고를 작성했다. 벼슬을 버린 후에는 한 걸음 더 나아가서 초고를 수정하고 책이름을 《농서》로 정했다. 그 후 서광계가 병으로 세상을 떠나자 6년 뒤에 진자룡 등이 다시 첨삭을 해서 《농정전서》라는 제목으로 간행했다.

【 농업 기술의 실험과 성과 】

서광계의 농업 기술 실험은 그의 고향인 상하이와 톈진에서 집중적으로 이루어졌다. 1607년에 부친이 별세하자 서광계는 상하이의 집으로 돌아가 상을 치렀다. 이 3년 남짓한 기간 동안 농업을 과학적으로 연구하고 실험에 힘을 쏟은 결과 고구마 재배지를 푸젠성 일대에서 창장강의

삼각주 지대로 확대하는 데 성공했다. 이어서 자신의 땅인 상하이 성 남둔 밖의 쌍원雙園과 다른 농장에서 더 큰 규모로 실험한 뒤 무청蕪菁(순무)을 성공적으로 옮겨 심어 "북방의 종자를 남방으로 옮겨 심는 것은 적합하지 않다"는 관점과 "좋은 종자는 서로 통할 수 없다"는

상하이 쉬자후이徐家匯에 있는 서광계의 옛집

풍토설을 반박했다. 1610년에는 집안의 묘지를 이용하여 100그루의 광나무를 옮겨 심어서 재배했고, 이 밖에도 소나무, 금계金桂, 뽕나무를 심었으며, 후저우湖州의 경험 있는 농민들을 상하이로 청해서 화잠火蠶을 길렀다.

서광계가 톈진, 팡산房山, 라이수이淶水 일대에서 행한 실험은 그의 벼슬길의 부침과 밀접한 관계가 있다. 그는 백성과 함께 땅을 개간해서 주로 벼와 밀을 재배했고 고구마, 참깨, 약초도 심었다. 또한 오랜 실험과 관찰을 통해서 벼, 보리, 면화, 광나무, 유채, 고구마, 순무의 재배를 확대하고 수리와 농업 기술에 관한 난점을 해결해서 농업 발전을 촉진시켰다. 이는 중국의 근대 농업 실험의 발단이자 중요한 이정표가 되었다.

서광계와《농정전서》◆ 077

【 서광계의 또 다른 공헌 】

농업 외에도 서광계는 수학, 천문역법, 기상, 수리, 군사, 측량, 제도製圖, 기계 제조 등 백성의 생활과 밀접한 기술을 중시해서 그 방면에서도 중요한 공헌을 했다.

그는 과학 발전을 위해서는 먼저 수학을 발전시켜야 한다고 생각했다. 그래서 마테오 리치와 공동으로 유클리드의 《기하원본》과 《측량법의》를 번역해서 서양의 수학과 측량학을 중국에 최초로 소개했다.

천문역법 분야에서 서광계는 수력국修曆局을 관장하면서 명대 초기 이래로 계속 이용해왔으나 이미 명백한 오차가 드러난 '대통력大統曆'을 수정했다. 이때 서양의 천문역법 지식을 참고했으며 중국과 서양의 역법을 회통하여 137권의 《숭정역서崇禎曆書》를 편역했다.

《기하원본》의 그리스어 판본과 서광계의 친필 〈각기하원본서刻幾何原本序〉

結 《농정전서》는 중국 역사상 가장 영향력 있는 농업 저술로 인정받고 있다. 이 책은 중농주의, 부국강병, 수리 사업, 세금 감면을 강조하는 한편, 고대의 농지 개간, 수리 사업, 기근 구제의 세 가지 정책과 갖가지 농업 기술을 체계적으로 종합했다. "백성의 의식주를 풍요롭게 하고 굶주림과 추위에서 벗어날 수 있게 해주는" 경세치용의 정신이 뚜렷하다.

평생을 청빈하게 살다 간 서광계는 오직 백성의 고통에 관심을 기울이며 지식인으로서 실용적인 사상과 백절불굴의 자세를 보여주었다. 량치차오梁啓超는 서광계의 《농정전서》를 중국에서 유례가 없는 거작이라고 평가했다.

【 이시진과 《본초강목》 】

● 이시진

그는 생명의 위험을 무릅쓰고 모든 약초를 맛보았으며, 약을 복용한 동물들을 해부했다. 또한 《본초강목》의 실용 가치를 높이기 위해서 온 집안 사람을 동원하여 1,109폭에 달하는 약초 그림을 그렸으며 1,129가지 약을 수록했다.

이시진李時珍(1518~1593)은 명나라의 위대한 과학자이자 탁월한 의학자, 약학자로서 동서고금의 사람들에게 '의성醫聖' 또는 '약왕藥王'으로 추앙받고 있다. 문호 궈모뤄郭沫若는 이시진의 묘비에다 '의성'에 대한 무한한 존경심을 표현했다.

"의성으로서 중국의 의학과 약학을 집대성했다. 《본초강목本草綱目》은 1,892가지 약물을 설명한 것인데, 널리 채집하고 30여 년간 정성을 들여서 많은 사람들이 장수할 수 있게 했다. 위대하신 선생이여! 민족의 생명을 영생으로 이끌도다."

이시진은 명나라 후기에 태어나 평생 환자를 진료하고 약초를 캐면서 사람들의 병을 고쳤으며, 아울러 널리 배우고 부지런히 조사하여 많은 저술을 남겼다. 유명한 저술로는 《본초강목》,《빈호맥학瀕湖脉學》,《기경팔맥고奇經八脈考》,《오장도론五臟圖論》,《명문고命門考》,《명문삼초객난命門三焦客難》,《빈호집간방瀕湖集簡方》,《빈호의안瀕湖醫案》,《백화사전白花蛇傳》 등이 있는데 현존하는 것은 앞의 3부뿐이다.

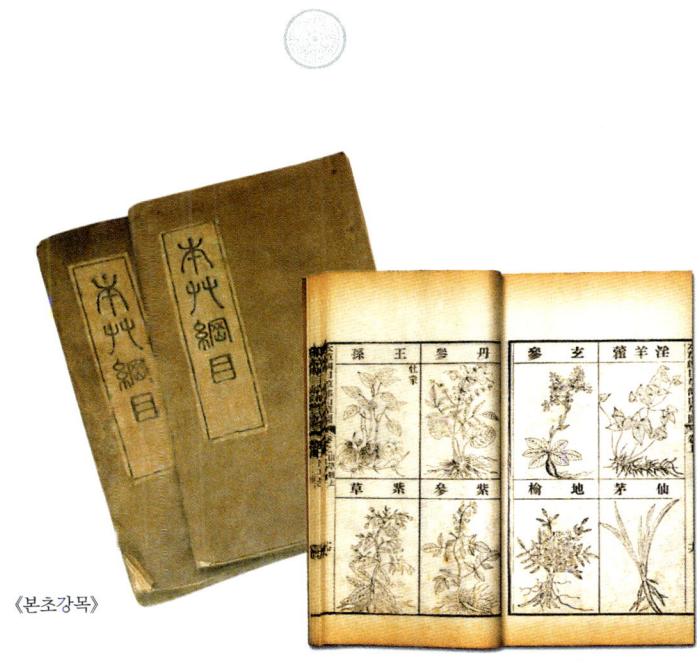

《본초강목》

　그의 저술은 중국의 고대 의약학 이론을 한 단계 높은 수준으로 끌어올렸다. 그중《본초강목》은 중국 의학이 거둔 최고의 성과로 "의학의 거대한 바다"라는 찬사를 받았다.

【 《본초강목》이 약물학에서 거둔 성과 】

《본초강목》이 약물학에서 거둔 성과는 우선 그 분류에서부터 알 수 있다. 이시진은 전통적인 상·중·하의 분류법 대신 16부를 강령으로 열거하고 60류를 세부 항목으로 나누어 16부 60류의 새로운 분류 체계를 세웠는데, 그 체계가 엄격하고 층차層次가 분명했다.

16부의 차례는 물〔水〕, 불〔火〕, 흙〔土〕, 금석金石, 풀〔草〕, 곡식〔穀〕, 채소〔菜〕, 과일〔果〕, 나무〔木〕, 복기服器, 벌레〔虫〕, 비늘〔鱗〕, 껍데기〔介〕, 조류〔禽〕, 짐승〔獸〕, 사람〔人〕 순으로 되어 있다. 이 순서를 보면 광물, 식물, 동물 순으로 나오고 마지막이 사람이다. 작은 것에서 큰 것으로, 비천한 것에서 귀한 것으로 나아가는 방식으로 서술함으로써 무기물에서 유기물로, 저급에서 고급으로 발전하는 과정을 보여준다.

《본초강목》은 1,892가지 약물을 깊고도 세밀하게 연구함으로써 약물학의 내용에 풍부함을 더했다.

《본초강목》의 또 다른 성과는 신약의 종수를 많이 늘린 것이다. 각종 약물의 효과, 주된 치료법, 임상의 운용은 중국 의약사상 최초의 기록으로서 상당히 높은 수준을 보여준다. 상복령上茯苓, 반변련半邊蓮, 담죽엽淡竹葉, 삼칠三七 등은 오늘날에도 상비약으로 쓰이고 있다.

마지막으로 《본초강목》은 1만여 개의 부방附方(부가 처방)을 담고 있는데, 그중에서 4분의 3은 이시진이 새로 추가한 것이다. 이 부방은 실용 가치가 높아 오늘날에도 수없이 응용되고 있다. 이 때문에 《본초강목》은 약초의 집대성이자 온전한 의료 서적으로서 방제학方劑學의 발전을 촉진시켰다.

약초를 캐는 이시진의 모습

【 자연과학 분야에 두루 공헌하다 】

《본초강목》은 약물학에 관한 저작이자 의학서이다. 이시진은 《내경內經》, 《상한론傷寒論》 등 중국의 고전 의학에 조예가 깊었으며 《본초강목》을 집필할 때 수시로 그것들을 인용하고 새롭게 해석했다.

'호두胡桃' 항목에서 이시진은 명문命門이 "7결節 옆과 두 개의 신장 사이에 있다"는 관점을 최초로 제시함으로써 "비장을 보양하는 것보다 신장을 보양하는 것이 더 좋고, 신장을 보양하는 것보다 명문을 보양하는 것이 더 좋다"는 이론을 주창했다.

'목련〔辛夷〕' 항목에서는 "두뇌가 원신元神의 창고"라고 주장하며 중국 역사상 최초로 두뇌가 인간의 사유 기관이고 정신활동의 중추라는 관점을 명확히 제시했다. 이는 예부터 마음이 인간의 사유 기관이라고 한 전통적인 관점을 뒤집은 것이다.

또한 담석증과 관련하여 얼음으로 싸서 열을 내리는 방법을 내놓았고, 증기소독법으로 온역瘟疫을 예방할 것을 제안했다. 이시진이 창안한 것들은 후세에 모두 과학적으로 증명되면서 광범위하게 응용되었다.

《본초강목》은 백과사전식의 저술이다. 그 성과는 약물학과 의학에만 국한되지 않고 생물학, 광물학, 야금학, 지질학, 화학과 같은 자연과학 분야에 두루 걸쳐 있다.

1951년 비엔나에서 열린 세계평화이사회는 세계 각국 대표들의 만장일치로 이시진을 세계문화명인 중 한 사람으로 추대했다.

【 의료의 길에 들어서다 】

이시진이 살던 시대에는 과거 응시야말로 세상 사람들이 공인하는 올바른 길이었다. 이른바 "만사가 다 하찮고 오직 책을 읽는 일만이 고귀하다"고 했다. 공부하는 것은 과거를 보기 위함이고, 일단 시험에 합격하면 벼슬을 해서 정치에 참여할 수 있었다. 그러나 의원은 당시 사회에서 지위가 별로 높지 않았다. 그런데도 이시진은 왜 의료의 길에 들어섰을까?

첫째, 무엇보다도 가정의 영향을 많이 받았기 때문이다. 그의 부친 이언문李言聞(자는 월지月池)은 수도의 태의원太醫院 이목吏目으로 있었는데 의술이 뛰어나고 덕행이 높았으며《월지인삼전月池人參傳》,《기애전蘄艾傳》,《사진발명四診發明》,《두진증치痘疹證治》 등을 썼다. 이시진은 어린 시절부터 보고 들은 것이 많아 자연히 의약에 흥미를 갖게 되었다.

둘째, 이시진이 후베이성湖北省 기주蘄州(지금의 치춘현蘄春縣 남쪽임 : 옮긴이)에서 태어났기 때문이다. 기주는 산들이 기복을 이루고 호수가 많은 고장으로서 생산물이 풍부하다. 명대에는 창장강 중류에서 정치, 경제, 군사, 문화의 중심지였다. 또한 이름난 약재의 고장으로서 유명한 기사蘄蛇, 기애蘄艾, 기귀蘄龜, 기죽蘄竹이 모두 이 지역에서 나왔으며, 약재 매매의 중심지로도 유명했다. 이시진은 이러한 환경에서 성장하며 대자연과 천지만물에 대해 흥미를 갖게 되었다.

셋째, 과거길이 순탄치 않았기 때문이다. 14세 때 수재에 합격한 후 이시진은 세 번이나 과거에 낙방했다. 23세 때 마침내 벼슬에 대한 미련을 접고는 죽어가는 사람을 살리고 다친 사람을 돌보면서 백성에게 도움을 주는 의료의 길로 들어섰다.

이시진의 고향 기주의 특산품인 '기주사보蘄州四寶'
왼쪽 위부터 시계 방향으로 기사, 기귀, 기애, 기죽

【《본초강목》의 편찬 과정 】

이시진은 기존의 의약 서적이 부실한 데다 오류가 많은 것을 발견하고 본초(한약) 서적을 다시 편찬하는 것을 급선무로 삼았다.

《본초강목》을 편찬하기 위해 이시진은 태의원의 관직을 그만두고 800여 종의 도서를 열람했다. 그래서 《본초강목》의 목차 속에는 역대 제가諸家의 본초 41종, 고금의 의학 서적 277종, 경사백가經史百家의 저작 440종이 있으며, 그 외에도 간접적으로 인용한 300여 종이 실려 있다.

이시진은 가장 중요한 1차 자료를 파악해서 자신의 의문점을 해결하고자 했다. 그래서 고생을 마다 않고 약을 찾아나서서 후베이, 후난, 광둥, 푸젠, 안후이, 장쑤, 장시, 허난, 산시 등을 답사했으며, 바위를 타거나 넝쿨을 잡고 풍찬노숙을 하면서 약초를 채집했다.

그는 할 수 있는 실험 방법을 다 동원했다. 생명의 위험을 무릅쓰고 모든 약초를 맛보았으며, 약을 복용한 동물들을 해부했다. 또한 《본초강목》의 실용 가치를 높이기 위해서 온 집안사람을 동원하여 1,109폭에 달하는 약초 그림을 그렸으며 1,129가지 약을 수록했다.

27년간의 연구와 세 차례에 걸친 대대적인 수정 끝에 이시진은 1578년에 마침내 《본초강목》을 탈고했다. 그 후

이시진이 약초를 캐다가 도착한 루산廬山의 한포커우含鄱口

기주 이시진의 능원陵園에 있는 '의중지성醫中之聖' 패방

에도 몇 년간 내용을 손질하고 보충하면서 완벽을 기했으며, 1593년에서야 비로소 중국 약물학의 위대한 저술이 출판되어 세상에 나왔다.

結 《본초강목》이 세상에 나온 뒤 사람들은 그 가치를 나날이 새롭게 인식했으며, 이 때문에 400년 이래로 거듭 출판되어 중국에는 지금 60여 가지 판본이 있다. 그중 명대와 청대의 판본이 40여 가지이고 현대의 판본은 10여 가지인데, 평균 6년에 한 번씩 새로운 판본이 나오고 있다.

《본초강목》은 국제적으로도 높은 명성을 얻고 있다. 아시아 여러 나라뿐만 아니라 유럽과 아메리카 대륙에까지 전해져서 많은 나라의 전문가들이 연구하고 인용하는 자료가 되었다. 19세기 영국의 생물학자이자 진화론의 창시자인 다윈은 《본초강목》에 대해 "중국의 백과사전"이라고 평했다.

【 명대의 왕릉과 유물 】

● 명나라 제왕들의 능묘인 명십삼릉

봉건시대의 제왕들은 죽은 후에도 왕궁과 같은 능묘에서 '살고' 싶어 했다. 정릉은 만력 12년에 착공하여 6년이란 시간이 걸렸으며, 매일 2~3만 명이 작업에 투입되었다. 능묘를 조성하는 데 은 전 800만 냥이 들었는데, 이는 명 왕조의 2년치 조세에 해당했다.

베이징 북쪽 창핑현昌平縣 텐서우산天壽山 아래에는 명나라 황제 13인의 묘지가 있는데, 이 때문에 사람들은 이곳을 명십삼릉이라고 부른다. 이곳은 산수의 지형이 좋아서 동·서·북 삼면이 봉우리로 둘러싸여 천연의 병풍을 이루고 있으며, 남면의 왼쪽에는 용산龍山이 있고 오른쪽에는 호산虎山이 있어 천연적인 문호門戶를 이루고 있다. 중앙은 작은 분지로 산수가 평원에서 합류한 후 동쪽으로 흘러 내려간다. '붉은 담과 황색 기와'로 된 각각의 능묘는 동·서·북 삼면의 산기슭에 분포해 있다.

명나라에는 모두 16명의 황제가 있었다. 개국 황제인 주원장朱元璋은 난징南京의 중산鍾山에 묻혔으며 이를 효릉孝陵이라고 부른다. 건문제 주윤문은 주체(영락제)의 기병에 의해 전복된 후 능묘마저 없어졌다. 또 경태제景泰帝 주기옥朱祁鈺은 죽은 뒤에 영종英宗으로부터 제왕의 신분을 인정받지 못했기 때문에 베이징 서쪽 근교의 진산金山에 매장되었다. 이 때문에 텐서우산 아래의 능묘는 모두 13기뿐이다.

 수릉首陵인 장릉長陵은 영락제와 그 황후의 묘지로서 북면의 중앙에 위치하여 남쪽을 향하고 있다. 다른 능들은 동서 양쪽으로 나뉘어 있다. 동쪽에 선종宣宗의 경릉景陵, 세종世宗의 영릉永陵, 희종熹宗의 덕릉德陵 등 삼릉이 있고, 서쪽에 인종仁宗의 헌릉獻陵, 영종英宗의 유릉裕陵, 헌종憲宗의 무릉茂陵, 효종孝宗의 태릉泰陵, 무종武宗의 강릉康陵, 목종穆宗의 소릉昭陵, 신종神宗의 정릉定陵, 광종光宗의 경릉慶陵, 숭정崇禎의 사릉思陵 등 구릉이 있다. 능과 능 사이의 거리는 짧게는 400미터에서 멀게는 4킬로미터에 이른다. 각 능의 건축 양식은 기본적으로 같지만 규모에서는 큰 차이가 있다. 그중에서 규모가 가장 큰 것이 장릉이고 가장 작은 것이 사릉이다.

【 영락제의 장릉 】

왕의 기운을 영원히 간직하기 위해서 봉건시대 황제들은 묘지의 풍수를 매우 중시했다. 연왕燕王 주체는 난징에서 황제를 칭한 후 수도를 베이징으로 옮겼다. 그는 먼저 사람을 보내서 앞으로 조성할 능묘 터를 알아보게 했지만, 베이징 부근을 아무리 살피고 돌아다녀보아도 마땅한 곳이 없었다.

후에 장시성에서 온 풍수학자 요균경廖均卿이 창핑의 북쪽에 상서로운 땅이 있는데, 풍수적으로 아주 좋은 묏자리로서 황토산黃土山으로 불리는 "만년 장수 지역"이라고 했다. 주체는 직접 그 산에 올라가 이름을 톈서우산으로 고치고 그곳에다 능묘를 조성하게 했다.

장릉은 규모가 방대하고 기세가 웅장해서 창핑에서부터 장릉에 이르려면 우선 현존하는 최대의 석패방石牌坊을 지나야 한다. 이어서 대홍문大紅門이 나오고 문 양쪽에 하마비下馬碑가 있는데 "관원들은 이곳부터 모두

십삼릉에 들어가는 첫 관문인 석패방

말에서 내려야 한다"는 글자가 씌어 있다.

　동서 양쪽을 둘러싼 담의 둘레는 40킬로미터에 달한다. 대홍문 북쪽의 멀지 않은 곳에 있는 장릉비정長陵碑亭은 사방으로 문이 하나씩 열려 있고 정자 안에는 궁비穹碑(큰 돌을 조각한 묘비로서 꼭대기는 아치형이다)가 있는데, 이것이 곧 묘 앞의 석비石碑이다. 장릉비정에서 북쪽으로 가면 묘지 앞에 닦은 큰길인 신도神道가 있고 그 앞에는 신도의 표지인 화표華表가 2개 있다.

　뒤쪽에는 석수石獸와 석인石人이 있다. 석수로 말, 기린, 코끼리, 낙타, 해태, 사자 등의 조각상이 4개씩 있고, 석인으로 훈신勳臣, 문신文臣, 무신武臣 등의 조각상이 4개씩 있다. 석상 북쪽에 있는 영성문靈星門은 황제의 대문은 천상의 대문과 같다는 뜻을 나타낸다. 이어서 오공교五孔橋와 칠공교七孔橋를 지나면 장릉의 능궁 건축물에 도달한다.

10킬로미터에 달하는 신도 양쪽에는 '석상생石像生'이라 부르는 18쌍의 석인과 석수가 있다.

【 장릉의 능궁 건축물 】

　난징에 있는 효릉의 규모에 따라 건설한 장릉은 전前 시대의 제도를 계승하면서도 일부 개혁했다. 장릉의 능궁 건축은 앞은 사각형이고 뒤는 원형으로 되어 있다. 앞의 장방형 정원에서 능묘에 이르기까지 3개의 큰 관문을 지나야 한다. 능문에 들어서면 첫 번째 정원으로 진입하게 된다.

　정원 안에는 동신주東神廚(제물을 삶던 곳) 다섯 칸과 서신고西神庫(제물을 저장하던 곳) 다섯 칸이 있었지만 지금은 모두 없어졌다. 동신주 앞에는 용의 머리에 거북이 몸을 한 타룡비鼉龍碑가 있다. 정원 북쪽의 중앙에는 능은문祾恩門이 있는데, 이 문에 들어서면 두 번째 관문을 지난 것이다.

　정원 안 북쪽에 있는 높고 큰 능은문은 황제와 황후의 위패를 모셔두고 제사를 지내는 곳이다. 이것은 장릉의 주요 건축물로 흰 대리석 계단

장릉의 정문은 호화롭고 장대해 자금성의 태화문과 비슷하다.

의 대臺 위에 있다. 대의 높이는 3미터가 넘고 모두 3층으로 되어 있으며, 층마다 구란句欄(궁전이나 다리를 장식하는 굽은 난간 : 옮긴이)에 둘러싸여 있다. 난간 위에는 운룡雲龍 무늬가 매우 정교하고 생동감 있게 조각되어 있다. 궁전의 면적은 1,938평방미터에 달하고 궁전 꼭대기는 최고 등급의 겹처마 무전식廡殿式으로 황색 유리 기와가 덮여 있는 등 명 왕조의 황궁인 금란전金鑾殿의 양식과 같다. 그리고 여기에 쓰인 모든 재료는 향남목香楠木이다.

세 번째 관문에 해당하는 영성문欞星門을 지나면 고대의 석조 제기인

십삼릉의 비정碑亭과 그 안의 신공성덕비神功聖德碑

오공五供이 나온다.

맨 뒤쪽은 원형의 보성寶城으로서 둘레가 1킬로미터에 달하고 높이는 7미터가 넘는다. 보성 안에는 보정寶頂이라고 부르는 원형의 커다란 봉분이 있으며, 그 아래가 바로 황제와 황후가 묻힌 현궁玄宮(지궁地宮이라고도 함)이다. 보성 앞에는 방성方城과 명루明樓가 세워져 있는데, 방성의 높이가 13미터에 달한다. 명루의 중간에는 묘비가 있으며, 그 위에 "대명성조문황제지릉大明成祖文皇帝之陵"이라고 새겨져 있다.

명루 안에 있는 석비. 명루는 능의 위치를 알려주는 누각으로, 보통 명루 안에 황제의 시호를 새긴 석비가 있다.

【 정릉의 지궁과 '금정옥장' 】

　1955년 중국 국무원의 비준을 받아 장릉발굴위원회가 장릉의 발굴을 책임지게 되었다. 그러나 이후 장릉의 규모가 크고 발굴 경험이 부족한 점을 고려해서 정릉을 먼저 발굴하기로 했다. 1956년 시굴이 시작된 이래 힘든 탐색 작업을 거쳐 마침내 지궁地宮이 열렸다.

　지궁은 지면과 27미터 거리를 두고 있으며 총면적 1,195평방미터로서 전前, 중中, 후後, 좌左, 우右 등 5개의 대전으로 조성되었다. 모두 돌로 된 구조로서 전, 중, 후 3전에는 석문石門이 하나씩 있고 문의 구조는 모두 같다. 양쪽에 펼쳐진 석문은 흰 대리석으로 만들어졌고 문의 높이는 3.3미터, 너비는 1.7미터, 무게는 약 4톤에 달한다.

　후전後殿은 지궁의 주요 부분으로서 제일 넓은 면적을 차지하고 있다. 정면의 관상棺床 위에는 붉게 옻칠한 관곽棺槨이 3개 놓여 있고, 관상 위에는 화반석花斑石이 깔려 있다. 중간에 네모난 구멍이 나 있는데 이것을 황토로 메웠다 해서 금정金井이라 부른다. 전설에 의하면, 황제는 '금정옥장金井玉葬'을 요구했다고 한다.

　금정은 지기地氣를 받는 곳이므로 관곽을 금정 위에 바로 놓아야 지기를 받아 왕의 기운이 쇠퇴하지 않는다고 한다. 금정 위에는 만력제의 유별나게 큰 관곽이

정릉비루定陵碑樓

놓여 있고, 그 좌측에는 효단孝端황후, 우측에는 효정孝靖황후의 관곽이 있다. 관곽 주위에는 큰 옥료玉料가 놓여 있는데 이는 '옥장玉葬'을 나타낸 것이다.

관상의 양쪽 끝에는 붉은 옻칠을 한 부장품 상자 26개가 있다. 전전前殿의 지면에는 징장전澄漿磚으로도 불리는 금전金磚이 깔려 있다. 이것은 명나라 궁정이 강남에 특별히 주문한 것으로서 불에 구워 만든 방전方磚이다.

중전中殿에는 3개의 보좌가 있는데 이른바 일룡이봉一龍二鳳이다. 중전 좌우에는 각각 배전配殿이 있으며 중간에도 관상과 금정이 있지만 관곽은 없다.

【 정릉에서 출토된 유물 】

정릉의 지궁에서 출토된 진귀한 유물은 약 3,000점에 달하며 장릉의 능은전과 정릉의 명루 앞 전시실에 진열되어 있다. 금과 은으로 만들어진 화분, 주전자, 잔, 그릇, 접시, 합盒, 사발, 금괴, 은원보銀元寶 등이 있다. 가장 눈에 띄는 것은 금실을 짜서 만든 금관으로, 위쪽에 두 갈래의 금룡희주金龍喜珠가 상감되어 있어 국보로 불리고 있다. 또 봉관鳳冠은 황후가 대전례大典禮 때 쓰던 모자로 삼룡이봉三龍二鳳, 육룡삼봉六龍三鳳, 구룡십이봉九龍十二鳳이 있다. 금으로 만든 용이 구슬을 물고 있으며, 봉황은 취운翠雲으로 장식했다. 용과 봉황의 정수리에는 진주 5,000개와 보석 100여 개가 박혀 있다. 또 각각의 금합金盒 안에는 옥그릇이 들어 있는데 투명하고 아름다워서 출토된 유물 중에서도 진귀한 보물에 속한다.

황제의 금관

황후의 봉관

금합과 옥그릇

출토된 도자기의 수량은 많지 않으나 극히 진귀하다. 청화매병青花梅瓶은 섬세하고 윤기가 감돌아 명대의 도자기 중 으뜸이며, 청화자완青花瓷碗은 종이처럼 얇고 투명하며 광택이 있다. 그 외에 명삼채明三彩인 자로瓷爐도 생동감이 넘친다.

한편 옥료玉料와 옥석玉石 제품이 대량으로 출토되었는데, 특히 옥규玉圭, 옥대玉帶, 옥완玉碗, 옥호玉壺, 옥배玉盃가 아름답다.

정릉에서도 대량의 견직물이 출토되었다. 주로 두루마기와 피륙인데, 대부분 금실로 짰으며 디자인이 정교하고 아름답다. 정릉에서 출토된 유물 중에는 지배계급의 사치스럽고 음탕한 물건들도 있다.

명대의 왕릉과 유물 ◆ 101

【 해결되지 않은 문제 】

지궁을 연 후에도 해결하지 못한 의문이 있다. 후전後殿과 좌우의 배전 配殿에 관상과 금정이 있는데, 어째서 황제와 두 황후의 관곽을 모두 후전의 관상 위에만 놓고 좌우의 배전에는 두지 않았을까? 당연히 황제의 관곽을 후전에 놓고 두 황후의 관곽은 좌우의 배전에 놓는 것이 일반적인 생각일 것이다. 그런데 황제와 황후를 똑같이 하나의 전殿에 매장해 놓고도 왜 좌우의 배전 안에 다시 관상과 금정을 설치했을까? 이것은 십삼릉의 보편적 특징일까, 아니면 정릉만의 특수한 구조일까? 이 물음에 대답하기는 아직 어렵다. 왜냐하면 지궁의 갖가지 제도에 관한 문헌 기록이 매우 부족하고, 또 발굴한 지궁도 이곳뿐이라 추측할 수밖에 없기 때문이다.

당시 정릉의 매장 상황을 보면 황제와 두 황후는 같은 날 매장되었다. 만력 48년(1620), 효단황후가 죽고 나서 뒤이어 만력제도 세상을 떠났다. 그해 10월 초이튿날에 만력제와 효단황후의 관목을 함께 정릉으로 옮겼다. 효정황후는 이들보다 먼저 죽었기 때문에 톈서우산 평강지平崗地에 매장했다가 지금의 정릉으로 이장했다. 그래서 세 관목이 함께 정릉에 들어가게 된 것이다.

지궁 안 '인人' 자 형태의 금강문 주변은 지궁을 봉한 담벽이다.

그렇다면 황제와 두 황후를 하루 만에 매장하느라 시간이 촉박해서 세 관목을 한데 놓고 대충 마무리해버린 것일까? 상식적으로 소임을 맡은 대신이 함부로 관목을 놓을 정도로 담이 크지는 않았을 것이다.

황제와 두 황후를 후전에 함께 매장한 것은 이전 왕조의 관례를 따른 것으로 추정된다.

기록에 따르면, 이후 광종의 경릉에서도 마찬가지로 황제와 세 황후의 관목을 하나의 관상 위에 놓았다. 만약 황제와 황후를 후전에 함께 매장하는 것이 명나라의 지궁 제도라면 좌우의 배전은 무엇 때문에 만들었을까? 명 왕조의 십삼릉이 모두 이런 구조일까? 이 문제는 아직도 깊이 연구할 필요가 있다.

지궁의 중전中殿

지궁의 후전後殿. 거대한 관상 위에 3개의 관곽이 있다. 중앙은 만력제, 양쪽은 효단황후와 효정황후의 관곽이다.

명대의 왕릉과 유물 ◆ 103

結 봉건시대의 제왕들은 죽은 후에도 왕궁과 같은 능묘에서 '살고' 싶어 했다. 정릉은 만력 12년에 착공하여 6년이란 시간이 걸렸으며, 매일 2~3만 명이 작업에 투입되었다. 능묘를 조성하는 데 은전 800만 냥이 들었는데, 이는 명 왕조의 2년 치 조세에 해당했다. 공사에 사용된 '수공전壽工磚'은 산둥성 린칭臨淸에서 운반해왔고 석재는 팡산현房山縣에서, 화반석은 허난성에서 가져왔다.

명나라 초기에는 비빈妃嬪을 순장하는 제도가 있어서 황제가 죽으면 후궁에 있는 100여 명의 비빈들도 함께 묻혔다. 예컨대 성조成祖의 장릉에는 동쪽과 서쪽에 정井이 있는데 바로 16명의 왕비를 장사지낸 곳이다. 순장자의 묘지를 정이라 하는 것은 구덩이의 구멍만 있을 뿐 지하 출로가 없고 관곽이 위에서 아래로 곧바로 내려간 것이 우물과 같기 때문이다. 이러한 순장 제도는 태조, 성조, 인종, 선종을 거쳐 영종 말년에 이르러서야 폐지되었다. 그 후 비빈은 몇 사람 혹은 10여 명씩 하나의 묘지를 공유했으며 대부분 베이징의 시산西山과 진산金山에 매장되었다. 여기서 중국 고대 여인들의 비참한 운명을 엿볼 수 있으며, 황제의 비빈일지라도 남존여비 사상의 희생양이 되었음을 알 수 있다.

【 타이완을 수복한 정성공 】

● 정성공

타이완은 본래 중국 대륙의 일부였지만 바닷물이 상승하면서 대륙과 분리되어 섬이 되었다. 고고학 자료가 증명하듯이, 타이완의 원시 문화는 대륙에서 기원한 것이며 타이완 최초의 거주민도 대륙에서 이동해간 사람들이다.

정성공鄭成功(1624~1662)은 푸젠성 난안현南安縣 스징촌石井村 사람으로, 서양 식민주의자들의 침략에 단호히 대항해 중국 역사의 위대한 영웅으로 추앙받고 있다.

정성공은 본명이 삼森이고 자는 대목大木이다. 부친의 이름은 정지룡鄭芝龍이고 모친은 일본인이다. 일본에서 태어난 정성공은 7세 때 고향인 푸젠성에 돌아와 15세에 수재로 합격했다. 청나라 군사가 산하이관山海關에 들어온 뒤 아버지와 함께 명나라의 당왕唐王 주율건朱聿鍵을 옹립하여 푸저우福州에서 황제를 칭하게 했다. 당왕은 이를 치하하여 그에게 국성國姓을 하사하고 성공成功이라는 이름을 내렸다. 이로 인해 정성공은 '국성야國姓爺'라고 불렸다.

그 후 아버지 정지룡은 청나라에 투항했으나 정성공은 끝내 투항하지 않았다. 병법을 통달하고 용병에 능했던 그는 훌륭한 해상 부대를 거느리고 있었으며 진먼金門과 샤먼廈門을 근거지로 수십 년간 청나라에 항거했다. 주유랑朱由榔이 황제를 칭한 후에는 다시 연평왕延平王에 봉해졌다.

  1659년, 정성공은 친히 대군을 거느리고 난징을 공격했다가 크게 패하면서 샤먼으로 물러나게 되었다. 그 후 그는 명나라 수복의 근거지로 삼기 위해서 타이완을 차지하기로 결심했다. 순치順治 18년(1661)에 출병한 그는 이듬해에 타이완을 침략한 네덜란드 제국주의자들을 정복하고 타이완을 귀속시켰다.

  정성공은 타이완을 수복한 뒤 대규모 개발 사업을 벌였다. 토지 개간에 관한 조례를 반포하고 병사들을 감독해서 둔전 사업을 크게 일으켰으며, 유랑민을 모아 황무지를 개간하고 학교를 세웠다.

  강희 원년인 1662년, 타이완에서 병으로 죽으니 향년 38세였다.

【 중국과 타이완의 관계 】

타이완은 본래 중국 대륙의 일부였지만 바닷물이 상승하면서 대륙과 분리되어 섬이 되었다. 고고학 자료가 증명하듯이, 타이완의 원시 문화는 대륙에서 기원한 것이며 타이완 최초의 거주민도 대륙에서 이동해간 사람들이다.

문자 기록이 있은 이래로 타이완과 중국의 밀접한 관계는 더욱 명백해졌다. 삼국시대 오나라의 손권은 타이완으로 병사를 파견한 적이 있으며, 수 왕조 이래로 타이완과 대륙 사이에 이미 상업적 왕래가 있었다. 수나라는 타이완에 두 번이나 조칙을 내리기도 했다. 남송 때 펑후澎湖는 푸젠성 취안저우泉州 진장현晉江縣 관할이었으며, 취안저우의 지주知州 왕대유는 수군을 펑후에 보내 장기 주둔시켰다. 원대에는 펑후에 순검사巡檢司를 설치해서 취안저우의 통안현同安縣에 예속시켰다. 이는 중앙 정부가 펑후에 설치한 최초의 행정기구이다.

명대에는 타이완에 대해 별 관심을 두지 않았다. 홍무洪武 연간에는 아예 펑후의 순검사마저 폐지하고 주민들을 취안저우로 이주시켰다. 이후 만력 연간에 타이완을 엿보던 일본이 펑후를 침범하고 나서야 비로소 펑후호에 군대를 주둔시켰다.

명말 청초에 정지룡이 인력을 조직하여 타이완을 대규모로 개발했지만 그 후 타이완은 네덜란드 제국주의자들에게 38년간이나 점령당했다. 정성공은 타이완을 수복한 후 이렇게 선포했다.

"타이완은 중국의 영토인데도 귀국이 장기간 점령하고 있었다. 그러나 오늘 내가 이 땅을 도 찾았으니 이제부터 나에게 속한다."

【 타이완을 수복하다 】

정성공이 타이완을 수복한 것은 우연이 아니다. 그의 부친 정지룡이 타이완을 다스린 적이 있었기 때문에 그곳을 조상의 땅으로 여겼으며, 해상의 장점을 잘 파악하여 타이완의 군사적·경제적 가치를 내다보았다.

푸젠성 둥산東山 섬에 위치한 퉁산수이銅山水 마을
정성공은 여기서 수군을 훈련시켰다.

정성공의 부하들은 타이완을 수복하겠다는 그의 결심을 듣고는 대부분 난색을 표했다. 하지만 정성공은 직접 대군을 거느리고 출정했다. 순치 18년(1661) 3월 23일 오후, 정성공은 2만 5,000명의 군사를 이끌고 진먼의 랴오뤄만料羅灣을 출발했다. 도중에 풍랑을 만나기도 했지만, 4월 2일에 타이완의 녹이문鹿耳門에 도착해서 허랴오禾寮 섬과 베이셴웨이北線尾 섬에 성공적으로 상륙해 타이완인들의 열렬한 환영을 받았다. 이어서 육상과 해상에서 동시에 공격하여 네덜란드 제국주의자들의 첫 반격을 격퇴했다. 정성공은 승세를 타고 추격하여 4월 4일에 적군의 근거지 중 하나인 프로린시아(지금의 타이난台南)를 공략했다.

그 후 정성공은 병사를 이끌고 적군의 본거지인 포트질란디아(지금의 안핑安平)를 포위했다. 그런 상태로 기회를 엿보다가 병력을 모은 후 다시 강공 전술을 감행했다. 순치 18년 12월 13일(1662년 2월 1일), 네덜란드 제국주의자들과 18조에 달하는 항복 조약을 체결하고 타이완에 대한 식민 통치를 종식시켰다.

정성공은 타이완을 수복한 후 포트질란디아를 안핑진安平鎭으로 고치고 프로린시아를 성톈부乘天府라 했다. 그리고 승천부에 톈싱天興과 완녠万年 두 현을 설치하여 톈싱은 북쪽 길을, 완녠은 남쪽 길을 관할하게 했다.

【 타이완을 개발한 정지룡 】

정성공의 부친 정지룡은 푸젠성 취안저우 난안현 스징촌 사람이다. 그는 중국 역사상 처음으로 타이완을 대대적으로 개발했다.

청년 시절 정지룡은 바다 건너 일본으로 가서 장사를 했다. 이때 푸젠

녹이문을 기습하는 정성공의 함대

성 장저우漳州 사람인 안사제顔思齊와 절친한 친구가 되었다. 천계天啓 4년(1624), 일본 관부의 폭정을 견디다 못해 안사제를 우두머리로 해서 반란을 일으켰지만 결국 실패했다. 그 후 정지룡은 타이완 베이강北港 일대를 유랑하다가 그곳에서 농사를 지으며 살았다. 당시 푸젠성의 장저우와 취안저우 일대에서는 수천 명이 건너와 타이완을 개발하는 사업에 참여했다.

숭정 원년(1628), 정지룡은 명 왕조의 부름을 받고 타이완을 떠났다. 당시 푸젠성에 큰 가뭄이 들자 정지룡은 순무巡撫인 웅문찬熊文燦에게 이를 보고하고는 굶주린 백성 수만 명을 타이완으로 데려가 한 사람 앞에 은전 3냥씩을 주고 세 사람에게 소 한 마리를 주어 황무지를 개간하게 했다. 그 후 푸젠성의 장저우와 취안저우 일대에 거주하던 백성이 계속 타이완으로 건너가게 되었다.

【 네덜란드 제국주의자들의 침략 】

17세기 네덜란드는 전형적인 자본주의 국가이자 강력한 제국주의 국가로서 동인도회사를 통해 식민지를 경영했다.

네덜란드 제국주의자들은 자카르타를 대본영으로 삼고 중국에 대한 침략을 개시했다. 1622년 아오먼澳門(마카오)을 공략하는 데 실패한 그들은 후퇴해서 펑후를 점령했다. 1624년 푸젠성 순무 남거익南居益이 병사들을 보내서 이들을 몰아내고 펑후를 수복했다. 네덜란드인들은 타이완 남부로 달아났지만 명나라 군대가 계속 추격해오지 않자 다시 타이완을 침범하기에 이르렀다.

네덜란드 제국주의자들은 포트질란디아와 프로빈시아를 자신들의 근거지로 삼았다. 1626년부터 에스파냐 제국주의자들이 타이완 북부를 차지하자, 양국 군대는 타이완에서 쟁탈전을 벌이기 시작했다. 그 결과 1642년에 네덜란드인들이 에스파냐인을 쫓아내고 타이완을 독점했다.

네덜란드 제국주의자들은 타이완 백성들을 야만적으로 통치했다. 그들은 타이완에 군대를 주둔시키고 수시로 백성을 탄압했다. 1652년에는 곽회일이 이끄는 봉기군을 잔혹하게 진압했다.

그들은 또 '장로長老' 제도와 '결수結首' 제도를 만들어 타이완 백성들을 통치했다. 장로 제도란 한족漢族 마을에서 한 사람을 장로로 뽑아서 공사公司에 충성할 것을 요구한 제도이다. 결수 제도를 통해 수십여 가家의 거주민을 한데 모

네덜란드 식민주의자의 투항서

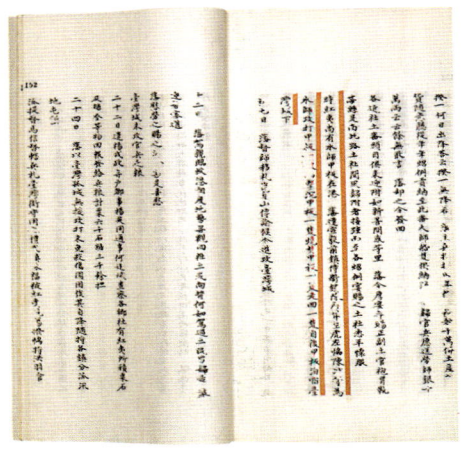

청대에 양영楊英이 지은 《종정실록從征實錄》
타이완을 수복한 정성공의 사적이 실려 있다.

아서 '소결小結'이라 부르고 자산이 많은 부자를 '소결수小結首'라 했다. 또 수십 개의 소결을 합하여 '대결大結'이라 하고 그중에서 힘있는 자를 '대결수大結首'라 했다.

네덜란드 제국주의자들은 타이완의 토지는 몽땅 공사에 속한다고 선포하고는 이를 '왕전王田'이라 칭했다. 그리고 인두세를 비롯한 갖가지 세금을 거두고 타이완의 토산품을 약탈했으며 심지어 아편 무역까지 했다. 또한 교회를 이용해서 학교를 세운 뒤 식민지 노예 교육을 실시했다.

【 하빈의 공로 】

정성공이 타이완을 수복할 때 큰 도움을 준 사람이 있으니, 그가 바로 하빈何斌(하정빈何廷斌이라고도 함)이다. 하빈은 본래 정지룡의 부하로 애국

하빈은 정성공에게 타이완 항로의 상황과 네덜란드 군대에 관한 정보를 넘겨주었다.

심이 강한 사람이었다. 순치 14년(1657), 네덜란드 제국주의자들은 하빈을 샤먼에 파견해 통상에 관한 문제를 담판 짓게 했다. 이때 하빈은 기회를 틈타 정성공에게 타이완을 수복하라고 권고하면서 타이완의 상황, 특히 네덜란드 군대의 병력과 포대 배치에 관한 상세한 정보를 주었다.

하빈은 또 정성공의 부하 정태鄭泰의 위탁을 받아 타이완에 돌아간 후에는 세금을 대신 받았다. 즉 정성공이 있는 곳으로 가는 배는 모두 타이완에서 세금을 완납하고 샤먼에 도착한 후에는 세금을 바치지 않았던 것이다. 하지만 하빈은 결국 네덜란드인에게 발각되어 파면당했다.

순치 18년(1661) 정월, 하빈은 샤먼으로 정성공을 찾아가서 타이완 항로의 상황과 네덜란드 군대의 포대 배치에 관한 지도 한 폭을 바쳤다. 타이완에 가본 적도 없던 정성공은 그의 도움으로 출정할 수 있었다.

예컨대 정성공의 선박이 타이완의 녹이문에 도착한 경우를 들 수 있다. 이곳은 원래 항구가 좁은 데다 모래와 자갈이 쌓여 있고 항로가 구불구불해서 작은 배만 통행할 수 있는 천혜의 요새였다. 따라서 네덜란드 군대가 전혀 방어하지 않고 있었다. 그러나 하빈은 정성공에게 몰래 사람을 보내서 이곳이 오랫동안 조류에 침식되어 큰 배도 통과할 수 있다고 전했다. 하빈이 넘겨준 지도가 있었기에 정성공의 군대는 순조롭게 상륙할 수 있었다. 당시 네덜란드인들은 하늘에서 병사들이 내려온 줄 알고 크게 놀랐다고 한다.

結 정성공은 제국주의자들로부터 타이완을 수복했을 뿐 아니라 타이완 개발의 새로운 국면을 열었으니, 이때부터 타이완은 중국의 영토로 정해졌다고 할 수 있다. 정성공이 죽은 뒤 20여 년이 지나서 청나라의 강희제가 타이완을 통일했다.

푸젠성 샤먼의 구랑鼓浪 섬에 있는 정성공의 조각상

【 포탈라 궁과 티베트 불교 】

● 포탈라 궁

불교는 본교에 결핍된 사상을 갖고 있는 데다 전파 과정에서 그 특색을 잃지 않아 본교의 공백을 메우는 역할을 충분히 해냈다. 불교는 세계의 본질을 깊이 설파하면서 피안의 세계를 제시했는데, 이는 티베트족의 사유 체계를 형성하는 데 중요한 역할을 했다.

눈부시게 빛나는 웅장한 포탈라 궁은 티베트 라싸의 포탈라 산에 우뚝 솟아 있다. 포탈라 궁은 7세기 토번 왕조 송찬간포松贊干布 시대에 세워진 것으로 전해지고 있다. 송찬간포는 포탈라 산 위에 궁전을 건축하고 당나라의 문성공주를 왕비로 맞았다. 포탈라 궁은 그 후 심하게 파괴되어 지금은 몇몇 궁전만 남아 있다.

17세기 중엽, 제5대 달라이 라마가 포탈라 궁을 재건하면서부터 이곳은 달라이 라마들이 거주하면서 정치와 종교 활동을 병행하는 장소가 되었다. 그 후에도 몇 번의 증축을 거쳐 지금의 규모를 갖게 되었고 정교합일政敎合一의 통치 중심지가 되었다.

포탈라 궁은 티베트족(짱족藏族)의 마음속 성전이다. 티베트족은 티베트 불교를 신봉한다. 불교는 고대 인도에서 기원하여 중국으로 전파되었는데, 중국과 티베트 등지의 북방 불교와 태국, 미얀마, 스리랑카 등지의 남방 불교로 나눌 수 있다.

티베트 불교는 시짱西藏 지역에서 형성되고 발전했다. 원래 티베트의 고유 종교는 불교가 아니라 분교笨敎였다. 불교가 티베트에 전해진 후 티

포탈라 궁의 새벽

베트에서는 분교와 갈등이 생겨 격렬한 충돌이 벌어졌다. 하지만 서로 흡수하고 융합하여 분교는 불교의 수지修持 방식, 청규淸規와 계율 등의 내용을 받아들였다. 분교는 진일보한 발전을 거듭하면서 방대한 이론 체계와 복잡한 수행 방식을 가진 종교로 바뀌었다. 마침내 티베트 지역에는 불교와 비슷한 분교 혹은 불교화된 분교가 나타나게 되었으며, 분교는 곧 티베트 불교의 주요한 내용이 되었다.

【 포탈라 궁의 구조 】

 포탈라 궁의 모든 건축물은 산세에 따라 층층이 산마루까지 이어져 있다. 그 주된 건축은 백궁白宮과 홍궁紅宮으로 나뉜다. 홍궁은 벽이 모두 붉은색으로 칠해져 있고, 백궁은 동·서·남 3면이 홍궁과 이어져 있으면서 벽이 흰색으로 칠해져 있다. 홍궁의 평평한 꼭대기에는 7개의 금기와 지붕이 햇빛 아래 눈부시게 빛난다.

 백궁의 주요 궁전은 동대전東大殿으로 남쪽을 향하고 있다. 이 건축물에는 역대 달라이 라마들의 좌상坐牀 등이 있으며 중대한 의식이 거행된다. 백궁 안에서 제일 높은 곳은 동·서 일광전日光殿이다. 이곳은 달라이 라마의 침궁寢宮으로서 내부 시설이 매우 호화롭다. 백궁의 성벽 동·남·서쪽에는 3층으로 된 문루門樓가 있고, 성벽의 동남쪽과 서북쪽 모퉁이에는 각기 각루角樓가 세워져 있다. 이처럼 산마루에 궁실宮室의 전당을 짓고 산 아래에 성루를 배치한 것은 티베트족의 전통적인 토치카 건축의 특징이다.

홍궁은 여러 층으로 된 건축물로 내부는 대전大殿, 불전佛殿, 영탑전靈塔殿 등 주요 전당으로 나뉘어 있다. 중심에 있는 대전은 홍궁 내에서 가장 큰 전당이다. 대전의 서쪽 끝 중앙에는 달라이 라마의 보좌가 있고, 전방의 대들보 위에는 청나라 건륭제가 쓴 "용련초지湧蓮初地"라는 편액이 걸려 있다. 그리고 대전 내부에는 벽화가 가득 그려져 있는데, 그중에서도 5대 달라이 라마가 청나라의 순치제를 만나는 벽화가 가장 유명하다.

포탈라 궁의 백궁 안에 있는 서일광전

5대 달라이 라마가 순치제를 만나는 모습을 그린 벽화

홍궁 내의 주요 불전으로는 달라이세계전〔達賴世系殿〕, 약왕전藥王殿이 있다. 영탑전은 달라이 라마의 영탑을 모신 전당으로서 달라이 라마가 열반에 들면 그 유해를 향료로 보호하여 탑 안에 안치한다. 특히 5대 달라이 라마와 13대 달라이 라마의 영탑이 제일 장엄하고 호화롭다.

【 티베트 불교의 형성 】

불교는 인도에서 한나라를 거쳐 시짱에 전해졌으며 어려운 전파 과정을 거친 뒤 점차 번영의 길에 들어섰다. 시짱 지역에 광범위하게 전파되어 티베트족의 생활 전반에 깊은 영향을 끼친 불교는 그들의 사상과 문화에 새로운 피를 공급했다.

티베트족의 전통적 종교인 분교는 그 자체에 사변적인 철리哲理를 약간 담고 있었지만 더 이상 발전하지는 못했다. 게다가 전체적인 체계도 무술, 제사, 숭배 등의 활동에 무게를 두면서 인간의 현실과 경험적 인식을 중시할 뿐 인생의 근원이나 세계의 본질 등을 탐구하는 문제에 대해서는 소홀했다.

주된 공양을 받는 자재관음상

하지만 불교는 분교에 결핍된 사상을 갖고 있는 데다 전파 과정에서 그 특색을 잃지 않아 분교의 공백을 메우는 역할을 충분히 해냈다. 예컨대 불교에서는 인과응보를 삶을 지배하는 불변의 법칙으로 간주하면서 인생의 근원이나 운명의 문제에 대해 신비주의적인 설명을 했다. 또 불교는 세계의 본질을 깊이 설파하면서 피안의 세계를 제시했는데, 이러한 깊은 교리는 티베트족의 사유 체계를 형성하는 데 매우

라싸의 3대 사찰 중 하나인 드레풍 사원에서는 매년 설돈절雪頓節에 전불의식을 거행한다.

중요한 역할을 했다.

분교는 불교와 같은 외래 종교를 격파하려 했으나 문화적 토대가 허약했기 때문에 근본적으로 불교의 상대가 되지 못했다. 오랜 갈등과 교류 속에서 분교는 불교 사상의 깊이를 확실히 인식하면서 점차 불교에 다가갔으며, 급기야 근본적인 변화를 일으켜 불교화된 분교를 이루게 되었다. 그리하여 티베트 불교는 티베트 문화의 핵심이 되는 동시에 티베트 사람들의 신앙이 되었다.

【 포탈라 궁의 건축예술 】

포탈라 궁은 티베트족의 우수한 전통 건축과 독특한 품격을 잘 보여주고 있으며, 조각·회화·특수 공예 등에서 거둔 비범한 예술적 성과를 집

약하고 있다.

포탈라 궁에는 수많은 조각품이 보존되어 있다. 예컨대 금, 은, 동으로 된 금속 제품을 비롯하여 목각과 석각, 진흙으로 된 조각품도 있다. 제작 방법은 주조, 조소, 새김, 부조, 분원조分圓雕, 천각淺刻 등이다.

회화는 포탈라 궁 건축예술의 중요한 부분으로서 벽화와 탱화, 기타 장식이나 채색 그림 등이 주목할 만하다. 포탈라 궁 벽화에는 훌륭한 작품이 무수히 많다. 크고 작은 전당, 문이나 대청, 회랑의 벽에 모두 벽화가 그려져 있으니 말이다. 벽화의 소재는 역사 인물이나 역사 이야기, 신화나 불경 이야기뿐 아니라 건축, 민속, 오락 등 생활의 분위기가 다분한 내용도 있다.

포탈라 궁에는 1만 폭에 달하는 탱화가 보존되어 있다. 이는 티베트족의 특징이 담긴 종교화로서 비단이나 천 혹은 종이 위에 그린 권축화卷軸畵를 가리킨다. 탱화는 단폭單幅 또는 한 조組로 되어 있으며, 역사적으로 티베트족의 진귀한 보물로 전해지고 있다.

포탈라 궁 내부는 채색되지 않은

포탈라 궁 불상 보좌 위에 있는 신조神鳥와 용녀龍女

고격왕국古格王國 유적지 벽화

곳이 없는데, 전당과 궁실의 벽은 사방에 벽화가 그려져 있다. 특히 나무로 만든 부분은 정교하게 조각해서 여기에 채화彩畵까지 한다면 정말로 오색찬란한 기둥이라고 할 수 있다. 또한 유금鎏金 기술을 광범위하게 응용해서 궁전 안에 있는 대부분의 조각상과 기물 등을 화려하게 도금해놓았다.

【 티베트 불교의 종파 】

티베트 불교는 내부의 견해 차이로 점차 분파가 생겨나 결국 여러 종파로 나뉘게 되었다.

토번 왕조가 붕괴되고 원나라가 시짱을 통일하기까지 400여 년 동안 이곳은 분열, 할거, 분쟁의 소용돌이에 휩쓸렸다. 절에 귀속된 장원, 토지, 목장 등을 위주로 한 사원 경제는 티베트 불교의 각 종파가 형성되는 데 사회적·정치적 배경과 경제적 기반을 제공했다. 하지만 티베트 불교의 고승들은 인도에서 전해진 불경을 번역, 해설, 전수하는 과정에서 인도 불교의 전통과 계율에 관한 규정을 그대로 따르지 않고 저마다 나름의 학설을 내세우며 논쟁을 벌였다. 티베트 불교의 여러 종파는 이때부터 형성된 것이다.

티베트 불교는 닝마, 사캬, 카규, 조낭, 겔룩 등 다섯 종파로 나눌 수 있다.

닝마파는 옛 종파라는 뜻으로 12세기에 창립되었다. 실제 창립한 사람은 색궁도索穹道와 탁포파卓浦巴 등이다. 이들은 자신들의 교법이 8세기에 연화생蓮花生 대사가 전한 것으로서 다른 종파보다 300여 년 앞섰다고 주장한다. 사캬파는 11세기 후반에 형성된 종파로 창립자는 공각걸포貢却杰布이다. 13세기 중엽에서 14세기 중엽에 이르는 100여 년 동안 시짱 지역

티베트 불교 사캬파의 사캬사薩迦寺

에서 지배적인 위치에 있었다. 백고白教라고도 하는 카규파는 11세기에 형성되었고 주로 구전으로 교리를 전했다. 조낭파는 대부분의 저술이 거의 실전되어 점차 자취를 감추고 있다. 15세기 초엽에 일

사캬사의 경서고經書庫

어난 겔룩파는 신갈당파新噶當派 혹은 황교黃教라고도 한다. 총카파宗喀巴가 창립한 이 종파는 시짱 지역에서 가장 큰 세력을 갖고 있으며 영향력도 매우 광범위하다.

【 티베트 불교의 주요 내용 】

티베트 불교는 종파가 다양하지만 융합, 회통, 조화야말로 티베트 불교 사상이 발전하는 과정에서 배태된 것이라 할 수 있다. 이 점은 각 종파 사이에 일부 공통적인 내용이 있는 것으로도 알 수 있다.

티베트 불교의 인생관을 보면, 인생의 가치는 고통이며 인생의 본질은 공空이라는 명제를 제시하면서 육도윤회와 인과응보를 삶을 지배하는 불변의 법칙으로 여기고 있다. 즉 사람의 사상과 언행은 '업業'을 축적하며, 이 '업'의 선악에 따라 그에 상응한 과보를 받게 되면서 지옥과 아귀 등

장쯔바이쥐탑江孜白居塔 또는 '십만불탑＋萬佛塔'이라고도 한다. 전설에 의하면, 이 탑의 불상이 10만에 달했다고 한다.

여섯 갈래로 다시 태어난다는 뜻이다. 이것이 육도윤회로서 중생으로 하여금 선을 행하도록 이끈다.

이외에도 티베트 불교는 갖가지 심성론을 제기한다. 예컨대 사람의 본성, 욕망, 번뇌 등이 어떻게 불성佛性으로 전환될 수 있는가 등의 문제이다. 이 문제에 대해서 티베트 불교의 각 종파는 모두 자기주장을 갖고 있으며 다양한 수행법을 제시하고 있다. 그 대부분이 티베트족 스스로 창조한 것으로 인도 불교에서는 그 근거를 찾기가 어렵다. 심성 문제에 대한 활발한 연구와 토론은 티베트 불교 사상을 한층

티베트 불탑

발전시켰다.

  티베트 불교는 현상과 본질이 모두 공空하며, 직각直覺의 사유 방식으로 부지불식간에 불아합일佛我合一의 경지에 도달할 수 있다고 주장한다. 또한 방법적으로 유와 무, 본질과 현상, 보편과 특수 등의 중요한 범주를 제시하면서 그 관계를 진지하게 파고든다.

結 티베트의 정치, 종교, 권력을 포괄하고 있는 포탈라 궁은 티베트 불교와 밀접한 관계를 갖고 있다. 티베트 불교의 사상은 넓고도 깊으며 그 영향력 또한 대단하다. 티베트 불교의 토대는 시짱 지역에 있지만 그 영향력은 윈난성, 쓰촨성, 간쑤성, 칭하이성, 네이멍구를 비롯해 몽골과 러시아 극동 지역에까지 미쳤다.

　불교가 티베트에 전해진 지도 이미 1,000년여가 지나 오늘날에는 티베트족과 완전한 조화를 이루고 있다. 티베트 불교는 티베트 사람들의 생활 곳곳에 침투해서 그들의 정신적 지주가 되었다. 그들에게는 생사, 혼인, 질병, 재산 등의 문제를 대하는 고유의 방식이 있으며 그들만의 경전을 암송하고 참배하는 등 독특한 종교 생활을 하고 있다.

【 장서루 】

● 천일각 안의 보서루寶書樓

대대로 개국 초기에는 문치文治를 중시해서 도서를 수집하는 데 전력을 다했기 때문에 장서의 수량이 늘어나는 추세를 보였다. 하지만 전란이 일어나서 시대가 바뀌면 서적이 치명적인 재난을 당하는 경우가 많았다.

중국은 문헌 전적이 가장 많은 나라라고 할 수 있다. 오래전부터 도서를 소장하는 기구를 설치하고 관리 책임자를 둔 덕분이기도 하다. 중국의 고대 장서는 크게 네 가지로 나눌 수 있다. 예컨대 황실의 서적을 보관하는 정부 장서인 관장官藏, 민간 서적을 보관하는 개인 장서인 사장私藏, 그리고 서원 장서와 사원 장서가 있다.

문헌에 따르면, 중국은 주나라 때 이미 국가 도서관인 장실藏室을 갖추었고, 장서를 관리하는 책임자인 수장실지사守藏室之史를 두었는데 '주하사柱下史'라고도 불렸다. 저명한 사상가인 노자도 이 직무를 맡은 적이 있다.

당시에는 주로 "120개 국가의 보서寶書", 즉 춘추시대 각국의 사서들을 수집했다. 공자는 《춘추》를 편찬하기 위해 자료를 수집할 때 "주나라의 장실을 관람하며 역사 기록과 구문舊聞을 논했다"고 하는데, 여기서 당시의 장서는 사람들이 읽을 수 있도록 제공했음을 알 수 있다. 이처럼 초기 도서관에서는 자료 열람과 자문이 가능했다. 《사기》에도 "공자는 주나라에 가서 노자에게 예禮에 대해서 물었다"는 기록이 있다.

개인 장서, 즉 사장은 관장보다 늦게 출현했다. 춘추전국시대의 정치적·경제적 변혁은 문화의 발전을 한층 촉진시켰다. 그에 따라 학문도 하부 계층으로 내려가 개인의 저술과 강의가 활발해지기 시작했다. 그 결과 지식에 대한 관부의 독점이 무너지면서 백가쟁명의 국면이 전개되었고, 그에 따라 각 학파 중에서 개인 장서가 나타났다. 예컨대 전국시대의 종횡가인 소진蘇秦은 장서가 아주 많았다고 하는데, 《사기》〈소진열전〉에 이런 기록이 있다.

소진이 진秦나라 왕에게 유세를 하러 갔다가 좌절을 맛보고는 집안 사람들의 비웃음을 받았다. 이에 상심한 그는 수십 상자의 장서를 꺼내서 1년 동안 열심히 공부한 뒤에 진나라의 정치적 포부에 대항하는 합종책合縱策을 주장했다.

초기의 개인 장서는 죽간竹簡이나 목간木簡 위주였으며 백서帛書는 매우 적었다.

【 정부의 장서 】

진나라 시황제는 중국을 통일한 후 함양咸陽(지금의 시안)에다 장서 기관을 설립하고 어사御史를 두어 관리하게 했다. 전한시대에는 장서에 대한 선구적인 작업을 많이 벌였으며, 그 후의 왕조들이 그것을 계승하고 본받으면서 일종의 장서 제도가 성립되었다. 장서 제도의 내용을 살펴보면 다음과 같다.

첫째, 전한시대 설치된 국가 장서처에서 도서를 소장하고 관리했다. 한나라 초기 소하가 상국相國으로 임명된 후 장서루 두 곳을 건축하고는 각기 석거각石渠閣과 천록각天祿閣이라고 명명했다. 나중에 '석거'와 '천록'은 황실 장서의 별칭이 되었다.

둘째, 전국적인 규모로 책을 수집해서 국가의 장서를 완벽하게 구비하는 데 심혈을 기울였다.

셋째, 전문가를 파견해서 장서를 정리하여 국가 장서 목록을 만들게 했진모晋毛이 가장 유명하다. 청대의 유명 장서각으로는 황우직黃虞稷의 천경당千頃堂, 전겸익錢謙益의 강운루絳雲樓, 창수常熟 구씨瞿氏의 철금동검루鐵琴銅劍樓, 산둥성 랴오청聊城의 양씨楊氏 해원각海源閣, 후저우湖州 육씨陸氏의 벽송루皕宋樓, 항저우 정씨丁氏의 팔천권루八千卷樓 등이 있다.

명대 범흠의 천일각

사고칠각

청 왕조에서는 장서가 매우 성행했다. 가장 유명한 것이 사고칠각四庫七閣, 즉 《사고전서》를 보관하기 위해 곳곳에 세운 7개의 장서루이다.

《사고전서》는 3,503종 7만 9,337권으로서 3만 6,300여 책에 229만 쪽으로 되어 있다. 그 첫 번째 초본은 베이징 자금성 내 문연각文淵閣에 보관되어 있고, 기타 몇 부는 원명원圓明園의 문원각文源閣, 청더承德 피서산장避暑山莊의 문진각文津閣, 선양瀋陽 고궁의 문소각文溯閣에 있는데 이상 네 곳을 북사각北四閣이라고 부른다. 남삼각南三閣은 장쑤성 양저우揚州의 문회각文匯閣, 진장鎭江 진산金山의 문종각文宗閣, 항저우의 문란각文瀾閣을 가리킨다.

청더 피서산장의 문진각
닝보의 천일각을 모방해서 건축했다.

건륭제는 《사고전서》와 그 부본副本의 소장을 명하며 〈문원각기文源閣記〉에서 이렇게 말했다.

"서적을 소장하는 가문은 많지만 저장성 범씨의 천일각이 제일이구나. 《사고전서》를 편집하고 소장할 곳으로 명하노라."

음양오행설에 의하면, 자금성은 대부분 황색 기와에 붉은 담으로 이루어져서 각각 중앙의 흙과 남쪽의 불을 상징한다. 황색 기와는 지고무상한 황권을 나타내며 궁궐의 담과 기둥, 창문의 주홍색은 상서로움, 경사, 승리, 성공을 상징한다.

하지만 문연각의 기와는 검은색이고 벽과 기둥은 청색으로서 북쪽의 물을 상징한다. 이는 물이 불을 누르듯이 서적이 화재를 당하지 않도록 하는 의미가 있다. 칸수는 6칸으로, 이는 《역경》의 "하늘은 하나로서〔天一〕 물을 낳고, 땅은 여섯으로서〔地六〕 물을 이룬다"는 뜻을 따른 것이다. 7각은 모두 닝보의 천일각을 모방했다.

양저우의 문회각과 진장의 문종각은 1853년 전쟁으로 파괴되었고, 항저우의 문란각에 있던 '전서全書'도 거의 절반이나 훼손되었다. 문원각은 원명원과 함께 1860년 영국과 프랑스 연합군에게 훼손되었다. 문연각의 장서는 국민당과 공산당의 투쟁 때 남쪽으로 옮겨진 뒤 돌아오지 못한 채 타이완에 있다. 문소각의 장서는 현재 란저우蘭州의 간쑤성도서관에 있

항저우의 시후西湖 호 변두리에 위치한 문란각

고, 문진각의 일부 장서는 중국국가도서관이 소장하고 있다.

【 범흠과 천일각 】

범흠(1506~1585)은 자가 요경堯卿이고 호는 동명東明이다. 저장성 은현鄞縣(지금의 닝보寧波) 사람으로서 명대 중후반의 저명한 개인 장서가이다.

범흠은 장시江西와 광시廣西 등지에서 벼슬을 할 때 도서를 널리 수집해 좋은 책을 초록했다. 특히 저장성의 장서가들과 서방書坊을 두루 찾아다니면서 이본異本을 수집했다. 가정嘉靖 40년(1561), 범흠은 고향에 장서루를 세웠다.

천일각이라는 이름은《역경》의 "천일天一이 물을 낳는다"는 설에 따라 물로 불을 다스리고자 하는 뜻에서 붙인 것이다. 천일각은 상하 2층 구

장서루 ◆ 139

《사고전서》

조이다. 위층은 하늘에 비유하여 1칸으로 만들었고, 아래층은 땅에 비유해서 6칸으로 나누었다. 천일각 앞에는 못을 파서 '천일지天一池'라고 불렀다.

습기로부터 책을 보호하기 위해서 도서를 모두 위층에 보관했고, 앞뒤 창문을 열어 통풍을 시켰다. 또 벌레를 방지하기 위해 운초芸草를 넣어두었다. 이처럼 천일각은 화재와 수재를 예방하고 벌레를 막는 등 천재天災를 모두 고려했다.

그리고 '인화人禍'를 방지하기 위해서 범흠은 효과적인 조치를 취했다. 즉 서고의 열쇠를 자손들에게 하나씩 나눠주고 문을 열려면 자손들이 모두 모여야 한다고 했다. 범흠은 또 "책을 나누지 않고, 밖으로 가지고 나가지 못한다"는 규정을 만들어 책의 유출을 막았으며 부녀자는 누각에 오르지도 못하게 했다. 이와 같은 엄격한 규정 덕분에 범흠이 죽은 후에도 자손들이 장서를 잘 보존할 수 있었다.

천일각의 장서는 건륭제가《사고전서》를 편집하기 전에는 비교적 완전하게 보전되었다고 할 수 있다. 천일각의 장서는 대단히 개성적이었는데,

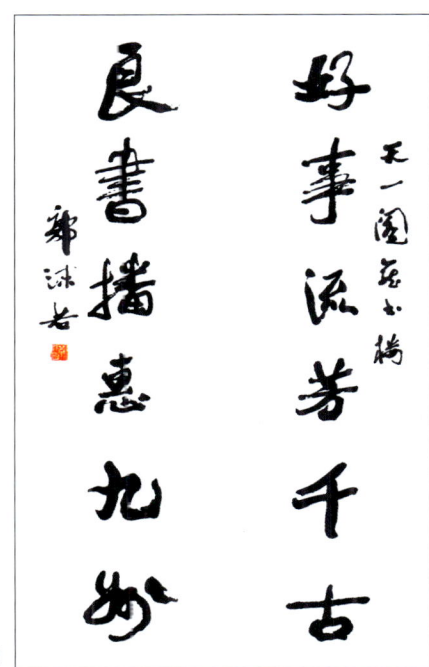

궈모뤄가 쓴 천일각 장서루의 제사題詞

당시의 문헌을 많이 소장했었다. 그 대부분이 지방지, 등과록登科錄, 비첩碑帖 등이었고 많은 서적이 현재 중국 안팎에서 유일한 판본으로 인정받고 있다. 이 장서들은 10여 명의 명망 있는 학자들에게 가방된 적이 있는데 황종희黃宗羲, 전대흔錢大昕, 만사동萬斯同 등이 그들이다.

천일각의 장서는 나중에 관리들이 약탈하고 일부 몰지각한 사람들이 훔쳐다 파는 바람에 상당수의 도서가 유실되었다. 하지만 그런 상황에서도 일부 장서는 신기하게도 위기를 모면했다. 이후 일부를 보충하여 천일각에는 현재 30만 권에 달하는 장서가 있다.

【 장서가의 운명 】

장서가들은 먹고 입는 것을 아끼면서까지 이본異本을 널리 수집했을 뿐 아니라 부족한 부분을 보완하고 수정하면서 전력을 다해 책을 보존했으니 그 공로는 말로 다 할 수 없다. 그러나 다른 면에서 볼 때 그들의 운명은 대부분 비참했다. 청나라 말기 엽덕휘葉德輝는 장서가들의 역사를 분석하고 이렇게 말했다.

"장서가들은 자손에게 책을 물려주었으나 장서 연구가 3대까지 이어진 경우는 극히 드물었다."

따라서 범씨의 천일각처럼 수백 년 동안 전해내려온 장서는 정말로 진귀하다고 할 수 있다.

원대 손극재孫克齋의 장서는 여종들에 의해 신발의 재료가 되거나 장독을 덮는 데 쓰였다. 명대 모진의 한 자손은 차를 아주 좋아했는데 우연히 둥팅洞庭의 벽라춘碧螺春 차와 우산虞山의 옥해천玉蟹泉 물을 얻게 되었다. 그런데 "좋은 장작이 없는 것을 우려한" 그는 기상천외하게도 장서판藏書版으로 차를 끓여서 당시 선본으로 불렸던 《사당인집四唐人集》을 잿더미로 만들어버렸다.

천일각은 《사고전서》의 편찬에 많은 공헌을 했지만 손실도 만만치 않았다. 범흠의 5대손 범무주范懋柱는 진귀한 도서 638종을 바쳤다가 되돌려 받지 못했다. 아편전쟁 시기에는 영국군이 닝보를 공략하자 간교한 상인들이 장서를 모두 훔쳐가 80퍼센트에 달하는 책이 없어졌다.

청대 전조망全祖望의 선조가 지은 아육왕산방阿育王山房도 진귀한 판본을 많이 소장했지만, 그의 후손들이 쓸모 없는 것으로 여겨서 무게에 따라 팔아버렸고, 조상의 저술마저 종이 값 정도를 받고 팔아치워 하나도 남지 않았다고 한다. 후저우 육심원陸心源의 벽송루 장서는 그가 죽은 후 아들인 육수번陸樹藩이 모두 일본에 팔아치우고 말았다.

항저우 정씨의 팔천권루, 창수 구씨의 철금동검루처럼 장서를 대중과 공유하고 나중에는 나라에 바쳐서 공용화한 경우는 극히 드물다.

結 고대의 장서루는 문화유산의 보존을 통해 학술의 발전을 촉진시켰다. 장서가들은 고대의 전적을 수집하면서 부족한 부분을 보태고 정리하여 대량 인쇄함으로써 희귀한 판본이 유실되지 않도록 힘썼다. 그들은 또한 장서 목록을 편찬함하여 문헌의 역사를 기록했고, "남에게 보일 수 없는 비밀"이란 풍조 속에서도 사회적으로 유통시키는 역할을 했다. 장서가들의 목록은 지금도 학술 연구와 고전 문헌의 고증에 중요한 참고 자료가 되고 있다.

고대 장서루의 건립과 유지 경험은 현대 도서관의 운영에 좋은 자료를 제공하고 있다. 예컨대 도서 구입, 저술 기록, 분류, 감정, 배치, 보관, 복원 등의 방식은 지금도 고대의 전적이나 문헌을 정리할 때 꼭 지켜야 할 요소이다.

개인 장서루는 시대의 요구에 따라 점차 개방되어 마침내 현재의 도서관으로 변신했다. 청대 산둥성 리청歷城 사람인 주영년周永年은 '유장설儒藏說'을 제기하여 천하의 도서를 학궁學宮, 서원, 명산, 고찰에 나누어 보관하자고 주장했으며, 책을 구입할 능력이 없는 '한사寒士'들이 이용할 수 있도록 직접 힘을 써서 적서원籍書園을 건립했다. 또 저장성 사오싱사람인 서수란徐樹蘭은 거액의 자금으로 고월古越 장서루를 세워 사람들에게 개방했다. 이는 일대 쾌거로서 근대적인 도서관의 시대가 도래했음을 말해준다.

【 지방지 】

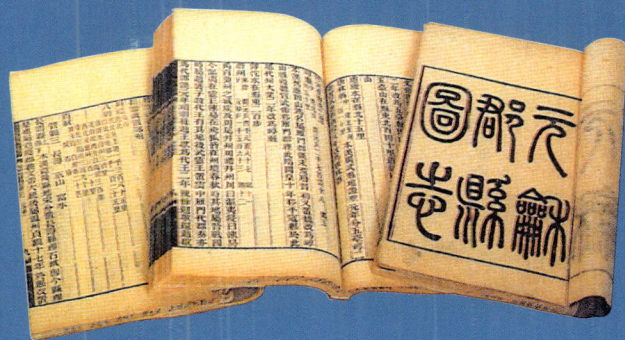

● 《원화군현도지元和郡縣圖志》

지방지는 주로 한 지역의 상황을 전체적으로 기술하지만 동시에 역사도 기록했다. 이를테면 천문, 지리, 산천, 수력, 산물, 자원, 공물, 부역, 천재天災, 인화人禍, 민족, 종교, 사묘, 명승고적, 일화에 이르기까지 광범위하게 다루었다.

지방지地方志는 방지方志라고도 한다. '방方'은 어느 한 지역을 가리키고, '지志'는 기록하고 기술한다는 뜻이다. 지방지는 일정 지역의 자연과 사회 각 방면의 정황을 종합적으로 기술하고 현재의 상황을 위주로 기록하지만, 역사도 반영한다. 그 내용은 해당 지방의 연혁, 산천의 변화, 명승고적, 천문, 기이한 일과 재난, 기후, 산물, 문화예술, 풍속, 인물, 방언 등이다. 중국의 지방지는 민족문화의 진귀한 보물로 간직되고 있는 만큼 역사가 깊고 광범위하며 내용이 매우 풍부하다.

지방지의 기원이 언제인가 하는 문제에 대해서는 학계에서 아직도 공통된 의견이 없다. 일반적으로 지방지는 지기地記, 도경圖經으로부터 점차 변화해온 것으로 여겨지고 있다.

먼저 '지기'는 지지地誌라고도 불리며 양한兩漢 때 나타나서 지방지의 선구가 되었다. 이후 위진남북조 때부터 지방지의 편찬이 점차 보편화되었으나 이때의 저술은 대부분 전해지지 않는다.

'도경'은 고대 지도가 발전한 것으로 처음엔 그림을 위주로 그 지방의

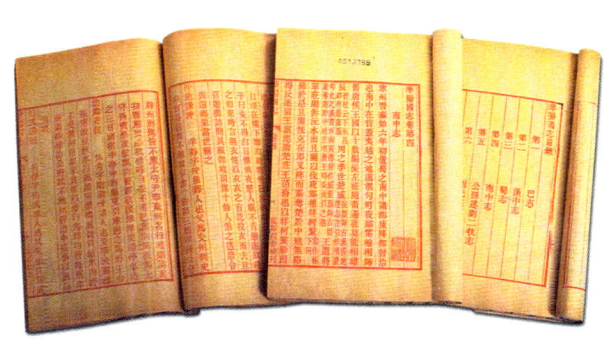

《화양국지》는 서남 지방 소수민족의 역사와 문화를 연구하는 데 중요한 자료가 되고 있다.

토산물 등을 표시했다. 도경의 편찬이 보편적으로 이루어진 시기는 수·당대부터이다. 도경은 전국 군읍郡邑의 분포와 산천의 형세를 이해하는 데 유용했을 뿐 아니라 여행할 때 훌륭한 안내서가 되었다. 북송과 남송 때의 도경은 점차 지방지로 명칭이 바뀌었다. 중국의 역대 왕조는 대대로 지방지의 편찬을 중시했으며, 청대에는 지방지를 연구하는 방지학方志學이 나왔다.

【 지방지의 유형 】

역대 왕조의 행정 구역은 그 변화가 아주 크다. 지방지가 기술한 구역에 따르면 전국총지全國總誌, 구역지區域誌, 전지專誌로 나뉘어 하나의 완벽한 체계를 이루고 있다.

전국총지는 일통지一統志라고도 하며 전국을 기록의 범위로 삼았다. 예컨대 당나라의 이길보李吉甫가 편찬한 《원화군현도지元和郡縣圖志》 40권과 같은 것인데, 지금은 모두 34권이 전해지고 있다.

구역지는 비교적 복잡하다. 행정 구역의 차이에 따라 통지通誌, 부지府誌, 주지州誌, 도지道誌, 청지廳誌, 노지路誌, 군지軍誌, 현지縣誌, 향진지鄕鎭誌, 염정지鹽井誌, 기지旗誌, 토사지土司誌, 위소지衛所誌, 변관지邊關誌 등으로 나뉜다. 여기서 성省을 기록의 범위로 삼는 지방지를 '통지'라고 한다. 부府의 설치는 당대부터 시작해서 청대까지 이어졌으며, 명·청대의 부는 성 아래에 있는 일급 행정 구역이었다. '부지'는 이 부를 기록의 범위로

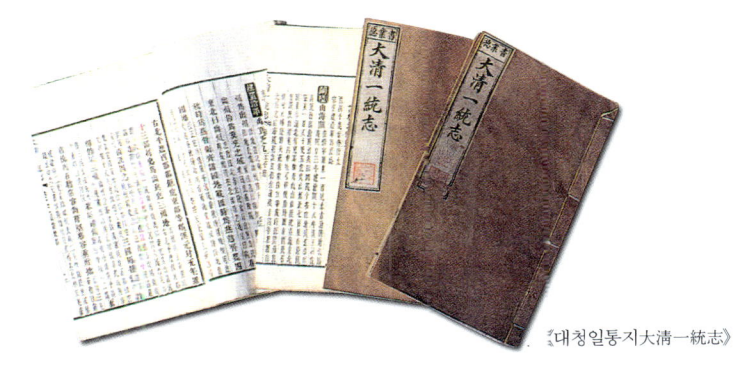

《대청일통지大淸一統志》

《중수강서통지重修江西通志》

삼았다. 현縣은 춘추시대에 기원했고, 현을 기록의 범위로 삼는 지방지를 '현지'라고 한다. 명·청대에는 변방의 소수민족 거주지에 사소司所를 건립하여 그 지역의 우두머리를 토사土司로 삼았다. 이 토사가 관할하는 범위를 기록한 지방지를 '토사지'라고 한다.

'전지' 중에서 명산대천을 기술한 것을 산지山志 또는 수지水志라고 한다. 그 밖에 한 지역의 풍토와 민간의 정서를 기술한 풍토지, 사묘寺廟를 기술한 사묘지, 서원을 기술한 서원지, 풍경과 명승지를 기술한 명승지, 꽃과 나무와 숲을 기술한 원림지 등이 있다.

【 지방지의 특징 】

첫째, 지방지는 지역성을 띠고 있다. 즉, 한 지역을 기록의 범위로 삼기 때문에 특정 지역의 정황을 잘 반영하고 있다. 이를테면 대운하가 관통하는 지역의 지방지는 운하와 조운漕運에 관해 비교적 상세하게 기록하고 있다. 예컨대 가정 연간의 《통주지략通州志略》에는 〈조운지漕運誌〉가 있고, 건륭 연간의 《회안부지淮安府誌》는 운하에 관해 소개하며, 옹정 연간의 《양주부지揚州府誌》에는 〈하거편河渠編〉이 실려 있다.

둘째, 지방지는 광범위하다는 특징을 갖고 있다. 주로 한 지역의 상황을 전체적으로 기술하지만 동시에 역사도 기록하고 있다. 이를테면 천문, 지리, 산천, 수력, 산물, 자원, 공물, 부역, 천재天災, 인화人禍, 민족, 종교, 사묘, 명승고적, 일화에 이르기까지 광범위하게 언급하고 있다. 지방지는 다른 저술이 따라오지 못할 만큼 자료가 풍부하다.

셋째, 지방지는 시대성을 띠고 있다. 지방지가 끊임없이 발전할 수 있었던 것은 바로 현실을 반영했기 때문이다. 예컨대 명대 중엽에 외국의 선교사들이 들어와 종교 활동을 하자, 그 후부터는 지방지에도 그와 관련한 내용을 수록하면서 '외교外敎', '교당敎堂', '종교' 등의 항목을 추가했다.

넷째, 지방지는 연속성을 띠고 있다. 주로 현실 상황을 기술했지만 시류에 따라 새롭게 고쳐나갔다. 지방지는 연속적으로 편찬되고 대대로 전해지면서 훌륭한 전통을 형성했으며, 매 시기 각 지방과 각 민족의 다양한 자료를 체계적이고 연속적으로 보존하고 있다.

다섯째, 지방지는 자료적 가치가 크다. 수록 자료가 상세하고 확실한 데다 일부 지방지는 명인의 필치로 기록되어 있다.

【 지방지의 가치와 효용 】

지방지의 가치는 역사의 보존, 정치적 자료, 교육에 있다고 할 수 있다. 사회가 발전함에 따라 지방지의 개발과 이용이 국가의 현대화에 매우 중요한 사업이 되고 있다.

첫째, 지방지는 풍부한 사회적·역사적 자료를 수록하고 있다. 지방지는 한 지역의 건립 연혁을 기술하고 있는데 그 내용이 비교적 구체적이고 믿을 만하다. 역대의 농민 봉기와 외적의 침략을 막아낸 전쟁에 관한 기록도 지방지에서 찾아볼 수 있다. 또 적지 않은 지방지가 소수민족들의 생산과 생활 등에 관한 자료를 수록하고 있다. 그 밖에 종교, 상공업, 무역, 문화 교류, 인물 등에 대한 내용도 있다.

둘째, 지방지는 경제 자원에 관한 정보를 제공한다. 중국의 역대 왕조는 농업을 기초로 했던 만큼 조상들의 경작 방법과 재배 기술 등이 지방지에 잘 남아 있다. 지방지에는 또 고대의 갖가지 수리 사업 경험이 기록되어 있으며, 어떤 지방지는 광물 자원을 밝혀내는 데 도움을 주고 있다.

셋째, 지방지는 자연재해에 관한 역사적 자료를 보존하고 있다. 지방지에 기록된 지진, 가뭄, 장마, 태풍, 눈사태, 병충해 등에 관한 내용을 통해서 역대의 갖가지 자연재해와 그 피해 정도를 알 수 있을 뿐 아니라 그러한 재해를 예방하는 데 도움을 받을 수 있다.

넷째, 지방지는 기묘한 천문 자료도 수록하고 있다. 지방지에 수록된 갖가지 천문 자료는 옛사람들이 직접 보고 관찰한 기록으로서 그 가치가 매우 크다.

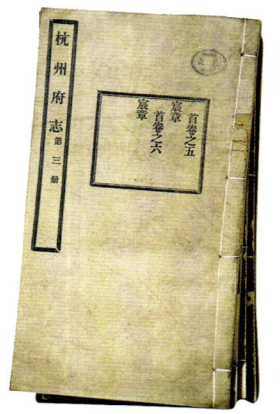
《항주부지杭州府志》

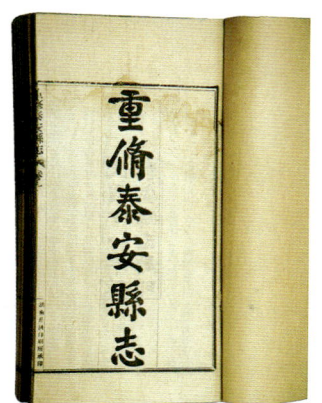
《중수태안현지重修泰安縣志》

【 지방지의 소장 】

　베이징도서관은 중국의 지방지를 가장 많이 소장하고 있다. 국내외에서 베껴 전한 것과 복제본까지 포함하면 모두 6,000여 종에 달한다. 그중에는 송·원·명·청대의 정각본精刻本과 비교본批校本 등 선본善本도 있다. 상하이도서관은 베이징도서관에 버금가는 5,400여 종에 달하는 지방지를 소장하고 있는데, 그중에는 전국에서도 보기 드문 지방지도 있다. 난징도서관과 중국과학원도서관에도 각기 4,000여 종에 달하는 지방지가 있다. 그리고 후베이성도서관, 톈진도서관, 다롄도서관에 3,000여 종이 있고, 그 밖에 베이징 대학, 난징 대학, 푸단復旦 대학, 난카이南開 대학과 같은 일부 대학 도서관도 진귀한 지방지를 상당수 소장하고 있다.
　국외에서는 미국과 일본이 가장 많이 소장하고 있으며 그 질도 매우 좋다. 신화사 통신에 따르면 미국 의회 도서관에만 4,000여 종에 달하는 중국 지방지가 있으며, 그중에는 중국에서도 절판된 지방지가 100여 종에 달한다. 일본에 있는 중국 지방지는 모두 4,000여 종이며, 중국에서도 보기 드문 지방지가 적지 않다. 예컨대 가정 연간의 《화주지和州誌》는 모두 17권인데, 일본 나이카쿠분코內閣文庫에 17권이 모두 보존되어 있으나, 중국의 천일각에는 8권에서 15권까지만 있다.

1957년 프랑스 파리 대학에서 펴낸 중국 지방지 목록에는 유럽 7개국 25개 단위에서 소장한 2,590종에 달하는 지방지가 수록되어 있다. 저명한 소장처로는 영국 대영박물관과 케임브리지, 옥스퍼드 등 각 대학 도서관, 프랑스의 국립도서관, 아시아학회 등이 있다. 그 밖에 캐나다 밴쿠버의 컬럼비아 대학을 비롯해 호주, 한국, 싱가포르 등 각국의 주요 대학 도서관에도 적지 않은 중국 지방지가 있다.

【 지방지의 이용 】

지방지를 이용할 때는 지방지 연합 목록을 그증하는 데 주의를 기울여야 한다. 이 목록은 지방지를 소장한 구체적 단위를 알려준다. 그리고 방지고록方志考錄을 조사하면 갖가지 지방지의 내용과 판본 및 그 가치를 이해하는 데 도움이 된다. 또 방지자료류편方志資料類編을 조사하면 하나의 주제에 관한 지방지 자료를 얻을 수 있다.

지방지 연합 목록을 조사할 때는 1985년 중국과학원 천문대에서 편찬한 《중국지방지연합독록中國地方誌聯合目錄》을 주로 참고한다. 이 책은 전국 30여 개의 성, 시, 자치구에 있는 190개 도서관, 박물관, 문사관, 당안

장시성 박물관이 정리해서 펴낸 민국시대의 《강서통지고江西通志稿》

관이 소장한 8,200여 종의 지방지를 수록하고 있다. 모두 1949년 이전에 편찬된 것들이다. 그중 타이완이 소장하고 있는 지방지는 《타이완공장방지연합목록臺灣公藏方誌聯合目錄》에 의거하여 기록된 것이다.

방지고록을 조사할 때는 1962년 장궈간張國淦이 편찬한 《중국고방지고中國古方志攷》를 주목해야 한다. 편자는 역대의 갖가지 공사서목公私書目, 정사예문지正史藝文誌에 의거하여 진·한대부터 원대까지 2,271종에 달하는 방지를 가려냈다. 19개 성, 시, 자치구의 지방지를 언급하며 원대 이전에 편찬된 지방지의 개황을 간략하게 묘사했다.

명대의 지방지는 문헌학적 가치가 높다. 명대의 지방지를 조사할 때는 1982년 뤄자오핑駱兆平이 편저한 《천일각장명대지방지고록》을 찾아보면 도움이 된다. 또 1986년 추이젠잉崔建英이 편저한 《일본현장희견중국지방지서록日本現藏稀見中國地方志書錄》과 1987년 천광이陳光貽가 편저한 《희견방지제요稀見方志提要》도 참고할 만하다. 지방지의 내용과 판본을 고증할 때는 지방지고록을 이용할 수도 있다. 예컨대 훙환춘洪煥椿이 편저한 《절강방지고록浙江方志攷錄》과 같은 것이 있다.

이 밖에 방지자료류편을 조사할 때는 각 지방에서 편저한 방지자료류편을 이용해야 하는데, 그 명칭은 회집彙輯 또는 회편彙編 등 여러 가지로 불리고 있다. 구체적으로 지방지를 열람할 때는 유실된 것을 모은 것, 중판본, 영인본을 이용한 것 등을 주의해서 보아야 한다.

結 지방지는 현대에 와서 그 중요성이 점점 더 커지고 있다. 1937년 장훙자오張鴻釗가 편찬한 《고광록古礦錄》, 베이징도서관이 수집한 지방지를 바탕으로 펴낸 《중국고금동광록中國古今銅礦錄》과 《조국 2000년 철광 채굴과 제련》은 광물 자원을 기록한 문헌으로서 의의가 있다. 또 중국과학원 지진공작위원회와 중앙기상국은 수천여 종에 달하는 지방지를 이용해서 각각 《중국지진자료연표中國地震資料年表》(지금은 《중국지진사료회편中國地震史料匯編》으로 제목을 바꿈)와 《500년 이래 중국의 가뭄과 장마에 관한 자료》 등을 편찬했다.

지방지는 중국 문명이 배태한 특수한 지방 문화의 기록으로서 인류 문화에 갈수록 큰 공헌을 할 것이다.

【 명말의 3대 사상가 】

● 왼쪽부터 황종희, 고염무, 왕부지

황종희, 고염무, 왕부지는 명나라의 쇠퇴와 멸망이 임박하고 청나라가 압박해오자 용감하게 맞서 싸우면서 민족적 기개를 보여주었다. 남하하는 청나라 군사에 맞서 백성을 조직해 항청 투쟁을 벌였으며, 이민족 통치자들에게 끝까지 투항하지 않았다.

명말의 3대 사상가는 황종희黃宗羲, 고염무顧炎武, 왕부지王夫之이다.
　황종희(1610~1695)는 자가 태충太沖이고 호는 남뢰南雷이며 별호는 이주梨洲로서 저장성 위야오餘姚 사람이다. 그의 부친은 동림당東林黨의 저명한 지도자였던 황존소黃尊素이다. 청년 시절 부친의 유지를 계승한 황종희는 환관의 무리와 싸워 온 나라에 이름을 떨쳤다. 명나라가 멸망한 뒤에는 '세충영世忠營'을 조직하여 항청 투쟁을 벌여나갔다. 그 후 반청 활동이 실패하자 오랜 망명생활을 했고, 1656년에 고향으로 돌아가 후학을 가르치며 학문에 전념했다. 해박한 계몽학자로서 경학, 사학, 문학, 역법, 수학 등을 독자적으로 연구했고 사상사의 거작인 《명유학안明儒學案》과 《명이대방록明夷待訪錄》을 남겼다.
　고염무(1613~1682)는 본명이 강絳이고 자는 영인寧人이다. 장쑤성 쿤산崑山 사람으로서 장산용蔣山傭이라고 자처했는데, 학자들은 그를 정림亭林 선생이라고 불렀다. 어려서부터 뛰어난 재능을 보여 14세에 수재로 합격한 뒤 문장으로 이름을 날렸다. 1645년 청나라 군대가 강남을 핍박하자 친구인 귀장歸莊 등과 함께 백성들을 조직하여 용감히 맞서 싸웠다. 같은

해 8월에 쿤산이 함락되자 양모 왕王씨가 고염두에게 청나라에서는 영원히 벼슬하지 말라는 유언을 남겼다. 그래서 그는 몇 번이나 청 정부의 추천을 사양했다. 고염무는 평생 청나라를 반대하고 명나라를 수복하려는 뜻을 굽히지 않았고 여행과 저술 활동을 하며 후반생을 보냈다. 전해지는 명작으로 《일지록日知錄》, 《천하군국이병서天下郡國利病書》, 《음학오서音學五書》 등이 있다.

왕부지(1619~1692)는 자가 이농而農이고 후난성 헝양衡陽 사람으로 선산船山 선생이라고 자처했다. 청나라 군사가 산하이관을 넘어 명나라를 멸망시키자 벼슬을 버리고 후난성 헝산衡山 일대에서 군사를 일으켜 청나라에 항거했다. 그러나 실패한 뒤 남명南明의 영력永歷 정권에 투신했다가 권귀權貴의 모함을 받을 뻔했다. 그 후 자신의 경험을 바탕으로 《영력실록永歷實錄》을 엮었다. 1651년에 고향으로 돌아가 40여 년 동안 저술에 힘쓰며 청 왕조와는 왕래를 끊고 지냈다. 그가 남긴 저술은 100여 종, 400여 권에 달하며 그중 《독통감론讀通鑑論》, 《독사서대전설讀四書大全說》, 《주역외전周易外傳》, 《상서인의尙書引義》 등이 유명하다.

【 황종희의 사상 】

황종희는 어려서부터 봉건적인 특권에 반대하는 동림당의 훈시를 받았고 명말에서 청초까지 이어진 반청 투쟁에도 참여했다. 명 왕조의 패망에서 교훈을 얻은 그는 사회 개혁 문제에 주목했다. 그는 봉건 제도를 강하게 비판했는데 이러한 진보적 사상은《명이대방록》에 잘 반영되어 있다.

황종희는 군주와 만민의 갈등을 폭로하면서 봉건 전제 제도에 대해 강하게 비판했다. 〈원군原君〉에서는 전제 군주가 초래하는 폐해에 대해 이렇게 서술했다. "(군주가 말하기를) 온 천하의 이해관계를 정하는 권력이 나에게서 나오니, 천하의 이익은 모두 나 자신에게 돌리고, 천하의 폐해는 모두 남에게 돌리는 것도 불가능하지 않다."

"백성의 골수를 짜내고 그 자녀들을 이산시켜서라도 나 한 사람의 쾌락을 받드는 것이 당연하다."

그러므로 "천하의 가장 큰 독은 오직 군주뿐"이라고 주장했다.

황종희는 또 전제 제도에서 특권을 누리는 '법法'에 대해서도 강력하게 비판했다. 〈원법原法〉에서 그는 군주가 세우는 '법'은 "일가一家의 법이지 천하의 법이 아니며", "천하를 위하는 마음이라곤 털끝만큼도 없다"고 지적했

저장성 위야오에 있는 황종희의 묘

다. 봉건 통치자들은 바로 이 '왕법王法'으로 백성들을 착취하고 탄압했다. 그래서 그는 만민을 보호할 수 있는 '천하의 법'으로 '일가의 법'을 대체하자고 제안했다.

황종희는 "천하가 주인이고 군주는 손님일 뿐"이라는 정치적 원칙을 분명히 제시함으로써 "군주는 신하의 강령"이라는 정치적 준칙을 부정했다. 백성을 주체로 본 그는 군주와 신하, 군주와 백성의 관계를 새롭게 정립하면서 일련의 개혁 방안을 내놓았다. 예컨대 군주의 권한을 제한하고 과거제를 폐지하는 등의 조치들이다.

군주의 권력을 제한하고 백성의 권리를 주창한 황종희의 저술은 청 왕조 초기 지식인들에게 많은 공감을 불러일으

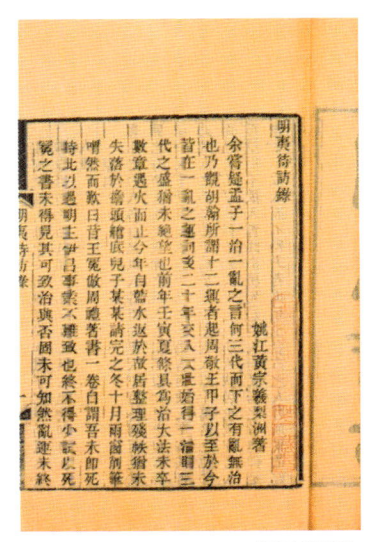

《명이대방록》

켰다. 청 왕조 말기에는 량치차오 등의 유신파가 황종희의 사상을 널리 전파해서 민주화의 풍조를 일으키는 데 큰 영향을 미쳤다.

고염무의 사상

고염무는 황종희와 같은 시대 사람이고 인생 역정도 비슷하며 그 역시 전제 군주를 반대하는 입장에 섰다.

고염무는 전제 군주를 단호히 규탄했다.

"지금의 군주는 온 세상을 몽땅 자기의 군현郡縣으로 삼고 있으면서도 만족하지 못하고 사람을 의심하며 사사건건 통제하니 백성이 어찌 가난하지 않고 나라가 어찌 약하지 않겠는가?"

"(군주는) 천하의 모든 권력을 거두어서 윗자리에 있지만, 온갖 일의 광대함은 진실로 혼자 힘으로 조종할 수 있는 것이 아니다."

고염무는 군주의 권력을 제한하자고 주장하며 지방 분권, 법에 부합하는 권력의 행사, 서민을 위한 정치 등을 제시했다.

"천하의 흥망성쇠는 필부에게도 책임이 있다"는 유명한 말은 고염무 사상의 가장 빛나는 부분이다. 《일지록》의 〈정시正始〉에서 그는 '망국亡國'과 '망천하亡天下'를 구별했다. 즉 '망국'은 "성姓과 호칭을 바꾸는" 왕조의 교체이지만 '망천하'는 "짐승을 몰아 사람을 잡아먹게 하고, 사람들이 서로를 잡아먹는" 사회적 혼란과 인성의 파괴라고 보았다.

"그러므로 천하를 지키는 것을 안 연후라야 나라를 지키는 것을 안다. 나라를 지키는 것은 임금과 그 신하인 권력자의 책임이지만 천하를 지키는 것은 비천한 필부에게도 책임이 있는 것이다."

고염무는 온 백성의 천하를 지키는 것이 한 군주의 나라를 지키는 것보다 더 중요하다고 여겼다. 이는 천하를 마음에 품고 백성을 걱정한 그의 민본 사상을 반영하고 있다.

경세치용經世致用을 강조하고 탁상공론을 반대한 것은 고염무의 사상과 학문의 뚜렷한 특징이다. 고염무는 탁상공론에 머무는 것이 아니라 만 리를 걷고 만 권의 책을 읽었다. 지방에 갈 때마다 그곳의 은퇴한 군인이나 백성에게

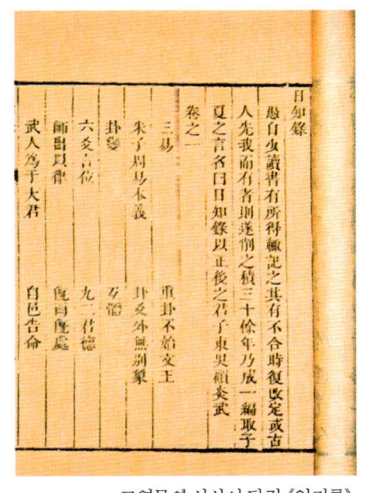

고염무의 사상이 담긴 《일지록》

가르침을 청해 참된 지식을 얻고는 책 속의 오류를 바로잡았다. 또 경학이든 사학史學이든 실용을 중시하는 원칙을 견지하여 민생을 위한 근본 계책을 잊지 않았다.

【 왕부지의 사상 】

왕부지는 항청 투쟁에 실패한 뒤 40여 년을 은거했다. 황종희, 고염무와 접촉한 적은 없지만 그의 정신과 사상은 그들과 통하는 데가 있었다.

왕부지 역시 군주의 전제정치에 의문을 제기하면서 "온 천하가 왕의 영토"라는 전통적 관념을 대담하게 부정했다. 그는 "왕이 하늘의 자식〔天子〕이라 할지라도 어찌 천지를 개인이 소유할 수 있으며, 어찌 감히 천지의 후박함을 탐내서 마음대로 분할해 자기 영토로 삼을 수 있는가"라고 비

판했다. 또 누구나 토지와 산천에 대한 천부적 권리를 누릴 수 있으며, "능력 있는 사람이 땅을 다스리는 것이지 왕이 내려주기만을 기다리지 않는다"고 했다.

그는 '중민重民'을 주장하면서 나라는 통치자가 아닌 백성을 위해 세운 것이며 오직 백성을 위해 일하는 것이 가장 훌륭한 정부라고 했다. 바로 이 '중민重民' 사상에서 출발하여 "천리天理를 보존하고 인욕人欲을 멸한다"는 송·명대의 이학理學을 반대했으며, "개인의 욕망 속에 천리가 깃들어 있다"고 해서 백성의 권리를 인정했다.

위대한 역사철학자 왕부지는 이성의 역사적 진화를 주장하면서 신비주의적 역사관을 반대했다. 전국시대에는 이른바 '오덕시종五德始終'설이 나왔는데, 이는 토·목·금·화·수의 순서로 배열된 다섯 가지 신비로운 힘이 왕조의 흥망성쇠를 지배한다고 보았다. 그 후 한나라의 유학자 동중서는 흑색, 백색, 적색의 세 가지 색깔로 상징되는 '삼통상계三統相繼'설을 제시했다.

그러나 왕부지는 '오덕', '삼덕'과 같은 어처구니없는 역사철학을 비판

후난성 헝양에 있는
왕부지의 옛집

하면서 "천하의 온갖 변화는 다 때가 있을 뿐"이라고 했다. 말하자면 시세時勢와 같은 객관적인 힘이 사회의 변화와 역사의 발전을 결정한다는 것이다. 또 왕부지는 복고적인 역사관을 반대했다.

"태곳적에는 읍양揖讓의 도가 없었고, 요·순임금 때에는 조벌弔伐의 도가 없었으며, 한·당대에는 요즘의 도가 없었고, 마찬가지로 오늘날에는 훗날의 도가 없다."

그 뜻인즉 '도道(문명)'는 변화 발전한다는 것이다. 그는 고대 사회에 관한 자료를 수집, 연구하면서 인류 역사는 야만에서 문명으로 끊임없이 진화하는 과정이라고 보았다. 이런 역사관은 청대 말기와 민국民國 초기 변혁을 주장한 지식인들의 사상적 기반이 되었다.

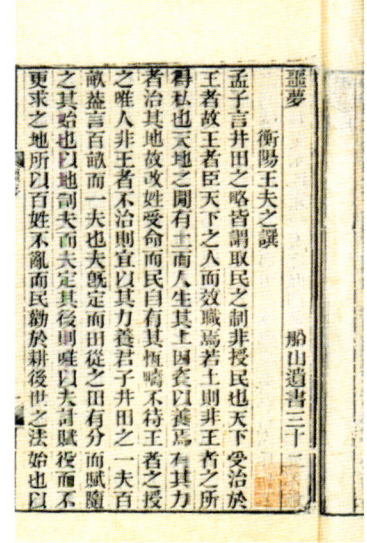

왕부지의 《선산유서船山遺書》

【 인간의 스승이 되다 】

중국은 예부터 '도덕과 문장', 즉 '인품'과 '학문'의 조화와 통일을 중시했다. 량치차오는 고염무를 칭송하면서 "경전을 가르치는 스승이자 인간의 스승"이라고 했다. 이 찬사는 황종희와 왕부지에게도 마찬가지로 적용된다.

황종희, 고염무, 왕부지는 명나라의 쇠퇴와 멸망이 임박하고 청나라가 압박해오자 용감하게 맞서 싸우면서 민족적 기개를 보여주었다. 남하하는 청나라 군사에 맞서 백성을 조직해 항청 투쟁을 벌였으며, 이민족 통치자들에게 끝까지 투항하지 않았다. 당시 청나라 정부는 변발을 하지 않는 자는 머리를 자르겠다고 협박했다. 하지만 왕부지는 목숨을 걸고 저항하면서 궁벽한 먀오야오산苗瑤山의 동굴로 피신해서 힘든 시간을 보냈다.

그 후 청 왕조는 회유 정책을 실시하여 강희제 시절 박학한 인사들을 불러들였다. 이때 명성이 자자했던 황종희와 고염무도 몇 번이나 추천을 받았지만 둘 다 입궐을 거부했다. 고염무와 왕부지는 저술을 통해 매국노를 강하게 비판하면서 죽음을 두려워하지 않는 항청 의지를 보여주었다. 그들의 사상과 절개 그리고 인품은 청나라 말기의 열혈 청년들을 크게 고무시켜 부패한 청 왕조를 무너뜨리는 사상적 무기가 되었다.

《독통감론》

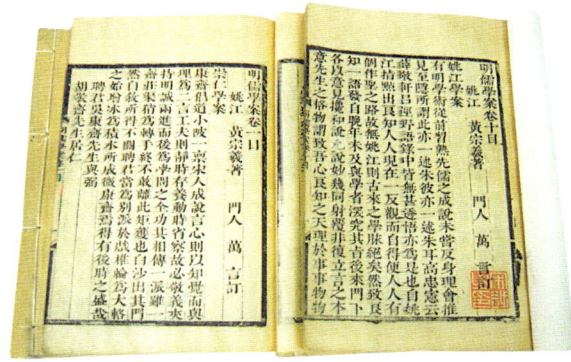

황종희의 《명유학안》

【 한 시대의 학풍을 열다 】

황종희, 고염무, 왕부지는 명 왕조 멸망의 교훈을 종합적으로 검토하면서 500여 년 동안 올바른 가르침으로 인식되어온 송·명대의 이학을 비판했다. 그들은 이른바 격물치지格物致知의 '심학心學'을 반대했고, 실제를 벗어난 청담淸談과 탁상공론을 거부했으며, 실용에 힘쓰는 학술을 제창함으로써 학풍을 쇄신했다.

황종희는 《명유학안》을 저술하고 《송원학안宋元學案》의 편찬 책임을 맡았다. 이 두 저작은 체계적인 학술사상사의 물꼬를 텄다. 역사적 사실을 존중한 황종희는 연원이 다르거나 수준이 다른 사상과 언론에 대해서 진실하게 소개하고 평가했다. 또한 역사적 사실을 돌아보지 않고 편자의 의도에 따라 멋대로 평가하고 견강부회하는 것을 단호히 반대했다. 그는 《명유학안》을 쓰기 위해 수백 가家의 저술을 수집, 정리했으며 인물의 전기, 전장典章 제도, 천문, 역법 등에 관한 자료를 두루 참고했다.

고염무는 학풍이 엄격했다. 대표작 《일지록》은 30여 년간 심혈을 기울

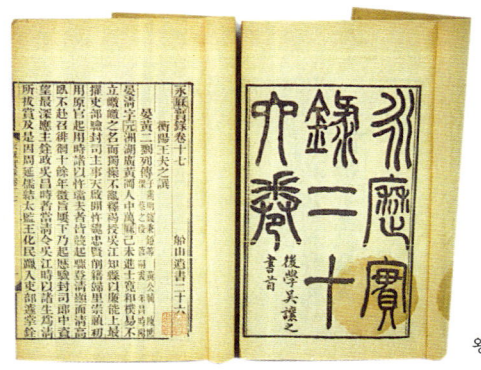

왕부지의 《영력실록》

인 역작으로서 그의 사상과 역사관이 잘 담겨 있다. 그는 공소한 학문을 반대하고 실용을 주장했으며, 고대 문헌과 전적을 읽고 연구하는 것 못지않게 실제적인 고찰을 중시했다. 또 기존의 연구 성과를 존중했지만 융통성 없이 옛것만 추종하는 태도를 배격했다. 독창적이고 새로운 견해를 추구하는 과정에서 당파적인 견해는 반대했지만 제가諸家의 장점은 받아들였다. 이런 태도는 명말의 공소한 학풍에 마침표를 찍고 실학에 힘쓰는 학풍을 열었다.

왕부지는 철학의 이치를 깊이 연구했으나 이학자들의 허황한 현담은 반대했다. 그는 독특한 안목으로 갖가지 학설을 비판적으로 검토했으며, 특히 학문은 반드시 삶의 문제에 관심을 기울여야 한다고 주장했다. 그 역시 실사구시의 태도로 역사를 연구하며 신비주의와 유가의 복고주의를 배격했다. 그는 '이理'와 '욕欲', '의義'와 '이利'에 대해서도 진보적이고 합리적으로 설명했는데, 이러한 창조적 학풍은 당시에는 흔치 않은 것이었다.

結 황종희, 고염무, 왕부지는 명·청대의 탁월한 계몽사상가이다. 그들은 백성들의 고통과 나라의 운명에 관심을 기울이면서 봉건 전제주의를 규탄하고 송·명대 이학의 악습을 비판했다.

황종희, 고염무, 왕부지의 사상은 근대 계몽주의 사조의 중요한 사상적 원천이 되었으며, 19세기 말엽의 유신운동에 광범위한 영향을 미쳤다. 무술변법운동 시기의 사상가 량치차오는 이렇게 말했다.

"청대 초기의 큰 스승인 황이주, 고정림, 주순수朱舜水, 왕선산의 수많은 말들은 지난 200년 동안 사람들의 주의를 끌지 못했지만 지금에 와서 갑자기 전기에 감전된 것처럼 청년들의 심금을 울린다."

【 명·청대의 베이징성 】

● 베이징의 첸먼前門

명·청대 베이징성의 중심축은 북쪽에서 남쪽으로 뚜렷한 방향인데, 이 점은 자금성 내 건축물의 주체성에서 분명히 드러나고 있다. 이를테면 앞뒤 6개의 큰 궁전이 모두 남쪽을 향해 있어서 "남면하여 왕을 하"라는 사상을 나타내고 있다.

명·청대의 베이징성은 중국 역대 왕조의 수도 중 가장 나중에 완성되었지만 훌륭한 전형이라 할 수 있다.

 기록에 의하면 베이징성의 옛터는 기원전 1045년의 계성薊城이다. 베이징성의 역사를 말할 때 늘 요·금·원·명·청 다섯 왕조의 도읍이라고 얘기한다. 그러나 사실 요나라가 이곳에 건립한 것은 하나의 배도陪都(국도 외에 따로 정한 수도 : 옮긴이)로 '남경南京'이라고 불렸다. 그 후 금나라가 진정으로 계성에 도읍을 세웠다. 금나라는 요나라 때의 남경성을 확대해서 이름을 중도中都로 바꾸었다. 그리고 원나라는 금나라 때의 중도성 옛터를 버리고 동북쪽 교외에 새로운 성을 지은 뒤 대도大都라고 불렀다.

 명·청대의 베이징성은 바로 원나라의 도읍인 대도大都를 토대로 발전한 것이다. 명 태조太祖 홍무洪武 원년(1368), 난징을 도읍으로 정하고 대장군 서달徐達이 원나라의 도읍인 대도를 공략하여 북평北平이라고 불렀다. 명 성조成祖 영락永樂 원년(1403), 북평을 베이징北京으로 개칭했고 이때부터 베이징이라는 이름을 갖게 되었다.

 그 후 명나라는 1420년에 베이징으로 도읍을 옮겼다. 가정嘉靖 33년

베이징 중심축 위에 위치한 고루鼓樓. 명·청대에 북을 쳐서 시간을 알리던 곳이다.

(1554), 천단天壇과 산천단山川壇을 둘러싸고 동·서·남쪽 세 방향에 성벽을 쌓았는데, 초기의 베이징성은 내성과 외성으로 나뉘었다. 청대에도 기본적으로 명대의 성을 그대로 사용했다.

　현재 중국의 수도 베이징은 명·청대의 베이징성을 토대로 발전한 것이다.

【 원대의 대도에서 명·청대의 베이징성까지 】

원나라의 도읍지 대도는 충화瓊華 섬을 중심으로 한 호수를 둘러싸고 성 전체가 설계되었다. 호수의 동북쪽 기슭을 성의 중심으로 해서 이름을 중심대中心臺라 하고 그 동쪽에 중심각中心閣을 세웠다. 호수 동쪽 기슭에 수로를 만들어 물을 끌어들이고 그 위에 해자교海子橋를 세워 남북의 큰 길을 연결했는데, 이것이 성 전체의 중심축에 있는 중요한 표지이다.

중심축의 중앙에서 호수 동쪽 기슭에 황궁 '대내大內'를 조성하고, 호수 건너 서쪽 기슭에는 남·북 궁전을 세웠다. 남쪽에 위치한 것은 융복궁隆福宮으로 황태자의 궁전이고, 북쪽에 위치한 것은 흥성궁興聖宮으로 황태후의 궁전이었다. 그리고 동서 양 기슭의 세 궁전 사이를 긴 다리로 연결했고, 사면에 성벽을 쌓아 소장蕭墻이라고 불렀다. 소장은 남북으로 이어진 호수를 둘로 나누는데, 남쪽에 있는 것을 태액지太液池라 하고 북쪽에 있는 것을 적수담積水潭이라고 불렀다.

성의 사면에는 성벽을 쌓아서 성 전체가 남북으로 긴 직사각형을 이루었다. 동·서·남쪽의 3면에는 각각 3개의 성문을 열었고, 북쪽에는 동·서 두 문만 열었다. 그리고 성의 동·서 성벽 안쪽에 각기 태묘太廟와 사직단社稷壇을 세웠다.

명·청대의 베이징성은 원나라 대도성을 토대로 발전했기 때문에 그 중심축은 예전과 다름없었다. 다만 성 전

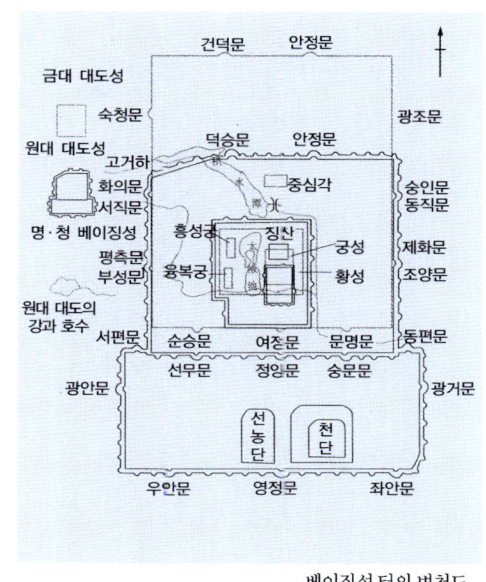

베이징성 터의 변천도

체의 평면 구조상 중심이 대도 때의 중심대로부터 대도성의 '대내' 후궁인 연춘각延春閣의 옛터로 옮겨갔다. 아울러 그 땅에다 흙을 쌓아서 만세산萬歲山 혹은 진산鎭山이라고 부르는 산을 만들었는데 바로 지금의 징산景山이다.

만세산 정남쪽에는 새롭게 자금성紫禁城을 세웠다. 자금성 안에는 전조前朝 3대전大殿, 후정後廷 3대궁大宮을 남쪽에서 북쪽으로 성의 중심축 위에 세웠는데 그 기세가 웅장하고 찬란했다. 자금성의 사방에는 호성하護城河(성을 수호하는 수로 : 옮긴이)를 조성하는 동시에 안쪽에는 금수하金水河를 만들어서 태액지의 물을 끌어다가 호성하에 흘러들게 했다. 그리고 다시 호성하의 서북쪽 구석에 있는 암거暗渠를 통해 자금성에 물을 끌어들인 다음, 동남쪽 구석의 암거를 통해 흘러나가게 함으로써 급수와 배수

문제를 해결했다.

그리고 원나라 대도성大都城의 동성東城 아래에 있던 태묘와 서성西城 아래에 있던 사직단을 각기 자금성 앞쪽의 좌우 양쪽으로 옮겨 배치함으로써 장엄한 기상을 갖추었다.

태액지의 남쪽 끝에 새롭게 난하이南海를 파서, 황성 내의 태액지는 베이하이北海, 중하이中海, 난하이라는 이름을 갖게 되었다. 이들 세 호수는 넓고 풍경이 수려하다.

성의 규모는 원래 정해져 있다. 또 "남쪽 교외에서 하늘에 제사를 지낸다"는 전통에 근거하여 성 전체의 중심축을 남쪽으로 계속 연장해서 중심축의 연장선 양쪽에 각각 황실 건축물을 세웠다. 왼쪽에 있는 것은 천단天壇이라 했고 오른쪽에 있는 것은 산천단山川壇(나중에 선농단先農壇으로 고침)이라 했다. 그리고 이 두 단 사이 중심축 위의 강에 다리를 세우고 나중에 '천교天橋'라고 불렀다. 지금은 강이 모두 없어졌지만 천교라는 이름은 지명으로 계속 남아 있다.

베이징성 중심축의 북쪽 끝에 위치한 종루. 영락 연간에 주조된 커다란 종이 걸려 있다.

【 명·청대 베이징성의 특징 】

명·청대의 베이징성은 두 가지 특징을 갖고 있다. 하나는 균등하게 대칭을 이루는 것이고 다른 하나는 구조가 뚜렷하다는 것이다.

균등하게 대칭을 이루는 모습은 먼저 8킬로미터에 달하는 중심축에서 볼 수 있는데, 이는 북쪽에서 남쪽으로 성 전체를 관통하고 있다. 그리고 그 중심축 위에 자금성이 우뚝 서 있다. 자금성은 북쪽으로 종고루鐘鼓樓까지, 남쪽으로 영정문永定門에 이르기까지 중심축을 따라 중심 도로를 만들어 성 전체를 동서로 나누었다. 동시에 남북으로 접한 내외內外의 두 성은 중심 도로의 개통으로 인해 성의 중심에서 더욱 긴밀히 결합되었다.

성의 중심축 위에 있는 자금성은 황궁의 소재지인 동시에 성 전체에서 가장 중요한 황실 건축물이다. 내성의 앞쪽에는 왼쪽에 터묘가 있고 오른쪽에 사직단이 있다. 또 외성 중앙의 남문(영정문) 안에는 왼쪽에 천단이 있고 오른쪽에 선농단이 있다. 그리고 북쪽에서 남쪽으로 그 사이를 뚫고 지나가는 것이 바로 중심축을 따라 개통된 중심 도로이다.

자금성의 중심축 북쪽에는 우뚝 솟은 징산이 있다. 징산은 높이가 50여 미터에 달해서 그 위에 올라서면 성 전체의 정연한 구조가 한눈에 들어온다.

베이징성의 내외 두 성은 성벽과 성루도 유기적인 구성 요소를 이루고 있다. 각 성문 안에는 넓은 도로가 종횡으로 이어져 있고 그 사이에는 동서로 이어지는 큰 거리와 작은 골목들이 있다. 동서 양쪽의 성벽을 경계선으로 해서 성 전체의 중심축이 뚜렷하다.

【 남면하여 왕을 하다 】

　명·청대 베이징성의 중심축은 북쪽에서 남쪽으로 뚜렷한 방향인데, 이 점은 자금성 내 핵심 건축물에서 분명히 드러나고 있다. 이를테면 앞뒤 6개의 큰 궁전이 모두 남쪽을 향해 있어 "남면하여 왕을 하다〔南面而王〕"라는 사상을 나타내고 있다.

　중원의 궁전은 예부터 남쪽을 향했다고 하는데, 이것은 황허 유역의 지리적 환경과 밀접한 관계가 있다. 그 후 이것은 대대로 계승되었고, 그 과정에서 점차 "남면하여 왕을 하다"는 사상이 나타나면서 하나의 전통을 이루게 되었다. 따라서 명·청대의 베이징성은 역대 봉건 왕조의 수도 가운데 최고의 전범이라고 할 수 있다.

　예컨대 명·청대 베이징성의 중심축은 원나라 때의 대도성처럼 여전히 중심대 옛터, 즉 명대에 새로 지은 종고루를 기점으로 했다. 명대 초기에 대도의 북성北城을 5리쯤 줄이는 동시에 대도성의 옛 제도에 따라 여전히 북문을 열지 않았기 때문에 종고루 북쪽에서 북성 성벽에 이르는 거리가 많이 줄어들었다. 따라서

금란전金鑾殿이라고도 하는 태화전太和殿은 베이징성의 중심축 위에 세워졌다.

성 전체의 중심축이 종고루에서 남쪽으로 이동하는 추세가 더욱 두드러졌다.

명나라는 내성을 먼저 짓고 성 전체의 중심축을 남쪽으로 3킬로미터 연장해서 "남쪽 교외에서 제사를 지낸다"는 전통을 따랐다. 아울러 남쪽의 동서 양쪽에 각기 천단과 산천단을 세웠다. 명대 중엽에는 외성의 동·서·남쪽 성벽을 더 쌓아서 동서의 너비가 내성보다 더 커졌다. 그래서 베이징성의 전체 윤곽은 '凸'자 형태를 갖게 되었고, 8킬로미터에 달하는 성 전체의 중심축이 두드러지면서 "남면하여 왕을 하다"라는 사상을 더욱 분명히 드러냈다.

영정문 밖의 큰 거리 서쪽에 있는 연돈燕墩. 비석의 앞 뒷면에 청나라 고조高祖가 쓴 〈황도편皇都篇〉과 〈제도편帝都篇〉이 새겨져 있다.

【 베이징성의 명성 】

명·청대의 베이징성은 도시 계획의 관점에서 국제적으로도 높은 평가를 받고 있다.

유럽의 한 도시 계획 전문가는 세계의 유명 건축물을 소개한 책에서 베

톈안먼天安門

이징성을 먼저 평가했다. 그는 "이 도시는 하나의 전당이다"라고 하여 베이징성을 전당에 비유함으로써 도시 계획의 관점에서 베이징성의 통일성과 완벽함을 부각시켰다.

"중국의 유구한 도읍지인 베이징성은 완벽한 도시 계획의 선례를 갖고 있다. 이보다 장엄하고 찬란한 것이 또 어디 있겠는가."

그는 또 책의 서문에서 "베이징성은 세계의 기이한 볼거리이다. 구조의 비율이 균등하고 명백하며 탁월한 기념물이자 위대한 문명의 극치이다"라고 찬사를 보냈다.

미국의 도시 계획 전문가인 E. N. 베이컨도 유명한 저술 《도시설계》에서 명·청대의 베이징성에 대해 이렇게 말했다.

"지구상에 인류의 가장 위대한 작품이 있다면 아마도 베이징성일 것이다. … 이처럼 뛰어난 설계는 오늘날의 도시(건설)에 풍부한 아이디어를 제공한다."

結 베이징성의 중심축 위에 자리잡고 있는 자금성은 황권皇權 시기의 중심지였지만 지금은 고궁박물관으로 세계문화유산에 등재되었다. 또한 톈안먼天安門 앞에 있는 명·청대의 궁정 광장은 고금의 건축이 조화를 이룬 도시의 광장으로 변모했다.

중국은 2008년 베이징 올림픽의 중심지로 베이징 북쪽 교외를 선택함으로써 성 전체의 전통적인 중심축을 북쪽으로 연장했다. 〈베이징성시총체규획北京城市總體規劃〉(1991~2010)에서는 "중심축의 북쪽 연장선은 넓은 녹지를 보유해야 하며, 그 양쪽과 북쪽 끝에 있는 공공 건축물은 도시 축의 흐름을 고려하여 21세기 수도의 새로운 모습을 보여주어야 한다"고 요구했다. 이는 베이징성의 중심축이 대대로 남쪽으로 연장되었던 추세를 바꾼 것이다.

【 명·청대의 원림 】

● 황실의 원림을 대표하는 이허위안頤和園

사가의 원림은 일반적으로 벼슬길에 좌절하고 현실에 불만을 가진 이들이 소유했다. 원림은 그들의 영혼이 편안히 쉴 수 있는 녹지이자 어지러운 세상에서 벗어나 본성을 되찾을 수 있는 유토피아였다.

중국의 원림園林은 오랜 역사를 갖고 있으며, 그 연원은 옛날 신화와 전설의 시대로 거슬러 올라간다. 은나라와 주나라 때 영포靈圃, 영대靈台, 영소靈沼는 바로 요지현포瑤池懸圃, 동해신산선도東海神山仙島의 영향을 받았다. 원림은 당·송대에 전면적인 발전을 거쳐 명·청대에 최고봉에 이르렀다. 현재 볼 수 있는 고대의 원림은 모두 명·청대의 유물로 문화적 가치가 매우 높다.

중국의 고대 원림은 정원을 조성하는 장인이 설계한 것으로 산을 만들고 물길을 트는 퇴산이수堆山理水, 꽃과 나무를 심는 종화식수種花植樹, 건축물을 배치하고 운영하는 영구건축營構建築, 현판이나 편액에 글을 새기는 제문각자提文刻字 등의 방법으로 노닐고 구경하고 거주할 수 있는 시간적·공간적 환경의 종합체를 구현한 것이다. 원림을 만들기 위해서는 일정한 공간과 상당한 재력이 필요했다. 따라서 제왕과 황실의 친척, 고위 관료들만이 원림을 조성할 수 있었다. 이 때문에 원림은 소유자의 신분과 지위를 상징하게 되었다.

원림의 주인은 원림을 한가로이 거닐면서 풍경을 감상하거나 시를 읊고 그림을 그리고 악기를 연주했으며, 친구들과 모임을 갖고 도를 닦는 수행처로도 이용했다. 또 제왕들에게

이허위안의 옥대교玉帶橋

는 번잡한 정사政事에서 잠시 벗어날 수 있는 이상적인 휴식처였다.

고대의 원림은 대체로 황실, 사가私家, 사묘寺廟, 서원書院의 원림으로 나눌 수 있다. 특히 황실과 사가 원림의 문인산수원文人山水園은 가장 대표적인 것으로 고대 원림의 발전을 이끌었다.

【 산수화의 영향을 받다 】

고대 원림은 산수화론의 영향을 받아 산수화의 화경畵境과 정취를 다분히 느낄 수 있었다. 명·청대의 원림도 이러한 특징을 계승, 발전시켰다.

원림의 전체적인 구조는 산수화의 구도와 같다. "주봉主峰이 가장 높이 솟아 있고, 객산客山이 그 지세를 따르며", 산의 형태가 "저마다 달라서 걸음걸음마다 변했다". 또한 "높으면서도 아득하고, 평평하면서도 아득하고, 깊으면서도 아득하게" 이루어진 층차감과 동굴, 골짜기, 샘물이 조화를 이루는, 자유롭게 노닐 수 있는 경관이었다. 그리고 작은 정원은 일반적으로 산수의 일부만을 재현하거나 큰 산의 한 모퉁이나 연못의 일부를 부분적으로 표현했다. 이처럼 자연 경관을 모방한 것은 진짜 산과 물을 옮겨와서 형태의 유사성을 추구한 것이 아니라 그 정신을 전하는 효과를 추구한 것이다.

이허위안頤和園의 '화중유畵中游', 양저우揚州 서우시호瘦西湖의 '취대吹

쑤저우의 쥐정위안(왼쪽)과 광둥성의 둥관커위안東莞可園

臺', 쑤저우蘇州 쥐정위안拙政園의 '향주香洲' 등은 장인의 노력 덕분에 독특한 정취를 자아내며 마치 거울 속에서 유람하는 듯한 느낌을 준다. 이허위안의 낙수당樂壽堂 남쪽과 쿤밍호昆明湖의 백장白墻 사이에 있는 반랑半廊과 장랑長廊에서는 쿤밍호의 경치를 유유히 감상할 수 있다. 특히 지춘정知春亭, 십칠공교十七孔橋, 남호도南湖島, 옥대교玉帶橋 등이 관람객의 눈길을 끌며 생동감 넘치는 풍경을 보여준다.

【 자연을 숭상하고 내적인 수려함을 함축하다 】

명·청대의 원림은 자연을 숭상했다. 명나라의 유명한 원림 전문가인 계성計成은 《원야園冶》에서 "비록 사람이 만든 산이지만 마치 하늘에서 내린 것 같구나"라고 말했는데, 이는 중국 원림의 특징을 한마디로 표현한 것이다. 인공적으로 만든 원림이 자연 풍경처럼 타고난 아름다움을 갖춘 미학적 특징을 보인다는 뜻이다. 이는 대칭과 엄밀한 규칙을 추구한 서양 정원의 인공미와는 대조적이다.

양저우의 서우시호

이허위안의 십칠공교

　명·청대의 원림은 지세에 따라 풍경을 배치했기 때문에 기교를 부리면서도 본질을 잃지 않았다. 아울러 지세에 따라 건축물을 적절히 배치했으며 특히 차경借景과 장경障景의 기법을 중시했다. 시각, 청각, 후각을 자극하는 모든 경치를 원림 안으로 들여왔고, 원림의 경물과 전혀 어울리지 않는 속경俗景(속된 경물)과 패경敗景(나쁜 경물)은 가리거나 배제했다. 이는 "속된 것은 가리고 훌륭한 것은 받아들인다"는 뜻이다.

　명·청대의 원림은 내적인 빼어남을 보일 듯 말 듯 함축하고 있다. 원림

줘정위안의 가실정에서 내다본 풍경

의 구조적 풍경은 마치 작곡을 하고 글을 쓰는 것과 같이 전주前奏, 고조高潮, 수미收尾의 법칙이 있다. 또한 처음과 끝의 개합開合, 명암이 대비되는 공간, 다양하게 변하는 산책로를 통해 유기적으로 연결되며 역동적인 그림을 이루고 있다. 그리고 주요 볼거리는 일반적으로 원림 깊숙이 배치함으로써 효과를 극대화했다.

【 북방과 남방 원림의 특징 】

명·청대에는 개인의 원림이 전국적으로 유행했다. 베이징을 중심으로 한 북방 원림, 쑤저우와 양저우를 중심으로 한 강남 원림, 광저우廣州를 중심으로 한 영남 원림은 독특한 기풍과 품격으로 다른 지역의 원림에 많은 영향을 미쳤다.

우선 북방의 원림은 단정하고 점잖다. 명·청대 정치와 문화의 중심지였던 베이징은 왕, 공신, 왕의 친척, 고위 관료들이 밀집한 곳이었던 만큼 원림이 상당히 흥성했다. 기록에 따르면 청나라 말기에 160곳이나 있었다고 하는데 오늘날에는 찾아볼 수 없다. 공왕부恭王府의 화원인 추이진 위안萃錦園은 베이징에서도 비교적 완벽하게 보존된 원림으로서 전체 구조가 엄격하고 장식이 화려해서 황가 원림의 품격을 엿볼 수 있다.

그에 비해 강남의 원림은 청아하고 수려하다. 강남 지역은 명·청대 문화, 경제, 교통이 두루 발달한 곳으로 산천이 수려하고 산물이 풍부한 덕분에 문인, 관료, 부유한 상인들이 주로 원림을 조성했다. 강남의 원림은 물이 많은 고장답게 부드러운 정서를 표현했다. 대다수 원림이 물을 중심으로 산과 바위, 아름다운 나무를 주위에 배치하여 물에 비친 경치가 빼어나다. 또한 수수한 흰 담, 검푸른 기와, 갈색 목조 건물이 소박하고 우아한 아름다움을 자랑한다. 특히 하얀 담은 흐리고 비가 많은 강남의 회색 하늘과 어울려 유한한 원림의 공간을 무한히 확대한다.

영남의 원림은 기교를 부리지 않으면서도 빼어나다. 영남의 원림과 주택은 밀접한 관계가 있는데, 대체로 정원 형식이고 규모도 비교적 작

베이하이北海

다. 이러한 원림은 휴식을 취하거나 풍경을 감상하는 곳으로 이용되었다.

【 황실의 원림 】

황실 원림은 "나만이 홀로 존귀하다"는 유아독존唯我獨尊, 황제의 권력이 최고라는 황권지상皇權至上, 하늘과 땅을 옮겨다가 축소했다는 이천축지移天縮地를 구현하고 있다. 이

베이징 이허위안 안의 불향각佛香閣

는 군주의 통치 사상과 불로장생의 신선 사상을 보여준다.

황실 원림의 유아독존적 면모와 지고무상한 기풍은 역시 이허위안에서 가장 잘 드러난다. 특히 완서우산萬壽山 앞에 펼쳐진 산과 호수의 주요 경관의 지형의 처리, 건축의 구조, 식물의 배치, 편액과 제사題詞 등을 통해 지고무상한 황권을 나타냈다. 이허위안의 산수 경관은 원림의 구성 요소를 두루 갖추었으며 어머니의 60세 생신을 축하하는 건륭제의 효심이 녹아 있다. 완서우산과 쿤밍호는 배산임수를 이루는 한편, 서쪽 산들이 안으로 받쳐준 덕에 경치가 수려하고 온화하다. 주요 건축물인 배운전排雲殿과 불향각佛香閣은 40미터의 석대石臺로 높이 조성해 완서우산 남쪽 비탈의 중앙에 배치했다. 이들은 파란 하늘과 하얀 구름 속에

명·청대의 원림 ◆ 191

솟아올라 주변 여러 건축물의 호위를 받으며 제왕의 기개를 드러내고 있다.

불로장생은 역대 제왕들의 오랜 소망이었다. 베이징성 서원西苑(현재의 베이하이, 중하이, 난하이를 포함) 충화 섬 뒷산에 표현한 신선계는 그야말로 원림 예술의 걸작이라고 할 수 있다. 이는 도교의 명산에 나오는 깎아지른 듯한 절벽, 천 길 폭포와 그윽한 동굴, 경각요지瓊閣瑤池, 신선동부神仙洞府 등 신화와 전설을 바탕으로 한 것이다. 배를 타면 넓은 호수에 떠오른 충화 섬의 숲, 정자와 누각이 밝은 듯 어두운 듯 어울리면서 신선동부의 경계를 생생히 보여준다.

【 사가의 원림 】

사가의 원림은 일반적으로 벼슬길에 좌절하고 현실에 불만을 가진 이들이 소유했다. 그래서 사가의 원림에는 독립적인 인격을 추구하는 정신과 인생의 철리에 대한 깨달음이 다분히 표현되어 있다. 원림은 그들의 영혼이 편안히 쉴 수 있는 녹지이자 어지러운 세상에서 벗어나 본성을 되찾을 수 있는 유토피아였다. 따라서 사가의 원림은 전체적인 구조에서부터 부분적인 설계에 이르기까지 모두 이러한 품격을 중심으로 펼쳐진다.

쑤저우의 어우위안耦園은 도연명이 벼슬을 버리고 은둔 생활을 하면서 부부의 정을 나누는 이상적인 경지를 반영했다. 소박한 장서루藏書樓와 성곡초당城曲草堂 등은 책을 읽으며 욕심 없는 담박한 생활을 하겠다는 의지를 담고 있다. 쌍조루雙照樓와 침파정枕波亭은 그림자처럼 조금도 떨어

쑤저우의 개인 원림

쑤저우 이위안怡園(왼쪽)
스쯔린獅子林의
문동門洞(오른쪽)

쑤저우 류위안留園의 연못(왼쪽) 쥐정위안의 연못(오른쪽)

쑤저우 왕스위안網師園(왼쪽) 쥐정위안의 요문腰門(오른쪽)

지지 않는 지극한 사랑을 보여주며, 오애정吾愛亭은 부부가 서로 자유로우면서도 자족하는 정신 세계를 표현하고 있다.

쑤저우의 줘정위안은 명나라의 어사 왕헌王獻이 벼슬길에서 좌절을 맛본 뒤에 은거하며 지은 별장이다. 그는 진晉나라 반악潘岳의 〈한거부閑居賦〉에 나오는 "뜰에 물을 주어 야채를 기르는 것이야말로 졸자拙者가 해야 할 일이다"라는 말을 본받았다. 전원에 은둔하며 무릉도원을 이상향으로 삼은 것이다. 입구에 있는 인공 산은 도화원의 동굴 입구를 모방했고, 동굴의 한 옆에는 무릉도원을 표현했다. 호수, 산, 꽃과 나무, 건축물이 서로 조화를 이루며 소박하고 조용한 전원의 풍광을 이룬다.

문인 원림의 경우 일반적으로 소나무, 대나무, 매화 등으로 굳은 의지와 고고한 절개를 나타냈다.

結 중국의 원림은 2,000여 년을 거치면서 명·청대에 최고로 발전했다. 자연의 풍경을 취한 것이야말로 시종일관 변하지 않은 고대 원림의 기본적인 특징이다.

자연스러우면서도 변화무쌍하고 생기 넘치는 중국의 원림은 서양에도 상당한 영향을 미쳐, 형식에 사로잡힌 서양식 정원이 자연미를 중시하는 중국식 원림으로 발전하는 계기가 되었다.

명·청대의 원림은 경제, 문화, 회화, 건축 등이 발전함으로써 제한된 공간에서 경물이 더 풍부해지고 건축 밀도가 높아졌다. 아울러 장식이 날로 복잡해지고 공간에 변화가 많아지면서 원림의 자연미를 다소 잃어버리게 되었다. 게다가 부유한 명문가들이 겉치레를 중시하는 바람에 원림의 경관이 갈수록 세속화해서 은일한 기풍과 우아한 품격이 점차 사라졌다.

하지만 명·청대의 원림은 영원한 생명력을 가지고 오늘날의 원림 조성에 영감을 주고 있다.

【 명·청대의 판화 】

● 연화 〈문무장원文武壯元〉

중국 목판화의 발견은 전통적인 인쇄술과 밀접한 관기가 있다. 목판화와 인쇄술의 본원을 살펴보면 중국의 독특한 인장과 석각으로 거슬러 올라간다. 그림이 새겨진 인장과 석각, 전각 등은 모두 판화의 시초로 볼 수 있다.

중국의 고대 판화의 기원은 고유한 특색을 지닌 인장印章과 석각石刻으로 거슬러 올라간다. 당·오대·송·서하·요·금·원대의 목판화는 이미 상당한 수준이었으며 명·청대에는 더욱 발전했다.

    판화는 목판 등에 그림을 새긴 후 이를 인쇄하는 도화圖畵로서 다음과 같은 몇 가지 특징이 있다. 첫째, 인쇄를 위해 특별히 만든 판을 이용한다. 둘째, 원판을 새기는 방법으로는 칼로 새기는 것과 약품으로 부식시키는 것이 있다. 셋째, 조각雕刻의 인쇄는 볼록판, 오목판, 평판, 공판孔版 등 네 가지 유형으로 나뉜다. 넷째, 원판의 재료로는 나무, 돌, 벽돌, 금속, 석고 등이 쓰인다.

    중국의 전통 판화는 기본적으로 목판화이다. 목재의 종단면에 그림 등을 새기는데, 이것이 바로 '목면목각木面木刻'이다. 전통 판화는 출판 인쇄를 위해 만들어졌다. 화가, 각공刻工, 인쇄공이 각기 역할을 분담하는 방식이어서 판화가가 직접 새기고 인쇄하는 현대의 창작 판화와는 성격이 다르다. 947년에 제작된 〈관세음보살상〉에는 '뇌연미雷延美'라는 제목이 붙었는데, 이는 세계 최초로 자신의 작품에 이름을 남긴 목판화로 추정된다.

 중국은 한때 판화 저작이 매우 흥성해서 대부분의 문서에 삽화가 들어갔다. 판화를 제작하는 작업방도 전국 각지에 분포하여 그 기교가 매우 성숙했다. 명대 말기의 유명 판화가 호정언胡正言은 오랜 연구와 실험을 거쳐서 출두판出鈕版과 공화판拱花版을 창조했는데, 이는 고대 판화의 인쇄 공예에서 최고 수준이라 할 만하다.

【 명·청대 판화의 연원 】

중국 목판화의 발전은 전통적인 인쇄술과 밀접한 관계가 있다. 목판화와 인쇄술의 발원을 살펴보면 중국의 독특한 인장과 석각으로 거슬러 올라간다. 그림이 새겨진 인장과 석각, 전각 등은 모두 판화의 시초로 볼 수 있다. 그림만 있고 문자가 없는 인장은 '초형인肖形印'이라 하는데, 그림면을 몇 번 사용할 수 있어서 판화의 발전에 이바지했다. 석각과 전각은 비록 진정한 판화라고는 할 수 없지만 그 기술과 화면은 고대 판화에 기본적인 요소를 제공했다.

당대 초기에는 인쇄술이 출현했으며, 이에 따라 판화도 상당한 발전을 이룩했다. 현존하는 최초의 인쇄물은 그림과 문장이 서로 조화를 이루는 가운데 조각술이 노련하면서도 매우 아름답다. 예컨대 둔황의 장경동藏經洞에서 출토된 《금강반야바라밀경》 첫 권에 나오는 〈기수급고독원祇樹給孤獨園〉의 그림은 세계 최초로 정확한 제작 연대가 적힌 판화 작품으로

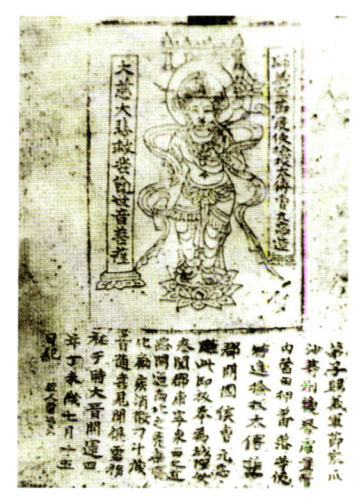

관세음상과 관제상
關帝像 목판화

유명하다.

송대에는 중국의 인쇄 역사에서 첫 번째 황금시대가 열렸다. 목판인쇄를 보편화해서 정교한 서적을 대량으로 만들었으며 활판인쇄술을 발명하기도 했다. 이 두 가지 중요한 성과 외에도 대량의 판화가 만들어졌는데, 예를 들면 현존하는 판화 가운데 최초로 정확한 연대가 표시된 산수화 〈밀장전密藏詮〉이 이 시기에 나왔다.

송대에는 동판銅版에 교자交子(지금의 지폐와 같음)를 조각해서 인쇄했다. 현존하는 판화를 보면 명대 이전의 서적들에는 모두 삽화가 수록되었고 단각單刻으로 조각한 것이 많다. 조판이 이루어지는 작업방이 남북 각지에 분포했으며 조각의 기교도 매우 출중했다. 그리고 일종의 이야기 그림인 연환화連環畵가 출현함으로써 채색 인쇄 판화가 나타나기 시작했다. 이는 모두 명·청대에 판화 예술이 발전하는 데 훌륭한 토대가 되었다.

【 명·청대의 판화 】

중국 고대 판화의 황금기로서 명 왕조 때에는 다음과 같은 특징을 보였다.

첫째, 보편적으로 삽화가 갖가지 서적에 보급되었다. 특히 소설과 희곡은 그림을 싣지 않은 것이 매우 드물었으며, 그림의 배치 방식과 소재도 다양했다.

둘째, 한 폭짜리 그림으로는 주로 연화年畵를 대량 생산했다.

연화 〈죽보평안竹報平安〉

연화 〈계서승평桂序升平〉. 중추절에 토끼신에게 제사 지내는 광경을 표현했다. 집안의 화합과 부귀, 평안의 뜻이 담겨 있다.

연화 〈어락도魚樂圖〉

셋째, 남북에 몇 개의 큰 생산지가 생겼고 명장名匠이 속속 등장해서 가족 대대로 전해지며 一파를 이루었다. 이들은 생산 기지를 중심으로 공예 유파를 형성했다.

넷째, 저명한 화가들이 판화 작업에 참여해 개인적인 기풍을 이루며 중국 회화사에 이름을 날긴 판화가가 되었다.

다섯째, 채색 판화 인쇄술의 가장 복잡한 기술인 '두판'과 '공화판'을 발명하여 판화 인쇄 기술의 절정에 도달했다.

청대는 고대의 판화 및 그 생산품을 집대성한 시기이다. 당시 제작된 판화의 수량이 많고 시대가 가까운 탓에 전해지는 작품도 아주 많다. 특히 강희제 이후 몇몇 황제들은 정권을 공고히 하고 태평성세를 강조하기 위해 판화 예술을 상대적으로 중시했다. 청 왕조는 또 판화 '작법'과 '사례'에 관한 책을 편제했는데, 이는 그 시기의 공예를 이해하는 데 도움을 주고 있다.

【 연화 】

연화는 중국 특유의 민간 예술로서 새로운 한 해를 기쁘게 맞이하고 상서롭지 않은 것들을 쫓아내기 위해 붙이는 그림이다. 연화의 기원은 옛날 대문 위에다 인물의 모습을 새기거나 그렸던 것으로 거슬러 올라가며, 대체로 악귀와 외적의 침입을 방어하는 목적을 갖고 있다.

기록에 따르면, 송대 이래로 섣달 그믐날 밤이면 빈부를 가리지 않고 모두가 "먼지를 쓸어서 뜰과 집을 깨끗이 하고 문신상門神像을 바꾸고 종규鐘馗를 걸고 도부桃符를 붙이고 조상에게 제사를 지냈다." 그리고 매년 10월부터 연력年曆과 크고 작은 문신상, 도부, 종규 등을 파는 장사가 흥성했다.

연화는 내용적으로 경사스럽고 즐거운 일을 추구했고 형식적으로는 흥겹고 활기찬 분위기를 북돋았다. 상서로운 뜻이 담긴 소재는 모두 취했는데, 예컨대 〈천관사복天官賜福〉, 〈복록수삼성福祿壽三星〉 등이 있다. 아이들의 놀이, 궁녀, 꽃과 새, 풍경, 명승지 등이 모두 그림의 소재로 쓰였으며, 대체로 중당中堂(거실의 중앙에 거는 폭이 넓고 긴 족자 : 옮긴이), 병조병조屛條(세로의 길이가 4폭이나 8폭인 족자나 주련 : 옮긴이), 삼재三裁로 나뉘었다. 문신門神, 춘우도春牛圖, 등화燈畵, 신마神馬 등은 사악한 것을 몰아내고 복을 불러들이는 기능 외에도 주거 지역을 장식하는 용도로 쓰였다.

역사적으로 유명한 연화 생산지는 톈진의 양류청楊柳靑, 쑤저우의 도화오桃花塢, 산둥성의 유현濰縣, 허난성의 주선진朱仙鎭, 산시성山西省의 진남晋南, 산시성陝西省의 관중關中과 한중漢中, 쓰촨성의 몐주綿竹, 광둥성의 포산佛山 등이다.

연화의 소재로 널리 쓰이는 문신상

【 채색판과 두판 및 공화판 】

　채색판과 두판 및 공화판은 고대 판화 공예의 최고 수준을 보여준다.
　채색판을 제작하는 과정에서 여러 색깔을 입히려면 판을 여러 개 준비해야 하는데, 주요한 부분이 새겨진 판을 '주판主版'이라고 했다. 그 과정을 보면 주판을 먼저 인쇄하고 나중에 다음 판을 인쇄했다. 완제품으로는 주묵본朱墨本, 즉 두 가지 색깔의 채색판과 삼색판 및 육색판 등이 있는데, 주로 비평과 주석을 달아놓은 서적을 인쇄하는 데 쓰였다. 채색판은 명대 중엽과 말엽에 대량으로 출현했지만 각 채색의 농도가 달라서 색조가 고르지 않은 것이 최대의 결점이었다.

〈십죽재서화보十竹齋書畫譜〉의 채색 삽화. 수묵이 운치를 더한다.

  두판은 작은 조각을 모아 합성한 판으로 색과 농도에 따라 여러 차례 나누어 인쇄한다. 공화판은 화면의 윤곽에 근거해 비교적 딱딱한 목판 위에 음각한 것이다. 공화판을 인쇄할 때는 화선지를 판에 덮은 뒤 그 위에 털이 빠지지 않는 담요를 씌우고 나무 막대기로 가볍게 두드려서 종이에 요철 무늬가 나타나게 했다. 이것은 명대 말기의 유명한 판각가인 호정언 등이 오랜 연구와 실험 끝에 고안한 기법으로 목판인쇄술에 일대 변혁을 가져왔다.

  채색판과 두판 및 공화판의 출현으로 인해 화보의 출판이 전례 없이 홍성했고, 인쇄 수준도 거의 진품처럼 보이는 수준에 이르렀다.

【 명대 판화의 생산지와 유파 및 그 대표작 】

명대 중기와 말기는 판화가 흥성한 시기로 상대적으로 독립적인 지방의 유파와 대량 생산지가 형성되었다.

건안建安 판화 : 건안은 지금의 푸젠성 젠어우建甌 일대로 송대 이래로

연화〈여십망女十忙〉

연화〈삼고초려三顧茅廬〉

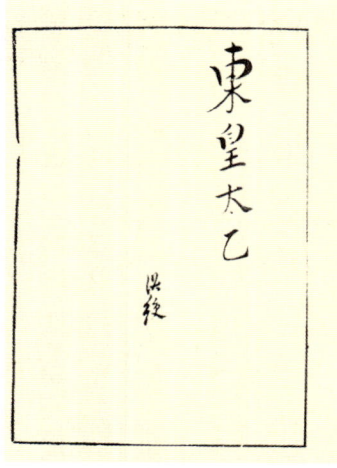

진홍수의 〈구가도九歌圖〉(위)와
〈이소도離騷圖〉

목판 인쇄술의 생산 기지였으며 서방書坊이 즐비하게 늘어서 있었다. 명대의 가정嘉靖, 만력萬曆 연간 이후로 소설, 희곡, 통속적인 이야기 등이 담긴 서적을 많이 판각해서 인쇄했다.

금릉金陵 판화 : 오늘날 장쑤성 난징 일대에서 생산된 판화이다. 이곳의 장인 외에도 후이저우徽州의 장인들이 오랫동안 작업하면서 정착하는 경우가 많았다. 여기서 나온 대량의 삽화본 소설, 희곡의 회각繪刻은 상당히 정교하고 품질이 뛰어났다.

후이저우 판화 : 후이저우는 석각, 묵모墨模 조각, 조판 목각 인쇄 분야에서 많은 인재를 배출해 몇백 년에 걸쳐 판화예술에서 중요한 기능을 담

당했다. 대표작은 숭정본崇禎本으로서 유응조劉應祖 등이 조각한 〈신각수상비평금병매新刻繡像批評金甁梅〉 등이 유명하다.

우싱吳興 판화 : 독자적인 격식을 갖추어 서방이 많지 않았다. 주로 민閔과 능凌 두 집안이 대대로 전해졌으며, 주묵朱墨 채색판 인쇄가 성행했다.

무림武林(항저우) 판화 : 명·청대에서 태평천국 전까지 흥성했는데, 그중에서도 화보와 산수, 사묘寺廟에 관한 지방지가 훌륭했다.

〈개자원화젼芥子園畵傳〉은 처음 그림을 배우는 사람이라면 반드시 갖춰야 할 화보이다.

쑤저우蘇州 판화 : '월광형月光型(단선형團扇型이라고도 함)'의 판형을 개발했다.

베이징 판화 : 〈국보菊譜〉, 〈영모보翎毛譜〉, 〈죽보竹譜〉가 있는데 북방 화보 중에서 특색 있는 작품이다.

이처럼 많은 유파와 생산지를 통해 당시 판화 사업이 꽤 번성했음을 알 수 있다.

 판화와 인쇄술의 결합은 중국의 오랜 문화유산을 전파하는 데 지대한 공헌을 했으며, 외국과의 문화 교류에서도 상당한 역할을 했다.

　명말 청초의 저명한 화가 진홍수陳洪綬의 〈구가도九歌圖〉와 〈박고엽자博古葉子〉, 소운종蕭雲從의 〈이소도離騷圖〉와 〈태평산수도화太平山水圖畵〉는 판화 역사상 불후의 작품으로 손꼽힌다. 저명한 작가인 이어李漁의 〈개자원화전芥子園畵傳〉은 채색판으로서 중국 회화계에 큰 영향을 끼쳤다. 그 외 《천공개물》,《농서》,《농정전서》,《본초강목》 등의 서적은 과학기술의 발전을 촉진시켰다.

　청나라 말기에 서양에서 석인石印과 동판銅版 인쇄 기술이 전해지면서 전통적인 목판화는 예전의 위치에서 밀려났다. 하지만 창작 판화의 양식으로 여전히 생명력을 갖고 있다.

【 명·청대 문인의 인장 】

● 명대에 만들어진 옥으로 된 주찰경인朱察卿印

중국인은 예부터 시, 서예, 그림, 인장을 즐겼는데 특히 명·청대부터는 그것들이 화면 위에서 서로 어우러져 일체가 되었다. 시문으로 정서를 토로하고, 그림으로 정신을 표현하고, 서예로 정과 뜻을 나타내고, 인장으로 심성을 명확히 했으니, 예술과 인격의 추구가 서로 긴밀히 연결되었다고 할 수 있다.

인장印章은 중국의 특색 있는 예술품이다. 작은 인장의 우아하고 영롱한 인면印面에서도 중국인의 문화 의식과 몇천 년을 내려온 심미안을 엿볼 수 있다. 이 "마음에 새겨진" 인면은 중국 문화의 시간적 터널을 열어 놓은 듯 역사의 파노라마와 화하華夏 문화의 단면을 보여준다. 특히 문자학, 금석학과 결합된 연구를 통해 동방의 색채가 다분한 '인문화印文化', 그중에서도 문인 인문화의 신비를 엿볼 수 있다.

  인장은 서법, 회화, 조각이 일체가 된 예술로 서법이 주도적인 기능을 한다. 그 재료로는 주로 칼로 글자를 새길 수 있는 돌을 이용한다. 비록 인장의 면은 한 치 정도에 불과하지만, 예술성 있는 여러 가지 전서篆書를 배치해 넉넉하면서도 표일한 서법의 필세筆勢를 보여준다. 또 우아하고 아름다운 회화의 구도를 담고 있으며 생동감 넘치는 도법이 돋보인다. 정말로 "한 치에 불과한 데서 천만 가지 기상을 보이는" 것은 인장의 특별한 예술적 가치라 할 수 있다.

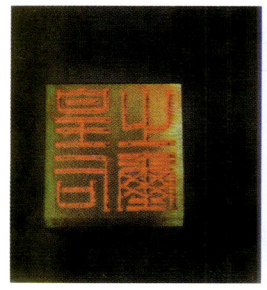  

황후의 옥새

　인장의 윗면에는 관직 혹은 이름을 새겼다. 이는 일종의 장식인 동시에 상대방의 신임을 얻는 증표가 되었다. 현재 인장은 일상적인 용도 외에 회화의 중요한 요소가 되고 있는데 주제의 내용, 작자, 창작 날짜, 소장자 등을 설명하는 데 쓰인다. 뿐만 아니라 인장은 독립적인 예술품으로도 감상되고 있다.

【 명·청대 문인 인장의 연원 】

　인장의 역사는 매우 유구하다. 명·청대 문인들의 인장이 가진 심미적 특징을 설명하려면 인장 문화의 역사부터 살펴보아야 한다. 중국의 인장 문화는 중국 정신의 내적인 맥락을 드러낸다고 할 수 있는데, 이는 명·청대 문인의 인장 예술이 성숙할 수 있었던 전제 조건이다.

　인장의 기원에는 두 가지 설이 있다. 하나는 상商 왕조 때부터 비롯되었다는 것인데, 이는 안양의 은허殷墟에서 출토된 3점의 동새銅鉥에 근거한 것이다. 다른 하나는 춘추전국시대부터 비롯되었다고 하는 설이다.

　최초의 인장은 '봉니封泥'로 사용되었다. 춘추전국시대부터 전한 초기까지의 인장은 대부분 금, 은, 동, 무소뿔, 상아 등을 재료로 했다. 군사적으로는 이를 '호부虎符'라 칭하고 정치적으로는 '인印'이라 칭했다.

　진秦나라 때는 모인전摹印篆을 만들어 씀으로써 '서동문書同文'이 인장에서도 관철되도록 했다. 진·한대의 인장은 관인官印과 사인私印으로 분

한나라 때의 '저궁사함齊宮司函' 봉니

류되었고, 제작 방법에 따라 주인鑄印과 착인鑿印으로 나뉘었다. 한나라 때는 예서隸書를 광범위하게 운용하여 인장의 무전繆篆(꼬불꼬불한 전서체 글씨 : 옮긴이)에 중후하고 단아한 심미적 품격을 담아 착인, 주인, 옥인玉印, 초형인肖形印, 투인套印 등 다섯 가지 인장 체계를 만들었다. 동진東晋 이후의 인장은 그 위에 색깔을 칠해서 종이나 비단 위에 찍을 수 있게 했고, 눈에 띄는 붉은 인주가 점차 퍼져나가기 시작했다.

당·송·원대에 전각篆刻은 서화의 발제跋題와 감식에도 쓰이기 시작했으며 서화와 어울려 독특한 예술 형식을 이루었다. 당나라 때는 자유로운 예술 형식이 크게 성행해서 인장에도 감장인鑑藏印과 재관인齋館印이 나오게 되었다. 송나라 이후에는 인면의 주변이 점차 넓어지면서 금·원·명대 이래로 활변闊邊에 첩문疊文을 가한 관인官印의 기풍이 형성되었다. 또한 송·원대에는 문방文房의 아취가 문인 사회에 성행하기 시작하면서 인장

명·청대 문인의 인장 ◆ 215

도 문인들의 각별한 사랑을 받게 되었다. 한편, 석장石章의 등장은 명·청대 문인 전각가와 전각의 유파가 대거 등장하는 계기가 되었다.

【 시, 서, 화, 인의 사위일체 】

시, 서예, 그림, 인장은 중국의 예술 정신을 집중적으로 구현한 것이라 할 수 있다. 중국인은 예부터 시, 서예, 그림, 인장을 즐겼는데 특히 명·청대부터는 그것들이 화면 위에서 서로 어우러져 일체가 되었다. 시문으로 정서를 토로하고, 그림으로 정신을 표현하고, 서예로 정과 뜻을 나타내고, 인장으로 심성을 명확히 했으니, 예술과 인격의 추구가 서로 긴밀히 연결되었다고 할 수 있다.

우선 인장의 문자로 마음의 자취를 분명히 나타냈다. 명·청대의 서화가들은 작품 위에 인장 찍기를 즐겼고 시구나 속담, 고사성어, 명언이나 경구를 새긴 인장으로 자신의 의지를 드러냈다. 심심풀이 인장은 더욱 보편적이었다. 정경丁敬의 '존성存性(성품을 간직함)', 진홍수陳鴻壽의 '송우추금松宇秋琴(소나무 집에 가을의 비파)', 장연창張燕昌의 '창해일속蒼海一粟(푸른 바다에 좁쌀 하나)' 등이 모두 심성을 표현한 것으로 가슴에서 우러나온 말이 담긴 인장이다.

다음으로 인장을 통해 시각적인 대비 효과를 추구했다. 인장은 색깔이 선명한 붉은색이어서 화룡점정畵龍點睛의 효과가 있다. 그래서 역대의 서화가들은 제관題款과 인장 찍기를 매우 중시했다. 관款과 인印은 서예나 그림의 구도에서 중요한 내용을 이루는 것으로 빠뜨릴 수 없는 유기적인 부분이다.

조지겸의
글씨와 그림

〈절록사유급취편
節錄史游急就篇〉

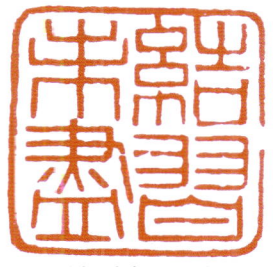

'연습미진練習未盡'

〈소과화훼도책蔬果花卉圖册〉

 인장은 또 작품의 표식이면서 진위를 가려내는 증거가 되기도 한다. 예술적 실용성에서 볼 때 인장은 작가의 사인으로 가짜를 가려내기가 용이하다.

 이외에 인장과 인니印泥(청화자기함과 주사인니朱砂印泥), 인석印石(청화석靑花石, 수산석壽山石, 창화석昌化石 등)과 인뉴印紐(용뉴龍紐, 사뉴獅紐, 호뉴虎紐, 귀뉴龜紐 등), 인印과 붓, 벼루 등은 문인의 서재를 우아한 분위기로 만들어 문인의 정신적 기질과 시적 분위기가 가득한 공간으로 연출했다.

명·청대 문인의 인장 ◆ 217

【 휘파 】

명·청대에 석장石章의 사용, 인보印譜의 유행, 인학印學 이론의 흥기로 인해 문인의 전각은 정신적 자각과 기교의 원숙함을 이루면서 인장 예술의 황금시대를 열었고 아울러 많은 유파가 출현하게 되었다.

휘파徽派의 진정한 창설자는 후이저우徽州의 하진何震이다. 하진은 문팽文彭의 기풍을 계승했기 때문에 휘파를 '문하파文何派'라고도 부른다.

문팽은 명나라의 유명한 서화가인 문징명文徵明의 아들이다. 문팽은 자신이 쓴 글씨를 직접 인장에 새겼는데 그 품격이 단아하고 빼어나서 문인의 기질이 다분했다. 동시에 그는 인장에다 서예의 맛이 나는 변관邊款을 새김으로써 인장 역사상 과거의 것을 계승하여 새것을 창조해낸 인물로

문팽의 '문팽지인文彭之印'

하진의 '정수지인程守之印'

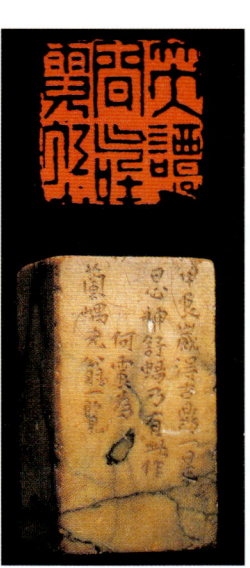

휘파의 작품

하진의 '소담간기토예홍笑談間氣吐霓虹'

정수의 '서욱령인徐旭齡印'

꼽힌다.

하진은 문팽의 '수려함'에다 '강건함'을 더하여 강인한 기풍으로 이름을 날렸다. 하진의 인장은 글씨를 새기는 법도가 정연하고 곧으며 송·원대의 섬약한 기풍과 달리 씩씩하고 날카로운 아름다움을 구현했다. 하진은 "조심스럽게 붓을 대고 대담하게 칼을 대는" 걸 강조하는 한편 전각인 篆刻印에서 신神, 기奇, 공工, 교巧의 네 가지 법을 제시했다.

휘파의 시조로 하진의 주요 업적은 문자의 훈고訓詁를 인장의 기본으로 삼고, 진·한대의 전통으로 당시 인장에 쓰인 전문篆文의 잘못을 바로잡고, 자신이 새긴 인장을 《인선印選》에 집대성하여 하나의 유파를 형성해 명성을 떨쳤다는 데 있다. 그의 대표작으로는 '수창요영榴窓搖影', '방정시주放情詩酒', '운중백학雲中白鶴' 등이 있다.

하진의 후계자인 소선蘇宣, 양질梁袠, 정박程朴 등은 진·한대의 전각예술을 깊이 공부해서 그 품격이 고아하고 힘이 넘쳤다. 그 외에 후이저우에 적을 둔 전각가 정수程邃, 파위조巴慰祖, 호당胡唐, 왕관汪關 등 네 사람은 '흡사가歙四家'라고 불렸는데, 그들의 명성은 멀리 일본에까지 알려졌다.

휘파는 청나라 강희제부터 옹정제, 건륭제를 거쳐 가경嘉慶 연간에 이르기까지 큰 영향력을 발휘했다. 다만 후에 절파浙派가 이들을 따라잡아 그 성취가 탁월했다.

【 절파 】

절파의 창시자는 서령西泠의 정경(1695~1765)이다. 건륭제 시기 휘파가 이름을 펼칠 때 정경이 두각을 나타내면서 새로운 유파를 이루었다. 그의 뒤를 이은 사람들로 황역黃易, 장인蔣仁, 해강奚岡, 진예종陳豫鍾, 진홍수陳鴻壽, 조지침趙之琛, 전송錢松 등이 있는데, 이들을 가리켜 '서령팔대가西泠八大家'라고 부른다. 한편 이들은 전사가前四家와 후사가後四家로 나뉜다.

정경은 자가 경신敬身이고 호는 용홍산인龍泓山人이다. 예서에 정통했고

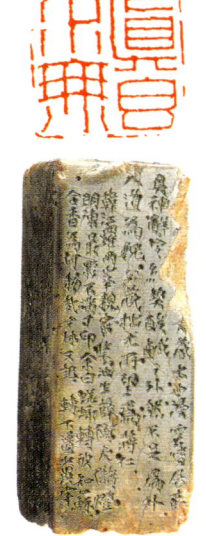

장인의 '진수무향眞水無香'

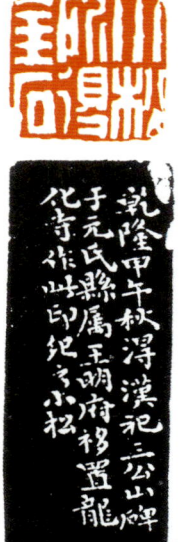

정경의 '두화촌리초충제豆花村裡草蟲啼'

황역의 '소송소득금석小松所得金石'

절파의 작품

《무림금석록武林金石錄》 등의 저서가 있다. 정경은 진·한대 인장의 장점을 취하는 한편 '절도법切刀法'으로 인장을 새기는 데 능했다. 그는 〈논인절구論印絕句〉에서 전각은 응당 자기만의 특징을 갖추어야 하며 옛것을 본받는 동시에 새것을 창조해야 한다고 주장했다. 그가 만든 '정경신인丁敬身印'은 전각법이 고풍스럽고 오묘한 데다 붉은색과 흰색이 고루 분포하여 소박함과 강인함을 추구하는 절파의 심미적 정취와 적인篆印의 기풍을 나타낸다.

황역은 정경의 제자지만 스승을 능가했다. 서령팔대가 중 순박하고 깊으면서도 고풍스러운 품격을 이루어 그 성취가 아주 높았기 때문에 정경과 더불어 '정황丁黃'이라고 불렸다.

장인은 세밀하게 조각하는 절도切刀를 사용해서 웅장하면서도 고풍스런 인장을 완성했다. 대표작으로는 '천지불락天地不樂', '영인齡印' 등이 있다.

예술적으로 호방한 기풍을 추구한 진홍수는 절파 가운데 전각인의 기풍이 가장 뚜렷한 인물이다.

진예종은 전각이 빼어나고 변관邊款이 더욱 수려해서 진홍수와 이름을 나란히 했다. 조지침은 전각에 조예가 깊으면서도 화훼도에 능했다. 장인은 서예와 시에 능했으며, 전송은 후사가 중 가장 조예가 깊어서 그만의 독특한 기풍을 이루었다.

서령팔대가의 인면은 장엄하면서도 고아한 힘이 있었다. 음문陰文에는 쇄도碎刀를 즐겨 씀으로써 강인함을 함축하여 그 성취가 뚜렷하고 영향력도 아주 컸다.

【 오파 】

오파吳派의 창시자는 우창쉬吳昌碩(1844~1927)이다. 그는 본명이 쥔칭俊卿이고 자는 창쉬昌碩 또는 창스倉石이며 호는 퍼우루缶廬다. 우창쉬는 시, 서예, 인장, 그림에 능한 근대에 보기 드문 대가이다.

그는 서예의 전법篆法과 인장의 도법刀法을 깊이 터득해서 처음으로 '역산비峰山碑'를 법도로 삼았다. 또 양기손楊沂孫의 전법을 얻고 나중에는 석고문石鼓文을 배웠다. 그는 옛것을 자기 것으로 만드는 데 뛰어났고, 필묵과 서정적인 의취를 강조했으며, 힘찬 기세를 추구했다. 또 의경意境이 고풍스러우면서 깊었고, 용필用筆이 뛰어났으며, 변화를 추구하면서도 장중했다.

'준경지인俊卿之印'

〈호로도葫蘆圖〉

'창석倉碩'

우창쉬의 그림과 전각 작품

우창쉬는 진·한대의 기와와 벽돌에 새겨진 문자에서 봉니의 닮은 듯한 느낌을 익혔다. 거기에 옛날 동기銅器에 새겨진 문자와 옛날의 새璽, 한나라 때의 인장 등을 응용하여 웅장하고 힘찬 기풍을 이루었다. 그의 대전大篆은 붓을 끊고 당기고 꺾는 힘이 넘쳤으며, 전각에 사용할 때는 칼로 이러한 의도를 구현했다. 그리하여 인장의 전문篆文이 우연한 붓글씨의 서법처럼 절도 있는 운율로 충만했다. 고졸古拙한 대전은 그의 인면印面을 풍부하고 질박하게 만들었으며 비범한 기세로 가득하게 했다.

만년에 우창쉬는 자신의 석고문을 토대로 산씨반散氏盤의 필법을 흡수해서 필력이 더욱 호방해지고 구조도 더 기이해졌다. 그는 인장의 측면과 문장에 일부러 파손된 흔적을 만들어서 필묵의 정취와 웅혼한 인면의 모습을 통일시켰다. 이는 소박함과 풍만함 속에서, 혹은 끊어지고 이어지는 선의 변화 속에서 아득히 높은 경지를 보여주었다. 우창쉬의 이런 기풍은 명·청대 전각인 유파에서도 대가의 모범을 보여주는 동시에 오파의 독특한 품격으로 국내외에 큰 영향을 미쳤다.

結 옛사람들의 빼어난 인장을 볼 때마다 우리는 인장에 담긴 풍부한 역사적 함의에 감동을 금치 못한다. 군사(호부虎符), 정치(새璽), 편지(인신印信), 아취(한장閑章) 등 역사적 정보가 기록된 인장은 예술적 매력과 정신적 중후함을 깨닫게 해준다. 동양 예술의 영원한 빛이 깃들어 있는 인장을 통해 우리는 옛사람들과 마음의 대화를 나눌 수 있다.

【 명·청대의 국자감 】

● 청나라 때 황제가 강의를 했던 국자감의 벽옹당

벽옹이 건립된 후 건륭제는 친히 국자감에서 대규모 '임용시학'을 거행했다. 이날 문무백관 및 학생들은 관복과 감생복을 차려입고 대열을 지어 황제를 영접하고는 환교環橋閣 위에 서서 강의를 들었다.

중국의 교육 제도는 한漢나라에 이르러 봉건 사회의 표준 양식, 즉 관학官學과 사학私學 두 계통으로 발전했다. 관학 중에서 가장 중요한 것은 태학太學과 국자학國子學이었다. 국자학은 수나라 양제 때 국자감國子監으로 명칭이 바뀌었는데, 태학 위에 단독으로 설립한 일급 귀족 자제를 위한 학교였다. 원·명·청대에는 태학을 설치하지 않고 국자감을 유일한 관학으로 삼았다.

　명·청대의 국자감 교육을 살펴보면 초기에는 체계적인 관리 방법이 있었다. 국자감 학생은 감監에서 공부했는데 이를 좌감坐監이라 불렀다. 국자감은 정부를 위해 일할 문무의 인재를 전문적으로 양성하는 기구로 봉건 통치자에게 복무하는 것이 그 목적이었다. 그래서 명·청대 통치자들이 떠받든 사서오경 등의 유가 경전이 교육의 주요 내용이었고, 학생 스스로 다른 경서 과목을 선택하여 배울 수도 있었다. 이런 학습 내용 외에도 조詔, 고誥, 표表, 책策, 논論, 판判 등의 글을 짓고 매일 글씨 연습을 하는 것도 감생監生들의 필수 과정이었다. 교육 방법으로는 회강會講, 복강復講, 배서背書(암기), 작문, 시험 등이 있었다.

　명·청대에 정부는 국자감에서 공부하는 감생들을 비교적 후하게 대

베이징 국자감의 대형
유리 패방. 옛날 학문과
교육을 중시한 상징이다.

우하여 의식주 및 학습에 필요한 도구 등도 모두 정부에서 지원했다. 그러나 국자감은 감생들의 학문과 사상에 대해서는 엄격하게 통제했다. 국자감은 정부에 필요한 대신을 길러내는 것이 최우선이었고, 그다음은 나라와 백성을 위하는 청렴한 관리를 양성하는 것이었다. 따라서 이런 교육 사상과 양식은 학생들의 독립적인 인격을 알살하는 면이 없지 않았다.

【 명·청대 국자감의 연원 】

중국에는 예부터 학교를 세우는 전통이 있었다. 문헌에 따르면 최초의 학교를 '성균成均'이라 불렀고 훗날에는 '상庠' 또는 '서序'라고 불렀는데 여기에는 또 대학大學과 소학小學의 구분이 있었다.

서주西周 이전의 학교 교육은 관료인 귀족이 통제했다. 서주 때에는 자연에 대한 인식이 점차 심화되면서 사상과 의식도 귀신을 중시하던 풍조에서 사람과 일을 중시하는 쪽으로 바뀌어 교육의 사회적 지위가 더욱 높아졌다. 이 시기의 학교 교육은 관청이 독점해서 후대 관학이 발전하게 되는 기초를 닦았다.

관학 중에서 가장 중요한 것이 태학 혹은 국자학이었다. 태학이란 이름은 서주 때부터 있었고 한나라 때도 태학이라 불렀다. 전한의 무제武帝 원삭元朔 5년(기원전 124)에 수도인 뤄양洛陽에 태학을 세우고 오경박사五經博士 등을 설치했으니, 이것이 중국 역사상 최초의 정식 대학이다. 서진西晉

시기 태학 위에 세운 국자학은 신분이 더 높은 귀족 자제들을 위한 학교였다. 북제北齊 시기에는 국자시國子寺라 개칭했고, 수나라 양제 때 다시 국자감으로 바뀌었다. 당·송대에는 국자감과 태학이 공존했고, 원·명대에는 태학을 설립하지 않고 국자감만을 두었다. 국자감과 태학은 명칭도 다르고 설립 시기도 다르지만 둘 다 최고 학부였다.

【 국자감 몰락의 원인 】

국자감의 몰락은 명·청대의 정치, 경제, 문화와 밀접한 관계가 있는데, 왕조의 흥망성쇠는 학교 교육에도 영향을 미쳤다. 국자감이 몰락한 원인은 다음 몇 가지로 요약할 수 있다.

첫째, 과거 제도의 영향이다. 과거 제도와 교육 제도는 본래 모순되지 않았으나 실행 과정에서 양자 사이에 점차 모순이 생기기 시작했다. 건륭제는 이렇게 말한 바 있다.

"과거를 통해 명리를 얻는 관습이 사람들에게 깊이 뿌리내려서 되돌리기 어렵다. 선비들이 이익의 추구에만 급급한 나머지 성현의 도道에 뜻을 두지 못하는구나."

과거시험에 급제하지 못하면 성현의 덕을 갖추어도 공명을 얻기 힘들었고, 공명을 얻지 못하면 출세하기가 어려웠다. 따라서 보통 사람으로서는 과거에 급제하는 것이 가장 중요한 일이었다. 그러나 국자감의 교육이 과거에 합격하려는 학생들의 요구를 충족시키지 못한 데다 규율이 엄격해서 국자감에 들어가고자 하는 이들이 감소했다.

둘째, 청나라 때는 국자감에 내內·외반外班 제도를 두었는데, 이것이 국자감의 발전에 나쁜 영향을 끼쳤다. 이 제도는 집에서 공부하는 것을 허용하여 많은 감생들이 학교에 잘 나가지 않게 되었으며, 장기간 계속된 이런 상황은 국자감이 몰락하는 원인이 되었다.

셋째, 돈으로 국자감 감생의 자격을 살 수 있었다. 이 때문에 감생들의 수준이 떨어졌고 그에 따라 사회적 지위도 점차 추락했다.

넷째, 신학문의 등장에 영향을 받았다. 아편전쟁 이후 들어온 서양의 근대 학교 교육과 비교해보면, 과거에 합격한 인재들은 실질적인 일에 별 쓸모가 없었고 나날이 개방되어가는 국내 상황을 좇아가지 못했다.

난징의 강남 공원貢院. 공원은 청나라 때 향시와 회시를 보던 곳이다.

난징의 강남 공원 안에 있는 '간고도자 赶考挑子'와 '장원편狀元匾'

청나라 동치同治 원년, 중국 역사상 최초의 신식 학교인 동문관同文館의 설립은 중국의 교육 제도가 새로운 단계에 들어섰음을 보여준다. 이로써 청나라 정부는 학부를 설립하고 과거 제도를 폐지했는데, 국자감과 과거 제도는 이때부터 역사의 무대에서 퇴장하고 이름만 남게 되었다.

【 공묘와 벽옹 】

원나라 때에는 고대 곤학의 '좌묘우학左廟右學' 제도에 근거하여 공묘孔廟와 국자감을 세웠다. 이는 중앙에서부터 지방에 이르기까지 학교 건립의 표준 양식이 되었다.

중국에는 대대로 스승을 존경하고 교육을 중시하는 전통이 있다. 유가의 창시자이자 위대한 교육자인 공자는 특히 후세의 존경을 받

벽옹 편액

국자감 안에 있는 대성문大成門

베이징의 국자감에서
옮긴 공묘의
진사제명비進士題名碑

으며 영원한 스승으로 추앙받고 있다. 사람들은 공묘를 세우고 공자에게 제사를 지냄으로써 스승에 대해 존경심을 나타냈다. 국자감이 인재의 교육을 담당하는 곳이라면 공묘는 교육을 중시하는 일종의 상징으로 둘 사이는 떼어놓을 수 없다. 청대에는 황제가 벽옹에 가서 강의를 하기 전에 먼저 공묘에서 제사를 지냈다.

벽옹은 본래 서주의 황제가 세운 태학으로, 당시 제후들이 세운 태학은 반궁泮宮이라고 불렀다. 벽옹은 "사방이 물에 둘러싸여서 옥처럼 둥근 모양을 하고 있었다"고 한다. 이곳은 천자가 도를 묻고 예악을 행하면서 교화를 하던 곳이다. 건륭乾隆 48년에 이부상서 겸 국자감 일을 보던 유용劉墉이 벽옹의 건축을 담당했다. 건륭제가 선정한 《예기禮記》속 고대 학부의 양식을 모방하여 건축했는데, 이것이 오늘날의 베이징에서 볼 수 있는 벽옹의 모습이다.

벽옹이 건립된 후 건륭제는 친히 국자감에서 감생들에게 강의를 했다. 이날 문무백관 및 학생들은 관복과 감생복을 차려입고 대열을 지어 황제를 영접하고는 환교환環橋闤 위에 서서 강의를 들었다. 기록에 따르면 이 날 강의를 들은 사람이 무려 3,000여 명에 달했다고 한다.

【 베이징 국자감 】

명대에는 남감兩監과 북감北監이 있었다. 남감은 난징의 국자감을 가리키고, 북감은 베이징의 국자감을 가리킨다. 청대 초기에는 명대의 교육 제도를 이어받아서 난징과 베이징에 각각 국자감을 설치했다. 이후 순치順治 연간에 남감을 강녕학부江寧學府로 고치면서 베이징 국자감은 청나라 유일의 최고 학부가 되었다.

베이징 국자감은 원·명·청 세 왕조 중에서도 특히 청 왕조 때 끊임없이 건축이 이루어져 오늘날과 같은 규모를 갖게 되었다. 베이징 국자감에는 고풍스러운 멋을 물씬 풍기는 큰 문이 있으며 그 위에 '집현集賢'이라는 두 글자가 씌어 있다. 안쪽으로 들어가면 또 다른 큰 문이 나오는데 그 위에는 '태학'이라는 두 글자가 씌어 있다. 이 둘을 지나서 안으로 들어가면 화려하고 아름다운 유리 패방이 보이고, 그 위에 '환교교택闤橋教澤'이라는 네 글자가 씌어 있다. 계속 앞으로 가면 기세가 비범한 벽옹이 보인다. 벽옹은 국자감의 중심에 자리잡고 있으며 그 안에서 가장 화려한 건축물 중 하나이다. 청나라의 세 황제가 여기서 학문을 강의한 적이 있는데 바로 건륭, 도광道光, 함풍咸豊 황제이다.

이륜당彝倫堂은 책을 소장하는 곳으로서 훗날 황제가 벽옹에서 강의할 때 수라를 들고 휴식을 취하던 장소로 쓰였다. 이륜당 양옆에는 '사청육당四廳六堂'이 있다. 사청은 지금의 교무처, 교무실, 도서관 등과 비슷하

베이징의 청셴가成賢街에 있는 국자감 패방

고, 33칸으로 된 육당은 학생들이 공부하던 곳이다.

【 국자감의 관리 】

국자감에서는 학생들을 매우 엄격히 지도했으며 체계적인 상벌 제도와 승급 제도가 있었다. 또 규율뿐 아니라 학생들의 사상도 엄격하게 통제했다. 명나라 태조太祖의 '백화패百話牌'는 이와 관련하여 선혈이 낭자한 이야기를 들려주고 있다. 명나라 초기, 남감의 학생 조린趙麟이 엄격한 규율에 불만을 품고 벽보를 붙였다. 태조 주원장이 이 사실을 알고 스승을 비방했다는 죄명으로 조린을 처형했다. 그러고는 국자감에 대나무 막대기를 세워놓고 그 꼭대기에 조린의 머리를 매달아 사람들에게 보여주었다.

청대에는 학생들의 사상에 대한 통제가 더욱 심해졌다. 순치 9년에 반포한 규정을 보면, 학생들은 마땅히 자신의 몸을 아끼고 성정을 참아야 하며, 관료 활동에는 참여하지 말아야 하고, 스승을 존경하되 난처하게 해서는 안 되며, 또 사회의 폐단에 대해 글을 올려 논의하지 말아야 한다고 했는데, 이를 어길 경우에는 죄를 물었다. 게다가 학생들은 당파를 결성하지 못하고 결사結社의 맹세를 해서도 안 되며 이를 어길 경우 관아에 넘겨 처벌했다.

  청나라의 위대한 극작가 홍승은 그의 대표작《장생전》을 신중하지 못하게 강희제 동佟황후의 장례 기간에 공연하는 바람에 감생의 자격을 잃었다. 또 다른 위대한 극작가 공상임은 그의 작품《도화선》이 명나라 말기 복잡한 계층 간의 갈등을 담았다고 해서 국자감 박사의 관직을 박탈당했다. 봉건시대 지배자들은 자신들의 규범에 어긋나는 이질적인 사상은 결코 용인할 수 없었던 것이다.

結 교사의 엄격한 선발, 교사에 대한 엄격한 업무 평가, 학생들의 입학·학습·진학·관리에 대한 국자감의 규정은 오늘날의 학교 교육에 소중한 경험이 되고 있다.

명대에 시작되어 청대까지 이어진 감생 제도는 국자감에서 공부하는 감생들을 정부의 유관 기관에 보내 수련을 시켰는데, 이는 오늘날 대학에서 행하는 실습과 유사하다. 말하자면 학교 교육을 사회 교육으로 확대한 것이다. 이처럼 이론과 실제를 결합시킨 방식은 학교에서 배운 지식을 사회에서 훌륭히 응용할 수 있게 해주었다.

인재를 양성하는 국자감의 교육 방식은 후세의 학교 교육만이 아니라 당시 류큐(일본 오키나와에 있던 왕국 : 옮긴이), 러시아 등에도 영향을 끼쳐 각국의 문화 교류를 촉진하는 동시에 변경의 안정에도 도움이 되었다.

【 고궁 건축 】

● 징산에서 내려다본 고궁

고궁은 봉건시대의 정치성을 띤 건축물로서 그 시대의 물질적·정신적 산물이다. 또한 통치 계급의 의지를 구현하고 제왕의 지고무상함을 상징하는 곳이다. 고궁의 건축물과 건축 체제에는 신분에 따른 엄격한 규범이 반영되어 있다.

베이징 중심에 자리잡고 있는 고궁은 명·청대의 황궁으로서 명나라 영락永樂 4년에서 18년에 지어졌으며, 500여 년 동안 24명의 황제가 이 궁궐에서 살았다. 중국의 고대 궁정 가운데 고궁은 완벽하게 보존된 건축물이다. 고궁의 규모와 품격, 호화로운 장식은 세계적으로도 보기 드문 것이다.

고궁의 부지 면적은 72만 평방미터, 건축 면적은 15만 평방미터이다. 둘레가 10미터 높이의 붉은 담에 둘러싸여 있어서 자금성紫禁城이라고 부른다. 자금성의 둘레는 3,400여 미터이고 성 밖에는 길이 3,800미터, 너비 52미터인 호성하護城河가 있다.

건축의 배치에서 보면 고궁은 전후 두 부분으로 나뉜다. 앞쪽은 전조前朝 또는 외조外朝라 부르는데, 황제가 중대한 의식을 거행하거나 명령을 반포하는 곳이다. 주요 건축물은 3대전, 즉 태화전太和殿, 중화전中和殿, 보화전保和殿이다. 뒤쪽은 내정內廷 또는 침궁寢宮이라 부르는데, 황제가 정무를 처리하고 비빈들이 거주하던 곳이다. 주요 건축물로는 건청궁乾淸宮, 교태전交泰殿, 곤녕궁坤寧宮, 어화원御花園이 있다. 내정의 동서 양쪽에

보화전 뒤에 있는 운룡계석雲龍階石. 전체가 한 덩어리의 돌로 이루어져 있다.

는 동육궁東六宮과 서육궁西六宮이 있다.

고궁은 1925년에 박물관으로 바뀌어 일반에게 공개되었는데, 궁정의 역사와 문화, 그리고 100만여 점의 유물을 보존하고 있어 중국에서 예술품이 가장 풍부한 박물관으로 손꼽힌다. 고궁은 1987년에 세계문화유산으로 등재되었다.

【 태화전 】

고궁의 중심에 자리잡은 태화전은 보통 금란전金鑾殿이라고 하는데, 명·청대에 중요한 의식을 거행하던 곳이다. 이곳은 명나라 영락 18년부터 건설되었으며, 현재의 태화전은 강희 34년(1695)에 재건한 것이다. 태화전은 고궁에서 가장 웅장한 건축물이자 중국에서 가장 큰 목재 궁전이다.

고궁은 공간적으로나 실체적으로나 제왕의 권위를 표현했는데 특히 태화전에 가장 집중적으로 반영되어 있다. 고궁의 웅장한 건축물들은 북쪽에서 남쪽으로 뻗은 중심축을 따라 배치되었다. 중심축의 양옆에 늘어선 건물들은 엄격한 균형과 대칭을 이루는데, 이 점이 두드러지게 나타난 것이 바로 태화전이다.

전체 배치에서 보면 태화전은 깊이, 넓이, 높이에 포인트가 있다. 정양문正陽門에서 태화전까지는 길이가 1,700미터로서 겹겹의 문과 다리, 계

고궁의 3대전 가운데 하나인 태화전은 황제의 권력을 상징한다.

단을 거듭 지나야 하는데, 공간의 깊이와 폐쇄성이 삼엄한 분위기를 연출한다. 하지만 태화문을 지나면 눈앞이 확 트이면서 3만 평방미터에 달하는 큰 광장 정북쪽에 태화전이 우뚝 솟아 있다.

3층의 하얀 석대 위에 세워진 태화전은 높이가 35.05미터로 고궁 내에서 가장 높고 웅장하며 면적은 2,376.28평방미터이다. 건물의 윤곽선이 푸른 하늘과 접해 있어서 황제의 권위를 한층 돋보이게 한다.

태화전 내부의 공간 및 색채, 장식에도 왕권신수 사상이 구현되어 있다. 황제의 보좌는 정교하게 새긴 기반에 안치되어 있으며, 72개의 큰 기둥은 강산이 길이길이 굳건함을 상징한다. 중앙에 있는 6개의 기둥의 반룡盤龍(기둥을 휘감은 용 : 옮긴이)은 역분瀝粉으로 그린 것이 아니라 모두 금을 붙인 것으로 중간에 있는 금빛 보좌와 함께 독특한 공간을 형성한다. 나머지 66개의 암홍색 기둥은 색채상으로 돋보이는 기능을 한다. 내부 장식은 용의 형상을 많이 사용했는데 모두 1만 2,654마리의 용이 있다. 또 내부는 매우 침침해서 신비로우면서도 삼엄한 분위기를 연출한다.

태화전 앞의 돌사자

【 오문 】

오문午門은 고궁 입구의 정남쪽 성문으로서 자금성의 정문이다. 명나라 영락 18년에 건립되었고 이후 청나라 순치제 4년(1647)에 중수했다. 높이는 37.95미터이고 밑은 벽돌 돈대墩台로 이루어졌으며, 돈대 위에는 5개의 숭루崇樓가 있어 오봉루五鳳樓라고도 한다. 오봉루는 황궁의 별칭이기도 하다.

오문의 평면은 '凹'자형으로, 정루正樓는 9칸의 겹처마 무전정廡殿頂이고 동서 양쪽에는 4개의 겹처마 방형정루方形亭樓가 있다. 복도와 처마가 정루와 접해 있어서 마치 정루의 양쪽 날개 같다. 전체적으로 높고 웅장하여 위엄이 있어 보인다.

오문의 좌우 양쪽에 있는 누각은 종고루鐘鼓樓이다. 황제가 태화전에서 중대한 의식을 거행할 때마다 종과 북을 나란히 울려 황제의 위엄을 나타냈다. 정벌에서 돌아와 개선할 때는 오문에서 항복을 받는 의례를 거행했

태화전 안에 우뚝 솟은 6개의 반룡금칠주蟠龍金漆柱. 천장에는 두공斗栱이 교차하고 있으며 채색 그림이 아름답다.

다. 황제는 종종 오문의 성루에 올라서서 외국의 사절을 접견했으며, 음력 정월 보름날에는 오문에서 등불을 구경하며 대신들과 함께 술을 마시고 시를 읊었다.

청 왕조는 매년 10월 오문 앞에서 다음 해의 시헌력時憲曆을 반포하는 의식을 거행했다. 오둔 성루의 아래쪽과 양쪽에 있는 작은 집들은 금의위錦衣衛들이 당번을 서던 곳이다. 명·청대에는 오문 밖에서 '정장(廷杖, 관리를 조정의 뜰에서 즉시 매로 다스린 것 : 옮긴이)'을 집행했다.

【 지고무상의 상징 】

고궁은 봉건시대의 정치성을 띤 건축물로서 그 시대의 물질적·정신적 산물이다. 또한 통치 계급의 의지를 구현하고 제왕의 지고무상함을 상징하는 곳이다. 고궁의 건축물과 건축 체제에는 신분에 따른 엄격한 규범이 반영되어 있다.

자금성의 정문인 오문

예컨대 색채에서는 황제만이 노란색 유리 기와를 사용할 수 있었고, 왕과 제후는 녹색 유리 기와를, 평민 백성은 회색 기와만을 사용할 수 있었다. 기단의 높이에도 명확한 규정이 있었다. 《대청회전大淸會典》에 따르면 공후公侯 이하 3품 이상이 사용하는 건물의 기단은 높이 2척이어야 하고 4품 이하의 기단은 1척이어야 하지만, 3대전의 기단 높이는 모두 8미터(청나라 때의 25척) 이상이다. 나머지 다른 문의 크기도 정면과 측면에 엄격한 규정이 있었다. 예컨대 오문의 5개 문 가운데 중앙에 있는 것은 황제가 출입할 때 사용한 문이다. 황제가 혼례를 치를 때 황후가 중앙의 이 문으로 한 번 들어갈 수 있었고, 전시殿試에서 장원, 방안榜眼(2위 급제), 탐화探花(3위 급제)한 사람도 이 문을 한 번 지나갈 수 있었다. 이 밖에 문에 있는 못의 개수도 가로세로 모두 9개이다. 9는 한 자리 수 가운데 가장 큰 것으로서 제왕의 권위를 나타낸다.

한편 각 궁전의 이름에도 통치자의 의식이 반영되어 있다. 예컨대 '태화'라는 명칭은 군주의 통치하에 형성된 봉건 질서가 가장 "조화로워서" 신성불가침임을 말해준다.

황제가 거처했던 대전의 노란색 유리 기와 지붕

【 전체의 조화 】

고궁의 건축자들은 독창적인 솜씨로 건축의 형태, 공간, 색채 등에서 크기, 높이, 넓이, 명암, 번잡함과 간소함, 움직임과 고요함, 사각형과 원형, 직선과 곡선 등을 대비시켜 다양한 통일을 이루었다.

예컨대 우뚝 선 오둔 앞에 배치한 두 칸의 작은 금의위 당직실은 오문의 웅장함을 더욱 돋보이게 한다. 그리고 태화전의 숭고함을 부각시키기 위해 주변에 낮게 이어지는 회랑을 만들었는데, 이것은 한나라 때의 낭원廊院과 당나라 때의 낭무廊廡가 변천한 것이다. 좃양문에서 쾌화문에 이르는 좁고 긴 공간은 태화전의 넓은 광장과 대비되며 "펼치기 위해 먼저 수렴하는" 효과를 낸다. 색채에서도 차갑고 따뜻한 색조의 대비를 통해 강렬한 인상을 준다. 흰색 기단, 붉은 담, 노란 유리 기와, 청록색을 기조로

한 처마 장식은 서로 대비되면서 푸른 하늘, 흰 구름과 어울려 웅장함을 더한다.

고궁의 건축은 조형상 사각형과 원형의 변화에 주의를 기울였다. 예컨대 톈안먼天安門과 단문端門은 원형이지만 오문은 사각형이다. 사각형과 원형의 이러한 변화는 건축물의 성격과 관계가 있다. 오문은 위엄이 있기 때문에 문을 사각형으로 했을 때 전체 건축물의 품격과 잘 어울린다.

고궁의 웅장한 기세는 주로 건물의 조합에서 나타난다. 공간의 크기와 종횡, 건물의 높낮이, 색채의 대비, 화려함과 단순함, 직선과 곡선이 흐트러짐 없는 조화를 보여준다. 마치 한 폭의 긴 두루마리 그림이 펼쳐진 것 같으며, 한 편의 악곡처럼 서곡序曲과 고조高潮, 종장終章이 있다. 누군가 "건축은 응고된 음악"이라고 표현했는데, 건축의 본체는 정지되어 있지

태화문 광장 위에서 완만한 곡선을 그리고 있는 금수하金水河 난간과 바닥이 옥으로 된 5개의 다리가 놓여 있다.

만 공간과 형태의 변화를 통해 리듬감과 층차의 아름다움을 나타내기 때문이다.

 그런 의미에서 고궁의 전체 건축 형태는 3단계로 나눌 수 있다. 정양문은 서곡이고, 태화전은 고조이며, 징산景山은 종장이다. 정양문에서 태화전에 이르기까지는 형체가 점점 커지면서 정원도 그만큼 더 넓어지고 건축물의 느낌도 점차 강렬해진다. 하지만 3대전을 지난 후에는 공간과 형체가 점점 축소되면서 가볍고 유쾌한 특징을 보인다. 건청문乾淸門의 붉은 담의 조명은 노란색과 녹색이 섞인 유리로 장식해서 온화한 분위기를 만들었다.

 징산은 종장으로서 그 구조가 매우 교묘하다. 건축가들은 징산에 대해 "고궁에 있는 모든 궁전의 드높은 기세를 집대성하고 있다"고 평가한다.

궁전의 천장은 구슬을 물고 있는 금빛 용으로 장식했다.

건륭 연간에 증축된 징산의 오정五亭 역시 풍부한 변화를 갖추었다. 독창적인 솜씨로 단조로운 대칭 구도를 피해서 자연스럽게 숨었다 나타났다 하는 변화를 표현했다.

【 실용성과 미학의 결합 】

고궁의 건축물들은 실용성과 미학, 과학 기술과 예술성이 생동감 있게 결합되어 곳곳에서 선인들의 지혜를 엿볼 수 있다.

예컨대 태화전의 기단(수미좌須彌座)은 대전을 더 웅장하고 안정되고 아름답게 보이게 한다. 기단 위의 배수 시설은 용머리 조형을 채택하여 3층의 기단에 모두 1,142개의 용머리가 있다. 큰비가 내릴 때 용들이 물을 토해내는 광경이 장관을 이룬다. 궁전 내부의 조정藻井(화재를 막기 위해 수초를 그린 천장 : 옮긴이)은 채색을 해서 화려함을 더하는 한편 화재를 막고 부식을 방지하는 기능을 한다. 고궁의 궁전들은 대부분 지붕의 상부가 우뚝 솟아 있고 처마는 날개처럼 가볍게 펼쳐져 무거운 느낌을 덜면서 아름다움을 더한다. 처마 위에 있는 와척瓦脊과 장식 등도 실용성과 미학이 결합되었다.

태화전 기단 위의 용머리 배수구

궁전 처마 위 봉황을 탄 신선과 짐승들은 길상吉祥의 뜻을 담고 있다.

특별히 언급할 것은 고궁의 유리 기와이다. 이 유리 기와는 몇백 년간 비바람을 맞으면서도 여전히 산뜻하고 아름다운 색깔을 유지하고 있는데, 일반적인 벽돌과는 달리 수분을 흡수하지 않아서 비가 올 때 건축물의 부담을 줄여주는 기능을 한다.

結 헤겔은 《철학사 강의》에서 이렇게 말했다.
"동양인이 상상하는 화려함, 장려함, 웅대함과 비교할 때, 그리고 이집트의 건축, 동방 각국의 웅장함과 비교할 때 그리스인들의 조각상과 신전은 보잘것없는 어린아이의 유희에 불과하다."

오늘날 고궁은 폐쇄적이고 삼엄하고 신비한 역사적 분위기에서 해방되어 매일 수백만 명의 사람들에게 열려 있다. 고궁박물관은 궁정의 사적이 진열된 3대전, 후삼궁後三宮, 양심전, 서육궁 외에도 예술관, 회화관, 진보관珍寶館, 종표관鐘表館 등 전시관을 갖춘 중국 최고의 박물관이다.

【 피서산장 】

● 피서산장 정궁正宮의 정문

강희제가 무란 피서산장을 건립한 것도 몽골 왕공과 우호 관계를 맺어 중앙과 북부 변경을 튼튼히 하기 위함이었다. 건륭제 때에도 이 국책을 계속 이어서 피서산장 둘레에 사원을 건설했다.

해마다 찌는 듯한 여름이면 많은 중국인들이 '새외塞外의 수도'인 청더承德의 피서산장避暑山莊을 떠올린다.

피서산장은 강희 42년(1703)에서 건륭 55년(1790)까지 거의 1세기 만에 완공되었다. 당시는 청나라의 전성기로서 '강희제와 건륭제의 태평성대'가 18세기를 찬란하게 장식했다. 두 황제는 중국의 정치, 경제, 문화를 고도로 발전시켰는데 피서산장과 외팔묘外八廟가 그것을 증명한다.

피서산장은 원래 자그마한 산촌이었는데 청나라 황제가 매년 북방을 순시하고 사냥하러 갈 때 반드시 지나는 곳으로 러허熱河 위에 있다. 산, 물, 숲, 샘 등을 모두 갖춘 이곳은 기후가 서늘하고 경치가 아름답기로 유명하다.

피서산장이 건립된 후에는 청 왕조의 행궁行宮으로서 강희제, 건륭제, 가경제, 도광제, 함풍제 등이 이곳에 머물며 군사, 정치, 외교 문제 등을 처리해 베이징에 버금가는 중요한 정치의 중심지가 되었다. 그리하여 1세기 동안 여기서 출현한 인물과 여기서 발생한 사건은 중국 역사에 깊은 영향을 미쳤다. 이곳의 많은 건축물에는 수천 년 중국의 문화와 역사가 스며들어 있다.

수심사水心榭는 피서산장의 궁전과 호수 지대를 잇는 통로이다.

피서산장의 외곽에는 민족적 특색을 갖춘 웅장한 건축물인 외팔묘가 있다. 피서산장과 연결된 이 외팔묘는 각기 다른 품격을 갖추고 있으며, 규모가 웅장하고 다채로운 황실의 사묘寺廟들로 이루어져 있다.

【 피서산장 】

　1644년에 만주족의 귀족이 산하이관 안으로 들어온 후 매년 장성長城 밖의 내몽골 초원 부근에 있는 무란木蘭에 가서 사냥하고 군사를 훈련시켰는데, 이를 '무란추선木蘭秋獮'이라고 한다. 1703년 9월 초에 강희제는 북방 순시와 사냥을 끝내고 돌아오는 길에 무렬하武烈河 일대 깊은 골짜기의 소나무 숲, 동산東山과 함께 우뚝 솟아 있는 칭추이펑磬錘峰(방추이산棒槌山이라고도 함)이 서로 어울리는 광경이 마음에 들었다. 이에 황제는 제방을 쌓고 호수를 준설하고 원림園林을 조성해서 '열하행궁熱河行宮'을 세웠다. 완공된 후에는 친히 '피서산장'이라는 편액을 썼다. 남북 원림의 아름다움을 모두 갖춘 황실의 궁원宮苑은 이렇게 조성되었다.

　피서산장은 산빈호山瀕湖에 접해 있는데, 전체적인 구조는 전궁후원前宮后苑으로 궁전은 산장 앞의 평지에 위치해 있다. 원苑의 구역은 산장 뒤편에 속하며, 동쪽은 호수이고 서쪽은 언덕이다. 여정문麗正門은 피서산장

강희제가 쓴 '피서산장' 편액과 피서산장 정궁의 정문에 있는 다섯 가지 문자로 된 문액門額

의 정문으로서 대신들이 상서를 올리거나 외번外蕃이 알현할 때 이 문으로 출입했다. 여정문 안의 내오문內午門은 피서산장의 정문이었는데, 강희제가 직접 쓴 편액이 걸려 있다. 내오문 앞은 황제가 사냥을 끝낸 후 왕공 귀족들과 활솜씨를 겨루던 곳이다.

피서산장의 궁전은 정궁正宮, 송학재松鶴齋, 만학송풍萬壑松風, 동궁東宮으로 나뉘어 있다. 후원은 호수, 숲과 초원, 산악지대로 구성되었는데 호수, 주도洲島(모래톱과 섬), 제안堤岸(제방과 기슭), 숲, 초원, 변연邊沿(가장자리), 연봉連峰, 계곡, 샘물로 '원경구승苑景九勝'을 이루었다.

외팔묘

청나라의 통치자들이 피서산장을 건립한 데에는 중요한 정치적 배경이 있었다. 청나라 군사가 명나라를 멸망시킬 수 있었던 것은 몽골의 여러 부족과 연맹을 맺었기 때문이다. 청나라는 베이징을 수도로 정한 후에도 몽골과의 관계를 여전히 중시했다. 몽골의 왕공王公과 혼인 관계를 맺어서 지위를 높이는 동시에 몽골 지방의 행정 관리를 더욱 강화했다. 강희

청더의 명산 칭추이펑이 거꾸로 비치는 세의 봉퇴洗衣棒槌. 그래서 방추이산棒槌山이라고도 한다.

제가 무란 피서산장을 건립한 것도 몽골 왕공과 우호 관계를 맺어 중앙과 북부 변경을 튼튼히 하기 위함이었다. 건륭제 때에도 이 국책을 계속 이어서 피서산장 둘레에 사원을 건설했다.

강희 52년(1713)에서 건륭 49년(1784)까지 피서산장의 둘레에 12개의 사원을 지었는데, 청대 관청의 문헌에서는 이를 통칭하여 외묘外廟라고 불렀다. 보락사普樂寺, 광안사廣安寺, 나한당羅漢堂은 줄곧 라마를 두지 않았으며 보우사普佑寺는 보녕사普寧寺에 속했다. 그 밖에 8개의 묘는 조정에서 라마를 파견하여 이번원理藩院에서 급료를 주었기 때문에 속칭 '외팔묘'라고 했다.

보인사溥仁寺(속칭 전사前寺)와 보선사溥善寺는 피서산장에서 가장 일찍 지어진 라마 사원으로서 모두 전형적인 한족식인 남향으로 배치되었다. 수상사殊像寺도 한족식 구조로서 산시성山西省 우타이산五台山에 있는 똑같은 이름의 사묘를 모방했다. 보녕사는 속칭 대불사大佛寺라고도 하는데 청나라가 준가얼准噶爾 세력을 평정하고 서북 변경을 공고히 한 증거이다. 이 건축물은 한족과 짱족藏族식을 결합한 것이다. 이런 사묘로는 또 보우사, 안위안묘安遠廟(속칭 이리묘伊犁廟), 보락사(속칭 원정자圓亭子)가 있다. 보타종승普陀宗乘의 묘, 수미복수須彌福壽의 묘(속칭 행궁), 광안사(속칭 계대사戒臺寺)는 모두 짱족의 양식을 따랐다.

피서산장 외팔묘 조감도

【 피서산장의 궁전 】

정궁, 송학재, 만학송풍, 동궁은 피서산장의 궁전 구역을 이루고 있다.

정궁은 피서산장의 주요 궁전으로서 남쪽으로 여정문을 마주보고 북쪽으로 호수에 임해 있다. 제왕의 '신거구중身居九重(구중궁궐 속에 거처함)'의 규정에 따라 크기가 다른 9개의 정원이 전조후침前朝後寢의 구조를 이루고 있다. '전조'는 궁문, 담박경성전澹泊敬誠殿, 사지서옥四知書屋, 만세조방萬歲照房으로 구성되었다.

담박경성전은 주전主殿으로 중대한 의식을 거행하던 곳이다. 옻칠이 없는 녹나무로 건축해서 소박하고 단아하며, 푸른 소나무와 잣나무의 어울림 속에서 "소박함을 지키고 기교를 버려서 모든 백성에게 두루 미친다"는 설계의 의도를 드러낸다. 여기에 강희제가 직접 쓴 '담박경성澹泊敬誠' 편액이 중앙에 높이 걸려 있다. '담박'은 《주역정의周易正義》의 "번잡하지도 않고 소란스럽지도 않으니 담박하여 잃지 않는다"는 글에서 따온 것이다. 제갈량은 "담박하지 않으면 뜻을 밝힐 수 없고, 고요하고 평안하지 않으면 원대함을 이루지 못한다"고 말했다. 따라서 이 편액은 '담박'으로 뜻을 밝히고 '경성', 즉 경건하고 성실한 마음으로 위대한 업적을 이루어야 한다는 의미이다.

송학재는 '송학연년松鶴延年(소나무와 학은 장수한다)'에서 취한 것이다. 정궁의 동쪽에 있는 건물로서 건륭제가 어머니를 위하여 건립했다.

만학송풍은 선명한 축선이 하나도 없고 좌우 대칭을 이루지도 않는다. 정자 사이의 복도는 서로 통하게 나누어졌지만 분산되지 않았고 작아도 심원하다. 북쪽 호수에서 불어오는 서늘한 바람과 솔바람 소리를 감상할 수 있어 휴식과 거주 공간으로 그만이다. 강희제는 이곳을 좋아해서 책을 읽고 정무를 보고 대신을 알현하는 곳으로 이용했다.

보녕사에는 세계 최대의 목조 불상이 있다.

보락사는 십자형으로 배치되어 완벽한 대칭을 이룬다. 이는 외팔묘에서 가장 엄격한 배치이다.

동궁은 궁전 구역의 가장 동쪽에 있으며, 폐쇄-소통-개활의 구조로 공간을 설계했다.

피서산장의 궁전 구역은 건축을 원림화했다. 곳곳에 꽃, 나무, 돌을 배치하는 등 궁전과 내원을 일체화해서 베이징 황성의 삼엄한 분위기를 피한 것이 특징이다.

【 피서산장의 후원 】

호수, 숲과 초원, 산이 피서산장의 후원 지대를 이루고 있다.

피서산장에는 모두 8개의 호수가 있는데, 이들 호수를 에워싸고 전국 각지의 유명 건축물을 모방한 건물을 배치했다. 강희제는 "물은 마음이요 산은 뼈"라고 평가했으며, 건륭제는 "산장은 산의 이름으로 하고, 실제 취향은 물에 있다"는 말로 그 특색을 표현했다.

호수의 뛰어난 경치는 물에 비친 그림자 때문이다. 피서산장의 제방은 완만하면서도 굴곡이 있고 모래톱 섬이 질서 있게 흩어져 있다. 그 맑고 그윽한 경치는 시후西湖호도 따르지 못할 정도이다. 호수 지대는 산이 물을 에워싸고 물이 섬을 에워싸는 형태로 배치되었다.

강희제와 건륭제는 여러 차례 강남의 원림을 둘러본 뒤 그것을 모방한 건축물을 산장 호수 지대의 여의주如意洲에 집중시켰다. 그중 창랑서계滄浪嶼系는 쑤저우의 유명한 창랑정滄浪亭을 모방한 것이다. 건축 형식의 수많은 변화는 회랑의 짧은 담을 이용하여, 원 안에 원이 있고 그림 속에 그림을 감추는 예술적 효과를 거두었다. 이는 산장 내에서 그전 건축의 특징을 가장 잘 나타내는 풍경이다.

연우루烟雨樓는 건륭제의 지시에 따라 자싱嘉興 난후南湖호의 전원기가 지은 연우루를 모방한 것이다.

산장의 호수 지대 북쪽은 광활한 숲과 초원이다. 건륭제가 만수원萬樹園이라 명명한 이곳은 황제의 작은 사냥터로 이용되었다. 만수원의 서쪽 산기슭에는 《사고전서》를 보관한 문진각文津閣이 있다.

피서산장의 서북쪽은 산이 에워싸고 있다. 그 경치의 아름다움은 우뚝 솟은 봉우리에만 있는 것이 아니라 계곡의 기이함에도 있다. 이곳은 자연의 기세를 교묘하게 빌리고 인공적인 아름다움을 보태 자연과 인공을 조화시켰다.

【 보타종승의 묘 】

18세기 막바지에 다민족 통일국가를 형성하는 과정에서 청나라의 건륭제는 변경 지역, 특히 티베트에 대한 사상적 통치를 강화했다. 그 일환으로 1767～1771년에 티베트 라싸의 포탈라 궁을 모방한 브타종승의 묘(일명 '작은 포탈라 궁')를 건설했다. '보타'는 산스크리트어 '포탈라'를 줄여 번역한 것으로서 관음보살이 머문다는 곳이다.

보타종승의 묘는 짱족풍의 건축 양식을 보이며, "종교로 인해 그 습속을 바꾸지 않는다"는 청나라의 민족 종교 정책과 "세간의 풍속으로 다스린다"는 통치자들의 사상이 결합된 곳이다. 보타종승의 묘는 백대白臺와 홍대紅臺로 나뉜다. 앞쪽은 20여 개의 서로 다른 백대를 배치했고, 산세를 따라 층층이 올라가면서 법당, 승려의 숙소, 종루, 탑좌가 들어서 있다. 뒤쪽의 큰 홍대는 백대를 기반으로 한 주된 건축물로서 단법귀일전萬法歸一殿과 누각들을 그 위에 세웠다. 이들은 형태가 각각 다르며 자비의 배로 널리 중생을 제도한다는 불교 사상을 담고 있다. 건륭제는 티베트의 정치와 종교 지도자인 달라이 라마를 위하여 안에 브상寶床을 설치했다.

사묘寺廟가 낙성될 무렵 러시아 볼가강 유역에서 유목을 하던 몽골의

보타종승의 묘는 작은 포탈라 궁으로도 불린다.

수미복수須彌福壽의 묘(왼쪽) 보녕사 일광전日光殿과 백대白臺(오른쪽)

토이호특부土爾扈特部 사람들이 우두머리인 옥파석渥巴錫의 영도 아래 천신만고 끝에 자기 나라로 돌아왔다. 그들은 무란 사냥터와 피서산장에서 건륭제의 성대한 대접을 받은 뒤 황제를 따라 보타종승의 묘에 가서 예배했다. 보타종승의 묘에는 만주족, 한족, 몽골족, 짱족의 네 가지 언어로 쓰여진 석비 〈토이호특전부귀순기土爾扈特全部歸順記〉, 〈우휼토이호특부중기優恤土爾扈特部衆記〉가 있다. 이것은 토이호특부 사람들이 자기 나라로 돌아온 것을 기념하는 비장한 역사시이다.

結 피서산장은 외팔묘와 함께 웅대하고 광활한 산천과 조화를 이루며 제왕의 정치적 도량과 웅대한 포부를 보여준다. 또 몽골족과 짱족에 대해서 "그들의 종교를 존중하고 그 풍속을 바꾸지 않는다"는 정치를 구현했다.

외팔묘는 사묘의 기풍과 아름다움을 안으로 함축하는 전통에 근거하여 산수에 따라 배치했다. 그 건축 양식은 사묘와 전통적인 원림 양식을 결합시킨 것으로 한

청나라의 냉매冷枚가 그린 〈피서산장도〉

족, 짱족 그리고 한족과 짱족의 양식을 결합한 불교 건축을 포함하고 있다. 또한 유교, 불교, 도교가 서로를 거울 삼아 역사와 현실이 결합하는 방향으로 나아가는 것을 구현했다. 이 사묘들은 모두 피서산장을 향해 배치하여 마치 뭇 별들이 달을 에워싸는 듯 황권의 지고무상함을 보여준다. 외팔묘는 전통적인 건축 양식을 재현함으로써 "사해四海가 동일한 풍속이기를 기대한다"는 통치자들의 사상을 유감없이 보여주고 있다.

【 주거지와 사합원 】

● 베이징의 사합원 조감도

민간의 거주처로서 유구한 역사를 가진 사합원은 분포 지역도 매우 넓다. 중국은 영토가 넓고 지역마다 환경이 천차만별인 데다 풍습도 저마다 다르기 때문에 그 영향을 받아서 사합원의 정원 구조도 남방과 북방이 차이를 보인다.

옛날부터 지금까지 중국의 주거 형태는 아주 다양한 모습을 보여왔다. 시대마다 지역마다 성행하는 주거 형태가 있지만, 전국 각지에 분포한 건축 구조는 사합원四合院밖에 없을 것이다.

아득한 상고시대 황허 유역에 살았던 사람들은 주로 동굴에 거주했고 신석기시대에 와서야 비교적 간단한 목재 건축이 나타났다. 이 시기 남쪽은 따뜻하고 습한 기후의 영향으로 간란식干欄式 주거 형태가 성행했다. 이는 일반적으로 아랫부분을 기둥으로 띄워 받치는 건축 구조를 채용했는데, 주재료는 나무, 벽돌, 돌, 대나무 등이었다.

동굴과 간란식 주거에서 벗어나 바로 지면 위에 짓는 가옥은 비교적 늦게 출현했다. 서주 초기에 와서야 사람들은 비로소 동굴 생활에서 벗어나 목재 가옥에 거주하기 시작했다.

상나라와 주나라 때에는 사합원의 건축 구조에서 보이는 일부 특징들이 나타나기 시작했다. 어떤 궁궐의 토대를 전체적인 구조에서 보면, 이미 남북 방향의 축선이 나타났다. 이후로는 중심축 위에 배치하는 건축 구조가 민간의 주택에도 보급되었다. 한나라 때 이런 특징을 가진 민간의 가옥이 꽤 많았으며, 어떤 것은 작은 성채의 형식으로 나타났고 어떤 것은 여러 겹의 정원을 형성했다. 이런 양식은 위진남북조시대에 더욱 많아졌다.

전형적인 사합원은 수·당대에 나타났다. 이 시기의 사합원은 구조적으로 더욱 규범적이고 질서정연했으며 도시와 향촌에도 보급되었다. 송나라 이후 사합원의 지위가 점점 중요해지면서 명·청대에는 민간 가옥의 주류를 이루었다.

【 사합원의 구조적 특징 】

사합원은 중국의 고대 건축 중에서 가장 대표성을 가진 형식이다. 사합원의 '사四'는 동서남북 사방을 가리키고 '합合'은 합친다는 뜻이다. 즉 동서남북 사면에 건물을 배치하여 '구口'자를 형성한 것으로서 어느 한 면도 없어서는 안 된다. 이 때문에 사합원의 건축 구조는 대부분 균형과 대칭을 이루며 횡축선과 종축선을 따라 설계되었다.

먼저 종축선에다 주요 건물을 배치하고, 뜰의 좌우 양쪽 대칭이 되는 곳에 비교적 작은 건물을 배치했다. 그리고 다음으로 중요한 건물의 맞은편에다 그다음 등급의 건물을 배치해서 정방형 혹은 장방형의 정원을 구성했다. 사합원은 일반적으로 복도와 담 등으로 4개의 건물을 연결하여 폐쇄된 전체를 이룬다.

대칭식 평면과 폐쇄식 외관은 사합원의 주요한 특징이다. 이런 구조는 고대 사회의 종법宗法과 예교 제도에 부합한다. 이 밖에 정원의 수, 모양,

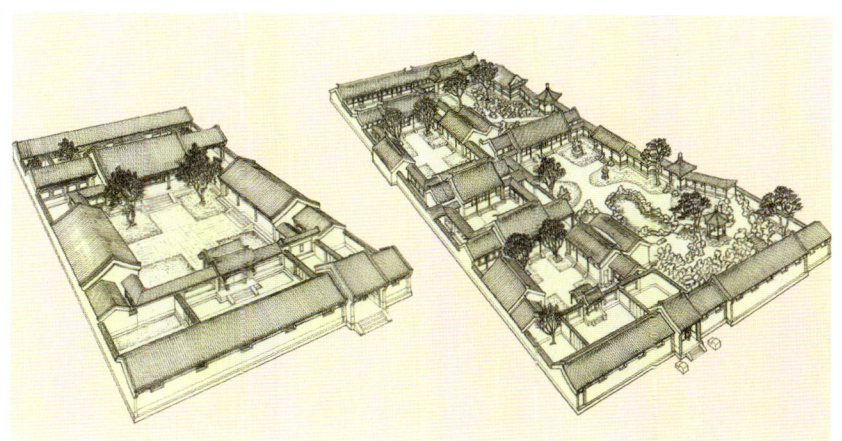

사합원 입체도. 중형 사합원(왼쪽) 화원이 딸린 대형 사합원(오른쪽)

크기, 목재 건축물의 형태, 양식, 재료, 장식, 색채 등을 조금 바꾸면 기후 조건의 차이나 필요한 기능을 모두 만족시킬 수 있다. 예컨대 위진남북조 시대에 불교가 성행하자 각지에서 사묘를 널리 지었는데, 일부 고관과 귀족은 복을 구하고 덕을 쌓기 위해 자신들의 저택을 불교의 사묘에 기증했다. 사합원의 특징을 갖춘 저택은 조금만 개조하면, 가령 적당한 위치에 불탑을 세우면 격식에 맞는 사원이 되었다.

사합원은 고대 민간 거주지의 중요한 형식일 뿐 아니라 궁전, 관아, 사원, 도관, 사당, 심지어 능침陵寢에까지 널리 이용되면서 고대 건축의 기본 형식이 되었다.

【 사합원의 구조 】

사합원은 크기를 막론하고 모두 기본 단위로 구성된다. 사방이 집들로 둘러싸인 정원이 사합원의 기본 단위이며 이것을 일진사합원一進四合院이라 칭한다. 만일 2개의 정원으로 이루어지면 이진사합원이라 한다. 이런 식으로 베이징의 대형 사합원은 칠진, 구진 정원까지 있으며, 중앙의 주 정원 양쪽에는 동서를 넘나드는 정원이 있다.

이진 정원 이상의 사합원은 일반적으로 내택과 외택으로 나뉜다. 그 분할 방식은 곁채의 남쪽 측면을 따라서 담을 쌓는 것이다. 내택과 외택 사이의 소통은 이문二門을 통해 이루어지는데 이를 수화문垂花門이라고도 한다. 정원은 전체적으로 조화와 담백함을 강조하지만 그 중심축에 있는 이문은 오색찬란하게 장식했다. 혼례나 호상好喪 등이 아니고선 이문은 일반적으로 열지 않는다.

대문과 이문 사이의 정원은 사합원의 주체가 아니지만 주목할 만한 것이 많다. 일반적인 사합원은 대문 안에 영벽影壁(뜰이 훤히 들여다보이지 않도록 가린 벽: 옮긴이)이라고 하는 일종의 가림벽이 있으며, 그 양쪽 측면에는 월량문月亮門(정원의 담벽에 뚫은 아치형 문: 옮긴이)이 하

중소형 사합원은 정방正房, 상방廂房, 이방耳房, 수화문垂花門, 유랑游廊으로 이루어진다.

북을 껴안은 돌이란 뜻의 포고석抱鼓石은 대문의 중요한 구조이자 장식이다.
문침석門枕石과 포고抱鼓 두 부분으로 이루어진다.

나씩 있다. 좌측의 월량문에 들어가면 작은 뜰에 유남방濡南房이 하나 있는데 이를 도좌방倒坐房이라고도 한다. 우측의 월량문 안에는 작은 뜰에 아주 작은 남방南房이 있다. 이런 남방은 규모가 있는 사합원에서만 볼 수 있다.

이문으로 들어가면 사합원의 주체인 내택이 나온다. 북쪽의 정방正房은 뜰 안에서 가장 큰 건물이다. 동서의 방을 곁채라고 하며, 정방과 곁채는 대개 회랑으로 통해 있어서 비바람을 피하고 휴식을 취하는 공간으로 이용된다. 정방은 일반적으로 3칸 혹은 5칸이며, 양쪽에 깊이 들어가면 이방耳房이라고 하는 낮은 방이 있다. 부엌은 보통 동원東院에 두고 동쪽 곁채 뒤의 담에 문을 한 짝 열어서 부엌과 통하게 했다.

더 큰 사합원의 마지막 정방은 후조방後罩房이라고 하며 대부분 처녀들의 수루繡樓로 이용되었다. 사합원의 집 벽과 정원의 담 사이에는 경도更道가 있어서 야경꾼이 순시하고 시각을 알리는 길로 사용했다.

【 남북 사합원의 차이 】

　민간의 거주처로서 유구한 역사를 가진 사합원은 분포 지역도 매우 넓다. 중국은 영토가 넓고 지역마다 환경이 천차만별인 데다 풍습도 저마다 다르기 때문에 그 영향을 받아 사합원의 정원 구조도 남방과 북방이 차이를 보인다.

　남방과 북방 사합원의 가장 큰 차이는 대문의 위치라고 할 수 있다. 남방 사합원의 대문은 대부분 중심축에 있으며, 북방 사합원은 대문을 동남쪽 혹은 서북쪽에 배치했다. 이런 차이가 나타난 원인은 송나라 때 북방에서 성행한 북파北派의 풍수학설 때문이라고 한다.

　그 학설에 따르면 저택은 궁전이나 사원과는 다르기 때문에 남쪽으로 면한 중앙에 문을 내지 말고 선천팔괘先天八卦에 따라 서북쪽을 건乾(하늘)으로 삼고 동남쪽을 곤坤(땅)으로 삼아야 한다. 즉 건곤乾坤은 가장 길한 방향이므로 대문의 위치가 될 수 있으니, 길 북쪽에 있는 저택은 동남쪽에 대문을 내야 하고 길 남쪽에 있는 저택은 서북쪽에 대문을 내야 한다는 것이다. 이런 풍수 사상은 베이징 이북에 있는 저택의 평면 구조에 반영되었고, 정도의 차이는 있지만 허베이성, 산시성山西省, 산시성陝西省, 산둥성, 허난성 지역민에게도 영향을 미쳤다.

　이 밖에 남방의 각 지역은 자연 조건의 제약으로 인해 사합원의 정원 공간이 북방에 비해 매우 협소했다. 아울러 2층 이상의 구조도 나타났는데 건축가들이 '하나의 도장'이라고 명명한 민간 거주지가 바로 이 유형에 속한다. 그리고 각지에서 사합원의 구조를 일부 변형시킨 민간 주거지가 나타났다. 예컨대 서북 지방 황토 고원의 토굴집인 혈거는 황토 절벽을 직접 뚫거나 황토 언덕 위에 직사각형 또는 정사각형의 천정天井을 판

뒤 정원 벽의 사면에 토굴을 파기도 했다. 이런 토굴집과 정원 구조는 사합원의 건축 구조와 매우 유사하다.

【 베이징의 사합원 】

사합원은 전국 각지에 분포한 민간의 주거 형태이다. 그러나 일반적으로 사합원을 말할 때 사람들이 흔히 떠올리는 것은 베이징 사합원이다.

일반적인 베이징 사합원은 남쪽을 향해 있으며 대문은 보통 동남쪽에 있다. 대문을 열면 마주보이는 것은 영벽이다. 영벽 앞에서 왼쪽으로 돌아가면 남방南房의 창문 앞이다. 다시 굽어 돌아가는 곳에는 원형의 월량문 하나와 4짝의 녹색 병문屛門이 있는데 2짝은 종일 열려 있다. 들어가면 3칸의 남방과 동쪽의 월량문이 서로 맞대고 있다. 서쪽에도 하나의 월량문이 손바닥만 한 작은 뜰을 숨기고 있지만, 이것은 남옥南屋의 가장 서쪽에 면한 바깥으로 문을 열지는 않는다.

남옥의 문은 정면으로 수화문을 맞대고 있다. 수화문은 안에 있는 북옥, 동옥, 서옥과 밖에 있는 남옥을 내외 2개의 저택으로 나누는데 수화문으로 들어가야 비로소 내택이다.

내택에 들어가면 약 89평

사합원 대문 안팎의 영벽은 사생활 보호 및 장식 기능이 있다.

방미터의 정방형 뜰이 나온다. 정면에는 3칸의 큰 북옥을 비롯해 역시 3칸의 동옥과 서옥이 있다. 북옥은 중간의 3칸이 특히 높고 크며 양쪽의 2칸은 비교적 낮고 작다. 이것이 바로 '삼정양이三正兩耳'이다. 동옥의 가장 남쪽에 있는 1칸은 뒤쪽 처마에 천창天窓을 열어 부엌을 만들고, 남옥 담 밖의 한 곳을 모갱茅坑(측간)으로 사용했다.

이처럼 표준적인 대형 사합원은 크기가 다른 정원이 6개 있다. 정사각형의 내원, 직사각형의 외원, 대문의 영벽 앞을 포함해 네 모퉁이에 3미터 정도의 작은 정원이 4개 있다. 방은 모두 17칸으로 북옥의 삼정양이 5칸, 동옥과 서옥이 각각 3칸, 남옥의 대문이 포함되지 않은 4칸, 대문동과 수화문동이 포함된다. 하지만 대문동과 수화문동은 사용하지 못하므로 실제 사용되는 것은 15칸이다.

사람들의 거주 방식은 지역, 민족, 시대에 따라 다르다. 민간 거주지는 생존에 필요한 것을 만족시키는 동시에 문화적 의미도 내포하고 있으니 사합원이 바로 그렇다.

사합원의 구조적 특징은 중국 고대 사회의 종법과 예교를 선명하게 반영하고 있다는 것이다. 대문은 사합원의 중요한 부분으로 사합원의 문화를 논할

수화문은 전형적인 베이징 사합원에 반드시 있다. 이 수화문에 들어서면 바로 주인의 정방正房이 나온다.

때 가장 먼저 언급된다. 대문에는 집주인의 직업, 사회적 지위가 반영되었다. 《당회요唐會要》에 의하면, 당나라 때부터 작위와 품계에 따라 귀족의 저택과 대문의 형태를 규정했는데 이 제도는 청 왕조 때까지 이어졌다.

《청회전淸會典》에 따르면, 순치 초년에 다음과 같은 규정이 있었다.

친왕부親王府는 "기단의 높이가 10척, 정문의 너비가 5칸이고 여는 문은 3칸이며, 모두 홍색과 청색 기름을 고루 칠해서 장식하고 각각의 문

수화문을 지나면 내택의 정원이 보인다.

에는 금못이 63개 있어야 한다." 군왕부郡王府와 세자부世子府는 "기단의 높이가 8척이고 정문의 금못은 친왕부보다 7분의 2를 줄여야 하며, 공公이나 제후 이하의 관리나 백성의 집은 기단의 높이가 1척이다."

민간의 대문 형태에 대해서는 명확히 규정하지 않았지만 집주인의 신분이 높은지 낮은지는 충분히 알 수 있다. 일반적인 사합원의 대문은 옥우식屋宇式과 장원식墻垣式으로 나뉘는데 옥우식의 등급이 더 높다. 옥우식 대문의 주인은 조정의 관리나 사회의 명사 아니면 돈 많은 부호였다. 장원식 대문은 사합원 중에서 등급이 가장 낮으며 대부분 일반 백성의 대문이었다.

사합원의 문 장식에 관한 규정도 있었다. 관리와 귀족은 대부분 붉은색을 사용하고, 공이나 제후 이하의 관민은 일률적으로 기둥에 기름을 칠하

청나라 순왕부醇王府의 대문. 왕부의 대문 중에서 최고의 형식을 자랑한다.

고 문에 검정색 장식을 했다.

사합원의 폐쇄적인 구조는 집안의 화목과 인정을 의미하고 내외 관계의 규범을 상징한다. 사합원 안에서는 윗사람과 아랫사람, 귀한 자와 비천한 자 사이에 일정한 질서가 있었는데, 여기에는 중국인의 전통과 관념이 구현되어 있다.

結 대부분의 사합원은 오랜 세월을 견디는 동안 예전의 광채를 잃었지만 뜰 안의 벽돌 한 장, 돌멩이 하나는 지금도 역사에 대한 추억을 불러일으킨다.

사합원의 보존은 매우 중요한 문제이다. 특히 베이징처럼 역사가 깊은 도시에서는 더욱 그렇다. 원나라 때의 대도大都(지금의 베이징)는 건립 초기부터 성안의 거리를 구획했는데,《석진지析津志》에 이런 기록이 있다.

"대도의 거리는 남쪽에서부터 북쪽까지를 경經이라 하고, 동쪽에서부터 서쪽까지를 위緯라고 한다."

사합원은 동서 방향의 골목 양쪽에 건설되었다. 따라서 전형적인 사합원을 보존하는 것은 사라져가는 인문 경관과 오래된 문물을 보호하는 것만이 아니라 중국의 역사와 문화를 보존하는 일이다.

中國文明大視野

제8부

• 강건성세 • 곤곡의 흥망성쇠 • 청대의 곡예 • 전통 희극을 집대성한 경극 • 18세기 프랑스의 '중국 붐' • 원명원 • 천단 • 포송령과 《요재지이》 • 오경재와 《유림외사》 • 조설근과 《홍루몽》 • 공자진 • 임칙서 • 황준헌 • 무술변법 • 경사대학당 • 추근 • 쑨원 • 5·4 신문화운동

【 강건성세 】

● 고궁의 건청궁乾淸宮. 청대에 황제가 대신들의 알현을 받던 곳이다.

봉건 통치를 공고히 하기 위해서 강희제는 민족 갈등을 완화하고 농업 생산을 회복시키는 일련의 조치들을 취했다. 그는 박학홍사博學鴻詞와 경제經濟 등 특과를 설치해서 명망 있는 인사들을 불러들이고 한족 지식인들을 구슬렸다.

이른바 강건성세康乾盛世는 중국 봉건 사회의 마지막 번영기이다. 이는 청나라의 강희康熙-옹정雍正-건륭乾隆 황제로 이어지는 1662~1795년까지 130여 년간의 태평성대를 가리킨다. 이 기간 동안 세 황제는 연이어 민족의 모순과 계급 갈등을 완화하는 일련의 조치를 취해 오랫동안 사회를 안정시키고 경제를 발전시킴으로써, 청나라를 세계에서도 으뜸가는 강국으로 만들었다.

 이 시기에 강희제와 건륭제는 삼번三藩의 난을 평정하고 타이완을 수복했으며 내몽고 갈이단葛爾丹의 반란을 진압했다. 그리고 러시아의 침입을 제지했고, 쓰촨 서북부의 대금천大金川과 소금천小金川의 반란을 진압했다. 또 신장 지구의 대화탁목大和卓木과 소화탁목小和卓木의 무장 폭동을 평정하고, 곽이객廓爾喀의 티베트 침략을 막아냄으로써 다민족 통일 국가를 이룩했다.

 이 시기에 전국의 경작지 면적은 크게 확대되어 무려 10억 무畝에 달했다. 게다가 농업 기술의 발전으로 단위 면적당 생산량이 크게 늘어나 전국 총생산량도 대폭 증가했다. 또한 바로 이 시기에 중국 역사상 최초로 등기 인구수가 1억 명을 넘었다. 전국 각지에서 새로운 도시들이 흥기했으며 상품 경제도 상당히 발전했다. 명나라와 청나라의 교체기에 전쟁으로 잠시 주춤했던 자본주의의 맹아도 또다시 자라기 시작했다.

 아울러 이 시기의 봉건 전제 정치 역시 극에 달했다. 강희제, 옹정제, 건륭제의 재임 기간에 발생한 여러 차례의 '문자옥文字獄'은 사상의 통제를 강화해 결국 역사의 발전을 늦추는 결과를 가져왔다.

【 강희제 현엽 】

강희는 청나라 성조聖祖 현엽玄燁(1654~1722)의 연호이다. 현엽은 여덟 살의 어린 나이에 즉위해서 오배鰲拜 등 네 대신의 보필을 받았다. 오배는 스스로 파벌을 만들어 사리사욕을 꾀하면서 조정을 쥐락펴락했는데, 이는 강희제의 권력을 심각하게 위협했다. 강희제는 16세 때 계책을 세워 오배를 제거한 뒤 직접 정치를 하겠다고 선포했다. 이 사건에서 강희제의 정치적 능력을 엿볼 수 있다.

봉건 통치를 공고히 하기 위해 강희제는 민족 갈등을 완화하고 농업 생산을 회복시키는 일련의 조치들을 취했다. 그는 박학홍사博學鴻詞와 경제經濟 등 특과를 설치하고 명망 있는 인사들을 불러들여 한족 지식인들을 구슬렸다. 또 백성들의 부담을 덜어주기 위해 황무지의 개간을 장려하고 명 왕조 때 번왕藩王들의 영지를 경작자의 소유로 인정해주었다. 그리고 홍수나 가뭄이 들면 부세賦稅를 전부 면제해주었다. 강희제는 강희 50년

(1711)부터 전국 각지의 부세를 돌아가면서 한 번씩 면제시켰으며, 그 이듬해에는 인구가 늘어나도 부세를 높이지 않겠다고 선포했다. 한편 강희제는 황허의 치수 사업도 중시했다. 강희제의 이러한 조치들은 강건성세의 기초를 닦았다.

내란을 평정하고 외적의 침입을 막는 데서도 강희제는 걸출한 공적을 쌓았다. 1681년 강희제는 오삼계를 우두머리로 하여 세 번왕藩王이 일으킨 '삼번의 난'을 진압하여 국내 할거 세력을 소탕했다. 1683년에는 대장 시랑施琅으로 하여금 수군을 거느리고 펑후澎湖를 공략하게 해서 대만의 정鄭씨를 귀순시켰다. 또한 타이완에 1부 3현을 설치해서 중앙 정부가 관할했다. 어루터額魯特 몽

강희제의 남방 순시를 담은 그림(부분)

강희제 현엽

고 세력을 치기 위해서 세 차례나 직접 대군을 거느리고 출정했으며, 이후 갈이단의 반란 세력을 진압했다. 북부 변방에도 병력을 파견해서 러시아의 침략을 막아냈고 야커싸雅克薩에서 러시아군을 대파했다. 그리고 1689년에는 러시아와 네르친스크 조약을 체결해 양국의 동쪽 경계를 확정함으로써 세력을 넓히려는 러시아의 야심을 눌렀다.

건륭제 홍력

건륭은 고종高宗 홍력弘曆(1711~1799)의 연호이다. 홍력은 강희제의 손자로 옹정제의 넷째 아들이다. 할아버지인 강희제의 사랑을 많이 받은 그는 어릴 적부터 황궁에 들어가 책을 읽었다. 홍력은 총명해서 만주어와 한어는 물론 기타 소수민족의 언어에도 능통했다. 즉위하기 전에 이미 아버지를 대신하여 하늘과 조상에게 제사를 지내는 등 의식을 진행했으며, 서남 지방의 소수민족을 위무하는 일에도 참석했다.

건륭제는 즉위 후 재정 및 부세의 개혁을 추진해서 전국적으로 '탄정입무 攤丁入畝'의 부세 제도를 완성했다. 또 두 차례나 전국 각지의 부세를 돌아가면서 면제해줌으로써 농업과 상공업을 발전시켰다.

만년에는 스스로 '십전노인十全老人'

건륭제 홍력

건륭제의 군복

군장을 하고
말을 탄 건륭제

청대 전유성錢維城의
〈평정준가얼도권〉(부분)

강건성세 ◆ 287

이라 칭하면서 자신의 열 가지 전공戰功을 자랑했다. 거기에는 몽골 준가얼의 반란을 평정한 일, 티베트 농노주農奴主의 반란을 평정한 일, 대금천과 소금천 족장의 반란과 신장 후이족回族 대화탁목大和卓木과 소화탁목小和卓木의 반란을 진압한 일이 포함되었다.

1755년에는 5만 대군을 두 패로 나누어 준가얼의 반란군을 공격해 왕인 달와제達瓦齊를 포로로 잡았다. 얼마 후 아목이살나阿睦爾撒那가 반란을

청대 서양徐揚 등이 그린
〈건륭남순도권〉에 나오는 첸먼前門

일으켜 스스로 준가얼의 왕에 오르자, 건륭제는 또다시 토벌을 감행해서 반란을 철저히 진압했다. 1750년 티베트 농노주가 반란을 일으켰을 때는 군사를 보내 달라이 라마를 도와 반란을 진압했다. 1785년에는 다시 신장 지역을 통일했으며, 1793년에는 티베트를 침입한 곽이객을 물리쳤다. 그리고 '흠정서장장정欽定西藏章程'을 반포하여 티베트에 머무는 대신은 그 지위가 달라이 라마, 판첸 라마와 동등하다고 규정했다. 중국이 통일된

청대 황벽黃璧이 그린 〈기공도권紀功圖卷〉. 삼번의 반란을 평정한 것을 표현한 그림이다.

다민족 국가를 형성해가는 과정에서 건륭제는 걸출한 공헌을 했다.

한편, 건륭제는 재위 기간에 도처로 유람을 다녔다. 특히 강남을 여섯 차례나 순행하면서 엄청난 인력과 물자를 낭비했다.

【 삼번의 난을 평정하다 】

'삼번'은 청 왕조 초기에 왕으로 책봉된 평서왕平西王 오삼계, 평남왕平南王 상가희, 정남왕靖南王 경정충 등 세 번왕을 가리킨다. 이 세 사람은 본래 랴오둥遼東에 주둔해 있던 명나라의 변방 장수였으나, 청 왕조에 투항한 뒤 정벌에 나서는 등 각지의 반란을 진압하는 데 혁혁한 공을 세웠다. 이에 청 왕조는 이들을 왕으로 책봉하고 높은 벼슬을 내렸다.

오삼계는 윈난에 주둔하면서 구이저우도 관할했으며, 상가희와 경정충은 각각 광둥과 푸젠에 주둔했다. 이들은 남쪽 변방을 지키는 울타리 역할을 했다. 삼번은 각각 대군을 거느리고 있었지만 그중에서도 오삼계의 세력이 가장 컸다. 그들은 무력에 의지해 지방에 할거하면서 해마다 거액의 군비를 요구하는 등 조정의 골칫거리였다.

1673년, 강희제는 번을 철거하라는 명령을 내렸다. 이는 번왕의 지위를 박탈하는 것이었다. 같은 해 음력 11월에 오삼계가 반란을 일으켜 스스로 '주왕周王'이라 칭했다. 오삼계는 "명나라를 수복하고 오랑캐를 토벌하자"는 기치 아래 각지에 격문을 띄워 병사들을 모으고 한편으로는 후난성을 공략했다. 경정층은 푸젠성을 차지하고 상가희의 아들 상지신은 광저우를 차지하면서 동시에 반란을 일으켰다. 이때 한족의 많은 장수들도 분분히 반란의 기치를 내걸고 오삼계 쪽으로 넘어갔다. 불과 몇 개월 만에 오삼계는 윈난, 구이저우 등 7개 성을 차지했다. 강희제는 오삼계의 반란군을 중점적으로 공격하고 그 밖에 반란에 참가한 삼번의 장수와 순무 등에 대해서는 매수, 회유, 토벌 등의 정책을 동시에 펼침으로써 이들을 와해시켰다.

마침내 8년이 지난 1681년에 '삼번의 난'이 평정되었다. 당시 오삼계는 이미 죽고 손자 오세번이 그의 자리를 이어받았는데, 쿤밍昆明이 청군에게 함락되기 직전에 자살했다. 삼번의 난을 평정하면서 청나라는 다시 통일 국면을 이루었다.

【 달라이 라마와 판첸 라마 】

달라이 라마와 반선액이덕니班禪額爾悳尼는 티베트 라마교의 2대 활불活

佛이다. 청나라는 전국을 통일한 후 티베트를 효과적으로 다스리기 위해 달라이 라마와 판첸 라마를 봉하는 제도를 시행했다.

강희제의 아버지 순치제順治帝 재위 당시 달라이 라마 5세가 황실의 부름을 받아 수도에 온 적이 있었다. 청 황실에서는 방대한 규모의 황사黃寺를 건축하여 달라이 라마가 베이징에 왔을 때 거처로 사용하도록 했다. 이듬해에는 그에게 금책金册과 금인金印을 하사하여 정식으로 달라이 라마로 책봉했다.

1713년, 강희제는 반선액이덕니를 라마교의 또 다른 수장인 5대 판첸 라마로 봉하고 역시 금책과 금인을 하사했다. 청나라 정부는 티베트에서 달라이 라마와 판첸 라마의 종교적·정치적 지위를 인정하는 동시에 이후의 모든 달라이 라마와 판첸 라마는 청나라 정부가 책봉한다고 규정했다.

옹정 5년(1727), 청 정부는 티베트에 주재 대신을 파견하기 시작했다. 그는 정부를 대표하여 달라이 라마, 판첸 라마와 함께 티베트를 다스렸

5대 달라이 라마가 순치제를 알현하는 모습을 담은 포탈라 궁의 벽화

7대 판첸 라마에게 하사한 금책(복제품)

청나라 조정에서 5대 달라이 라마에게 하사한 금인과 판첸 금인

다. 이 시기에 청 정부는 달라이 라마와 판첸 라마의 환생을 위해 금분파 金奔巴('분파'는 티베트어로 '병瓶'이라는 뜻이다) 제도를 만들었다. 라마교의 규정에 따르면, 달라이 라마나 판첸 라마가 세상을 떠날 때 태어난 남자 아기는 그들의 '환생영동[轉世靈童]'으로서 그 지위를 계승할 수 있다. 하지만 동시에 여러 명의 아기가 태어나면 누가 계승해야 할지 모호해진다. 이 문제를 해결하기 위해 금분파 제도는 이렇게 규정하고 있다.

달라이 라마나 판첸 라마의 환생을 만나게 되면 티베트 주재 대신이 '영동靈童'의 이름과 출생연월일 등을 각각 적어서 금병金瓶에 넣고 승려들이 7일 동안 경을 읽은 후 다시 주재 대신의 감독하에 제비를 뽑는다. 여기서 뽑힌 영동이 바로 달라이 라마 혹은 판첸 라마의 합법적인 계승자가 되는 것이다.

【 사상 통제를 강화하다 】

강희제와 건륭제는 봉건 황제 중에서는 유능한 군주라고 할 수 있지만, 봉건 사상을 강하게 고집하는 바람에 끝내 역사의 발전을 늦추었다. 강희제에서 건륭제에 이르는 시기에는 특히 사상과 문화에 대한 통제가 한층 강화되었다. 그리하여 여러 차례의 '문자옥文字獄'을 통해 정부에 불리한 사상을 탄압했고, 다른 한편으로는 정씨 형제와 주자의 이학理學을 내세워 사상을 통일하고자 했다.

문자옥은 강희, 옹정, 건륭의 세 시대에 걸쳐 대체로 두 단계로 나눌 수 있다. 강희제 때 처형된 부류는 주로 반청복명反淸復明을 도모했다고 낙인

청나라 황제의 옥새

찍힌 유명 작가들이었다. 그 가운데 비교적 유명한 것이 장정롱莊廷鑨의 《명사明史》사건', 대명세戴名世의 《남산집南山集》사건', 방효표方孝標의 《전검기문滇黔紀聞》사건' 등인데, 이 사건에 연루되어 죽임을 당한 사람이 수천 명에 달했다. 건륭제 때 처형된 부류는 주로 정치에 불만을 품은 사람들이었다. 옹정제 때는 이 두 시기의 과도기로서 전 단계에서는 백성의 민족 의식을 억누르는 데 주력했으며, 이후에는 통치를 강화하고 공론을 금지시키는 데 치중했다.

강희와 건륭 연간에 걸쳐 문자옥을 겪은 사대부들은 더 이상 정치를 풍자하는 글을 발표하지 못했다. 하지만 세상에 남아 있는 저작들 중에서 통치 집단의 요구에 부합하지 않는 것들을 폐기하는 일도 쉽지 않았다. 그래서 건륭제는 《사고전서》를 편찬하고자 했다. 전국적으로 도서를 모으고, 어용문인들을 시켜서 그 책들을 일일이 감별해서 없앨 것은 없애고 삭제할 것은 삭제하고 고칠 것은 고치면서 무려 16년에 걸쳐 《사고전서》의 편찬을 끝마쳤다.

그 결과 천하의 선비들이 "중국의 작가 중에 기개가 넘치는 사람이 있었다고는 영원히 생각하지 않게 되었다"(루쉰의 《차개정잡문且介亭雜文》 중에서). 이는 봉건 통치 계급의 입맛에 따라서 문화를 말살한 사건으로 평가된다.

結 강희~건륭 연간은 중국 봉건 사회의 마지막 번영기로서, 이른바 '태평성대'에 취해 턱없이 우쭐거린 시기이다. 유럽 자본주의 국가가 무역을 제안해왔을 때 건륭제는 "하늘의 왕조는 땅이 넓고 산물이 풍부해서 없는 것이 없다"는 이유로 외부 세계와의 접촉을 거절했다. 이러한 쇄국의 기본 정책은 그 후 수백 년 동안 계속되는 낙후를 초래했다.

사실 건륭제 때 이미 장기간 누적된 이런저런 모순들이 드러나면서 갈수록 문제는 심각해지고 있었다. 관료 집단의 부패와 토지의 집중으로 농민들이 파산하고 빈민으로 전락하는 등 극단적인 독재로 인해 암울한 분위기가 사회 구석구석에 짙게 깔렸다.

이 시기의 일부 진보적인 지식인들은 그러한 사회 문제를 명확하게 인식하고 있었다. 불후의 명작 《홍루몽》을 지은 조설근曹雪芹은 봉건 가족의 흥망성쇠를 통해 당시의 사회 현실을 전하면서 "발이 백 개 달린 벌레는 죽어서도 굳지 않는다"고 말했다. 건륭 연간에 태어난 시인 공자진은 건륭제가 죽은 지 40년 뒤에 "온 천하에서 기세를 올려 바람과 우레를 뿜낸다"라고 외치며 봉건 사회의 붕괴를 선고했다.

【 곤곡의 흥망성쇠 】

● 곤곡 〈가매嫁妹〉에 나오는 종규의 형상. 종규는 역귀를 쫓아낸다는 신이다.

곤곡은 명나라 흥계 초기부터 청나라 강희 말년까지 약 100년간 전성기를 누렸다. 명나라 숭정 말년에 베이징에서 공연한 직업 극단의 수가 수십 개에 달한 것을 보면 당시 곤곡이 얼마나 성행했는지 알 수 있다.

12세기 중엽에 고대의 가무와 설창說唱이 종합적으로 어울려 발전한 민간 희극이 저장성 원저우溫州 일대에서 형성되었다. 당시에는 이것을 영가잡극永嘉雜劇 혹은 영가희문永嘉戲文이라고 불렀다.

　송 왕조는 수도를 남쪽으로 옮겨 임안臨安(지금의 항저우)으로 정했는데, 이때부터 임안은 남송의 정치, 경제, 문화의 중심지가 되었다. 이에 따라 영가희문도 임안에 전해지게 되었으며, 몇 년 뒤에는 쑤저우 일대에도 전해졌다. 남송이 멸망한 후 몽고족이 원나라를 세우면서 희극은 남북 두 갈래로 나뉘었다. 북방에서 유행한 것은 잡극이었고, 남방에서 유행한 것은 희문의 형식에서 발전한 남희南戲였다. 남희는 강남에 널리 전해지면서 각 지방의 방언이나 민간 음악과 결합하여 지역적 색채가 짙은 곡조를 이루었다. 그중에서 가장 영향력 있는 것으로 장시성의 익양강弋陽腔, 저장성의 해염강海鹽腔과 여요강餘姚腔, 장쑤성의 곤산강崑山腔 등이 있었다.

　명나라 가정 연간에 장쑤성 타이창太倉 출신의 위양보魏良輔를 비롯한 일련의 사람들이 곤산강(곤곡)을 발전시켰는데, 그 곡조가 부드러워서 다른 작품들을 훨씬 능가했다. 얼마 후 곤산 사람 양진어梁辰魚가 개작을 거친 후의 곤산강으로 제1부 곤산강 전기傳奇인 《완사기浣紗記》를 편집했다. 이 전기는 춘추시대 오나라와 월나라의 전쟁을 다룬 것이다. 이 작품은 공연 후 크게 환영을 받았고 곤산강의 보급과 전파에 중요한 역할을 했다.

청나라 〈완사기〉 연극의 토우

이때부터 곤곡은 점차 완벽한 연극의 한 종류로 발전해서 전국 각지로 전파되었다. 명나라 천계天啓 초기부터 청나라 강희 말기까지 100여 년에 걸쳐 전성기를 누렸으며, 궁정에서 민간, 남방에서 북방에 이르기까지 가장 환영받는 연극이 되었다.

【 그윽하고 감동적인 곡조 】

위양보는 곤산강을 개혁하고 북방 잡극의 창唱 곡조의 성과를 받아들이는 동시에 남방의 3대 곡조인 익양강, 해염강, 여요강의 장점을 거울삼아 일련의 가창歌唱 이론을 종합했다.

당시의 곤산강은 창에 중점을 두고 무대 위에 올라가서 표현하지는 않았는데, 이것을 청창淸唱(무반주로 노래하는 것 : 옮긴이)이라고 불렀다. 위양보는 청창의 중요성을 십분 강조했으며, 자신이 쓴 《곡률曲律》에서 이렇게 말했다.

"청창은 속된 말로 '냉판등冷板凳'이라고 한다. 이는 극장에서 징과 북의 기세를 빌려 연극하는 것과는 달리 우아하고 정숙하고 맑고 아름답고 온화해야 한다."

그가 만든 곤곡은 '수마조水磨調'라 불리는데, 이름 그대로 물방아를 돌리는 듯한 섬세함이 요구된다. '물방아 공부'라 불러야 하는 이런 곡조는 한적함과 우아함을 따지는 사대부의 심미적 정취를 반영하고 있다.

청창은 명·청 두 왕조에서 성행했다. 명나라 말기에서 청나라 중엽에 이르기까지 해마다 추석이면 쑤저우 후추虎丘의 천인석千人石에서 중추청창곡회中秋淸唱曲會를 열곤 했다. 그러면 각계 각층의 인사들뿐 아니라 백성도 모두 나와서 그 열기가 대단했다고 한다.

청창은 곤곡의 가창 예술을 제고하고 곤곡을 보급하는 중요한 형식이었으며, 이는 몇백 년간 계속 전해 내려오고 있다. 오늘날에도 베이징, 상하이, 쑤저우, 난징 곤곡의 아마추어들이 모여서 청창을 선보이곤 한다.

【 독특한 반주와 공척보 】

곤곡의 예전 곡조는 노래할 때 대부분 반주가 없었다. 예를 들어 익양강이 그러한데, 노래할 때 목소리가 아주 높고 낭랑해서 '고강高腔'이라 불리기도 했다. 그러나 곤곡에 반주를 할 때는 피리를 위주로 하고 현악기인 삼현三絃, 월금月琴, 비파, 생황 등을 곁들였다. 여기에 첼로 등 서양 악기를 보태기도 하지만 반드시 피리가 중심이 되어야 한다.

피리는 음색이 은은하고 운치가 있어서 곤곡의 가창과도 아주 잘 어울린다. 피리 반주는 노래를 뒷받침하기 위한 것으로서 단독으로 연주하지는 않는다. 노래하기 전에 다른 연극처럼 음악으로 인도하지 않고, 노래 중간에 피리로 곡을 넘기지 않으며, 노래가 끝난 후에도 단독으로 연주하지 않는다. 하지만 피리는 단순한 춤 동작에 반주로 사용되어 내용을 더 매끄럽게 만들기도 한다. 메이란팡梅蘭芳, 위전페이兪振飛가 함께 공연한 곤곡 〈단교斷橋〉에서 배우들이 퇴장할 때 흐르는 은은하고 운치 있는

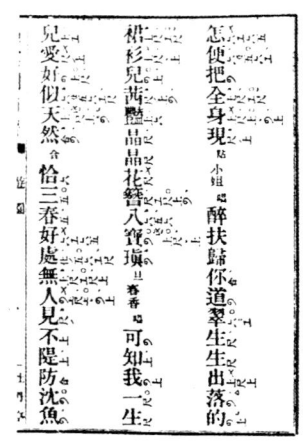
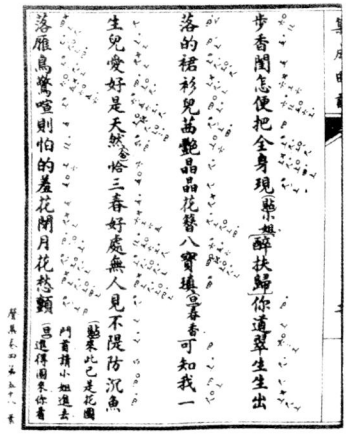

곤곡의 악보

음악은 반주 음악의 특색을 아주 잘 표현하고 있다.

곤곡의 악보는 한자로 음계를 표시하는데, 이를 가리켜 공척보工尺譜라고 한다. 곤곡은 원래 남방에서 유행한 남희에서 발전한 것이다. 남곡南曲은 오성五聲 음계, 즉 '도, 레, 미, 솔, 라'로 부르며, 북방의 잡극에서 발전한 북곡北曲은 '파', '시'의 두 반음이 더 있었기 때문에 공척보의 한자는 '공工(미), 척尺(레), 상上(도), 사四(라), 합閤(솔)'의 다섯 글자만이 아니라 '일一(시)'과 '범凡(파)'이 있었다. 이 밖에 '육六, 오五, 을乙'은 고음인 '솔, 라, 시'를 나타낸다. 바로 이런 일련의 음표를 곡문曲文 각 글자의 오른쪽에다 표기해두었기 때문에 오늘날 우리가 그 구체적인 창법을 알 수 있는 것이다.

《遼史·樂志》	厶 マ 一 乚 ㄅ 八 　 ㄱ 儿 又 　 亐
朱熹《琴律說》	人 マ 〈 二 二 ㄉ 厶 工 ㄱ ㄱ 川 𠃋 乙 ㄇ ㄇ 开
姜夔《歌曲譜》	厶 ㄡ 一 𠂆 乚 人 　 ㄱ 𠁼 亥 亐 万
張炎《詞源》	厶 ⓨ マ ⊖ 一 𠂆 乚 人 ⓥ ㄱ ⑪ 𠁼 幺 万 ⓓ 句句 人勺 勹凡
陳元覯《事林廣記》	厶 ⓨ マ ⊙ · 厶 〈 人 ⓥ ㄱ ⑪ 𠁼 又 万万 勹幻 勺句 人幻 勹勺
今通行工尺譜	合 四 一上 尺 工 凡六 五

공척보의 필사법

【 곤곡의 발전에 이바지한 '가반' 】

곤곡은 명나라 천지 초기부터 청나라 강희 말년까지 약 100년간 전성기를 누렸다. 당시에는 주로 두 종류의 극단이 곤곡을 공연했다. 하나는 일종의 직업 극단으로 전국 각지에 흩어져 있었는데, 명나라 숭정崇禎 말년에 베이징에서 공연한 직업 극단의 수가 수십 개에 달한 것을 보면 당시 곤곡이 얼마나 성행했는지 알 수 있다.

또 다른 극단으로는 관리나 부유한 상인, 사대부 계층에서 개인이 육성하는 '가반家班'이 있었다. 이러한 가반은 개인을 위해 공연하는 극단이었다. 일부 가반의 주인은 희곡 음악에 능통한 문인으로서 직접 극을 창작하거나 곡조와 표현의 기교를 연구하여 극단의 공연 수준을 높이곤 했다. 명·청대에는 유명한 가반이 수백 개에 달했다.

조설근은 《홍루몽》에서 가부賈府의 가반 이향원梨香院을 통해 당시 가반의 활동 상황을 상당히 사실적으로 표현하고 있다. 조설근의 할아버지 조인曹寅은 희곡에 능통해서 곤곡의 극본을 쓰기도 했고, 그가 키우는 가반도 아주 유명했다. 이는 조설근이 이향원을 묘사하는 데 좋은 자료가 되

곤곡의 장면들

위전페이 주연의 〈태백취사太白醉寫〉

〈모란정牧丹亭〉의 두여낭

〈하산下山〉

〈가매嫁妹〉

었을 것이다.

  명나라 말기의 완대성阮大鋮과 후조종侯朝宗, 청나라 초기의 이어李漁 등 희곡에 조예가 깊은 유명인사들의 가반은 공연 수준이 아주 높았다. 예컨대 이어의 가반은 매년 그를 따라 북쪽으로 올라가며 산시, 허난 일대에서 엄청난 돈을 벌었는데, 이는 전문 극단과 별 차이가 없었다. 가반의 배우들은 평소 생활이 보장되었기 때문에 그들의 공연은 늘 실험적인 성격을 띠었고, 반복적으로 연습하며 더 잘하려고 애썼다. 그들의 활동은 곤곡 예술의 발전에 크게 이바지했다.

공과를 말하기 어려운 단막극

곤곡의 극본은 일반적으로 수십 개의 마당[場]으로 이루어지는데 각 마당을 '일출一齣'이라고 했다. 곤곡이 성행하던 초기에는 모두 완본을 공연해서 심지어 며칠이 지나서야 공연이 끝이 났다. 나중에는 시간을 절약하기 위하여 내용을 압축한 극본이 나타났다.

특히 가반은 예술적 수준이 높은 마당만 엄선하여 공연했는데, 이를 가리켜 단막극이라 했다. 단막극은 사실상 독립적으로 공연할 수 있는 짧은 극이었다. 배우들은 단막극에서 자신의 재능을 세심하게 다듬어가며 끊임없이 발전시켰다. 일부 단막극에서는 한 사람이 공연하는 경우도 있었다. 예를 들면 〈보검기寶劍記〉 속의 '야분夜奔', 〈얼해기孼海記〉 속의 '사범思凡' 등이 그런 경우로 이러한 극은 조예가 깊은 배우만이 공연할 수 있었다.

단막극의 연출 방식은 훗날 경극을 포함한 여러 지방의 연극들이 계승해나갔다. 하지만 단막극의 흥기로 인해 완본 곤곡은 무대 위에서 점점 사라져 오늘날 완전한 전기傳奇 공연을 볼 수 없게 된 것은 유감이 아닐 수 없다.

【 곤곡의 쇠락과 부활 】

곤곡은 청나라 가경嘉慶 연간까지 발전한 뒤 점차 내리막길을 걷기 시작했다. 당시 각지에서 지방 연극이 일어나기 시작했는데, 이들을 통틀어 화부花部라 부르고 곤곡은 아부雅部라고 불렀다. 각 지방의 특색이 두드러진 데다 통속적이고 알기 쉬운 화부와 비교할 때 곤곡은 지나치게 고아하고 정통적이어서 화부만큼 관객을 끌지 못했다.

가경 말년이 되자 베이징에서는 곤곡을 전문적으로 공연하는 극단이 자취를 감추었다. 하지만 곤곡의 표현 기법은 화부와 경쟁하는 가운데 점차 각 지방의 연극에 수용되었다. 경극京劇이 갓 형성될 무렵에는 배우들이 하나같이 곤곡에 능해서 곤곡의 단막극에 자주 출연했다. 그러나 독립적인 연극 장르로서의 곤곡은 이미 쇠락의 길을 걷기 시작했다.

20세기 초에 이르러 허베이성 가오양高陽, 위톈玉田 등 여러 현에서 공연하던 곤곡 예인들로 구성된 곤익반昆弋班이 베이징에서 공연을 함으로써 북방에서도 곤곡이 이어졌다. 남방에서는 상하이의 곤곡 애호가 목우초穆藕初를 비롯한 몇몇 사람들이 쑤저우에 곤극전습소崑劇傳習所를 세우고 남방의 예인들을 초빙하여 곤곡을 가르치게 했다. 이들은 재주가 뛰어난 곤곡 계승자를 수십 명 키워내 곤곡 예술의 맥을 이었다. 이 시기의 곤곡은 이미 번성하기 시작한 경극과는 비교할 수 없을 정도로 관객이 감소해서, 배우들은 생계를 위해 다른 방도를 찾아야 했다.

1950년대 초기 항저우 국풍곤극단國風昆劇團이 전통극〈십오관十五貫〉을 다듬어서 공연했는데, 베이징 공연에서 수도 연극계를 놀라게 함으로써 곤극이 위기에서 벗어나 발전하는 계기가 되었다. 그들은 원로배우들을 한자리에 모았을 뿐 아니라 수준 높은 신세대 배우를 발굴하여 곤곡을 부

1956년 베이징에서 공연한 곤곡 〈십오관〉의 한 장면

활시켰다. 이미 세상을 뜬 저우언라이周恩來 총리는 〈십오관〉을 보고 "한 편의 극이 연극의 장르를 살렸다"고 평가했다.

結 어떤 예술이든 영원히 전성기만 있을 수는 없다. 곤곡은 100여 년 동안 쇠락의 길에 접어들었지만, 그 예술적 특색은 경극을 포함한 갖가지 연극 장르에 수용되어 전통 문화의 중요한 부분으로 자리잡았다. 곤곡은 연극의 발전에서 앞의 것과 뒤의 것을 이어주는 징검다리 역할을 했고, 100여 년 동안 쇠퇴를 거듭하면서도 끝내 사라지지는 않았다. 이는 곤곡 자체가 강한 예술적 생명력을 갖고 있음을 말해준다.

곤곡은 중국뿐 아니라 해외에도 수많은 애호가를 확보하고 있다. 화교 중에도 곤곡의 청창은 물론 단막극을 공연하는 아마추어 배우들이 적지 않다.

【 청대의 곡예 】

● 청나라 양류청楊柳靑의 목판 연화〈십불한十不閑〉

곡예는 시민 계층의 문화적 욕구를 충족시키기 위해 발전한 예술로서 짙은 향토색을 지니고 있는 것이 큰 특징이다. 곡예의 설창은 복잡한 악기 반주가 필요 없고 두 조각의 목판이나 죽편竹片으로 박자를 맞출 뿐이다.

일반적으로 말하는 곡예曲藝는 각종 설창說唱 예술의 총칭으로, 중국에서 유구한 역사를 가지고 있다.

　청 왕조 때는 중국 곡예 역사상 최고의 번영기였다. 곡곡의 종류가 급격히 늘었을 뿐 아니라 명인들이 많이 배출되고 공연도 꽤 활발했다. 《중국대백과전서》에 의하면, 중국 곡예는 모두 341종이며 그중 151종은 청나라 때 형성된 것이다. 예를 들면 재담, 산둥 쾌서快書, 산둥 금서琴書, 서하西河 대고大鼓, 쑤저우 탄사彈詞, 쓰촨 양금揚琴, 둥베이東北 대고大鼓, 창사長沙 탄사彈詞, 웨구粵謳 등이다. 이외에 부이족布依族의 부이병창, 바이족白族의 대본곡大本曲 등도 청나라 때 형성되었다.

　청대에는 수많은 곡예의 명가名家가 나왔다. 예컨대 재담의 궁불파窮不怕 및 그의 제자 빈유본貧有本, 부유근富有根, 서유록徐有祿, 범유연范有緣, 평서評書의 왕훙싱王鴻興, 석옥곤石玉昆, 쌍후평雙厚平, 쑤저우 탄사의 마여비馬如飛와 왕주사王周士, 서하 대고의 마삼봉馬三峰, 단현單弦의 사서헌司瑞軒, 양저우 평화評話의 공오정龔午亭과 포천옥浦天玉, 산둥 대고의 하노봉何

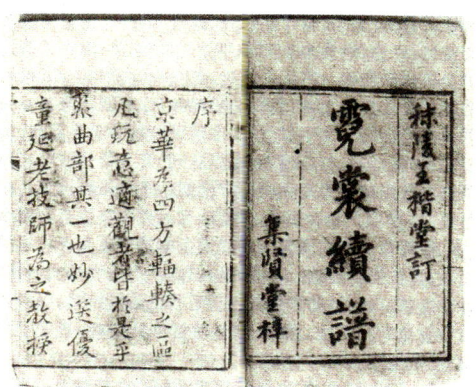 

청나라 때 속곡을 모은 《예상속보》와 목어서木魚書《한흥취시》

老鳳과 왕소옥王小玉(여 경은 백뉴白妞) 등이다.

　곡예는 청나라 때 초보적인 노천 공연인 약지撂地에서부터 찻집, 만담 장소 등 고정적인 무대 공연으로 발전했다. 공연 규모가 큰 곡예는 영화나 라디오 등이 없던 시절에 대중에게 가장 환영받은 예술 형식이다.

【 청대에 곡예가 번성한 이유 】

청대에 곡예가 번성한 이유는 당시의 사회적 배경과 밀접한 관련이 있다. 우선 청나라 전기는 사회가 비교적 안정된 시기로서 강희제, 옹정제, 건륭제의 재위 기간을 '강건성세康乾盛世'라고 불렀다. 이 때문에 도시가 크게 발전했는데, 특히 난징, 쑤저우, 항저우 등은 이전 시대를 훨씬 능가할 정도로 번성했으며 시민 계층이 날로 성장했다. 곡예는 이러한 시민 계층의 문화적 욕구를 충족시키며 번영을 누렸다.

청대 후기 청 왕조는 쇄국정책을 펼치다가 마지못해 외국에 문호를 개방했다. 하지만 그 덕분에 현대적인 기술을 도입하여 생산과 교통의 발전을 이루었다. 아울러 지방민들이 거주하던 많은 도시들이 상업 중심지로 발전했다. 그 후 갖가지 곡예가 한곳에서 공연되었고, 곡예의 다른 종류와도 교류하게 되면서 큰 발전을 이룩했다.

이 밖에 곡예가 대중의 광범위한 사랑을 받자, 수준 높은 문화인이었던 베이징의 일부 팔기자제八旗子弟들은 수변팔기군사戍邊八旗軍士들이 가져온 각지의 유행 곡조와 베이징의 민간 소곡小曲을 결합해 설창 책자들을 많이 펴냈는데, 이것을 '자제서子弟書'라고 불렀다. 근래에 푸시화傅惜華가 편찬한 《자제서총목子弟書總目》에는 1,000여 종에 달하는 자제서가 실려 있다.

대중화한 평민 예술

곡예는 시민 계층의 문화적 욕구를 충족시키기 위해 발전한 예술로 짙은 향토색을 지니고 있는 것이 큰 특징이다. 곡예의 설창은 복잡한 악기 반주가 필요 없고 두 조각의 목판이나 죽편竹片으로 박자를 맞출 뿐이다.

어떤 것은 북 하나로 반주를 진행하는데, 가령 산둥의 농촌에서 생겨난 산둥 대고 또는 이화대고梨花大鼓는 본래 명칭이 이화대고犁鏵大鼓이다. 원래는 농민들이 밭일을 하다가 잠시 쉴 때 손 닿는 대로 보습 조각을 집어서 두드리며 노래했던 것이다. 나중에 도시로 전파되어 찻집이나 서장書場에 올랐을 때는 보습 조각 대신 예쁜 금속 조각을 사용했는데, 이를 이화편梨花片, 혹은 원앙판鴛鴦

청나라의 화가 임웅任熊이 그린 민간 예인들의 공연 광경

청두成都 상서相書. 상서는 구기口技에서 발전해왔다. 공연하는 사람은 천막 안에서 부채, 방울 등의 도구만으로 상황을 묘사하고 이야기를 늘어놓았다.

板이라 불렀다. 훗날 예인들은 이화犁鏵대고라는 이름이 너무 촌스럽다고 하여 이화梨花대고로 고쳤다.

한편 베이징의 팔각고八角鼓는 본래 북의 이름인 동시에 곡의 명칭이다. 팔각고는 일찍이 베이징의 민간에서 흔히 볼 수 있었던 장식품으로 거의 집집마다 문에 걸려 있었다. 북의 팔각은 팔기八旗를 나타내며, 중앙에 달린 붉은 실은 강산의 통일을 상징하고, 양쪽에 각각 달린 노란 이삭은 오곡의 풍성함을 상징한다. 이것으로 볼 때 곡예는 하나의 토착 예술이라고 할 수 있다.

【 재담의 창시자 '궁불파' 】

궁불파는 경자庚子 시대 '천교팔대괴天橋八大怪' 중에서도 으뜸이었다. 그는 본명이 주소문朱紹文이었지만 함풍咸豊, 동치同治 연간에 궁불파라는 예명으로 이름을 날렸다. 특히 태평가사太平歌詞를 잘 불렀으며, 두 개의 죽판(옥자玉子)을 치면서 반주를 했다. 《도문회찬都門滙纂》이라는 책에는 이정산李靜山이 보충한 〈도문잡영都門雜咏〉〈기예문技藝門〉이 부록으로 실렸는데, 그 속에 궁불파를 노래한 시가 있다.

흰 모래로 글자 뿌리는 일로 생애를 보냈고,
재물을 얻고자 해학적인 언어를 발했네.
제자는 나아가 빈유본유貧有本有이라 부르니,
스승과 제자의 명색名色 또한 큰소리 칠 만하네.

시에서 "흰 모래로 글자 뿌리는 일"은 땅을 종이 삼고 흰 모래를 먹 삼아 각양 각색의 글자를 만들어낸다는 뜻이다. 한편으로는 글자를 만들고 한편으로는 노래하는 것을 예인들은 '복지문장伏地文章'이라고 불렀다. 궁불파의 걸작 〈자상字像〉이 그 좋은 예이다. 그는 '자字·상像·승升·강降'의 방식으로 글자를 하나씩 만들면서 그것이 무엇과 흡사한지 묻고, 이어 무슨 관직을 했고 무엇 때문에 관직을 잃었는가를 얘기한다. 예컨대 들이 '이二' 자를 내놓고 갑이 물어온다.

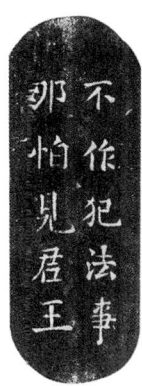

궁불파가 쓰던 죽판 탁본

갑 : '이二' 자는 뭘 닮았죠?
을 : 한 쌍의 젓가락 같아요.
갑 : 그쪽의 젓가락은 흰색이 네요.
을 : 예, 상아니까요.

만담을 하는 예인 마싼리馬三立(왼쪽)

청대의 곡예 ◆ 315

갑 : 다른 사람들의 젓가락은 두 개의 길이가 같은데, 이 젓가락은 어째서 길이가 서로 다르죠?

을 : 저는 이 젓가락으로 붉은 숯을 집습니다.

갑 : 예? 상아 젓가락으로 숯을 집다뇨?

을 : 그렇지 않으면 어찌 다음 조각을 태우겠어요?

갑 : 어떤 관직을 지내셨죠?

을 : 정반대장군淨盤大將軍을 지냈습니다.

갑 : 무엇 때문에 관직에서 파직되었죠?

을 : 돈을 긁어모았기 때문이죠.

갑 : 뭐라구요?

을 : 돈을 벌지 않으면 어떻게 먹고 살겠어요!

궁불파의 재담은 생활에 밀접한 내용이었기 때문에 대중의 환영을 받았다. 그러나 기록에서 보이듯, 초기 재담 배우들은 연출 환경이 열악했고 사회적 지위가 매우 낮았음을 알 수 있다.

쑤저우 탄사의 흥기

탄사는 쑤저우 방언으로 독백하고 노래하는 곡예의 하나이다. 강남의 타이후太湖호 일대, 즉 장쑤성에서 유행했다. 항저우 남쪽과 창저우常州 서쪽에서는 방언 때문에 청중이 아주 적었다.

건륭 연간에 고종은 남방을 순시할 때 쑤저우의 유명한 탄사 예인 왕주사를 불러 공연하게 한 뒤 칠품경관반가七品京官伴駕를 하사했다. 훗날 왕주사

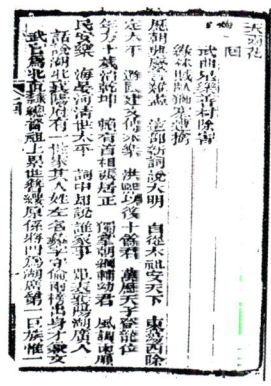

청나라의 여성 작가 도회정陶懷貞이 창작한 탄사 《천우화天雨花》(왼쪽)
쑤저우의 평탄을 부르는 공연 예술가 장웨취안蔣月泉(오른쪽)

는 자기 집 문에다 '어전탄창御前彈唱'이라는 등등을 걸어놓았다.

쑤저우 탄사는 곡曲의 예술적 특징을 흡수하여 설說, 각噱, 탄彈, 창唱의 네 가지 기본적인 예술 형식을 창조했다. '설'은 이야기의 서술 및 인물의 독백과 배우들의 평가이다. '각'은 배우가 설창 중에 우스갯소리나 재미있는 이야기를 끼워넣어 청중의 웃음을 자아내는 것을 말하는데, 쑤저우 사람들은 그두噱頭라고 부른다. '탄'은 삼현금과 비파를 연주하며 노래하는 것이다. '창'은 일반적으로 일곱 자의 구절로 평측平仄의 격률을 따지면서도 쑤저우 방언의 압운押韻을 안배해서 알아듣기 쉽고 고상했다.

표현 형식으로 나눠보면, 쑤저우 탄사는 단당(單檔 : 1인), 쌍당(雙檔 : 2인), 삼당(三檔 : 3인)으로 나눌 수 있다. 장편이면 책 한 권으로 2~3개월을 노래할 수 있었고, 중편과 단편은 하룻밤이나 며칠이면 다 노래할 수 있었다.

청대에는 탄사 작품이 아주 많았다. 특히 여성 작가들도 우수한 탄사 대본을 많이 남겼다. 예컨대 도회정陶懷貞의 《천우화天雨花》, 구심여邱心如

경운대고의 류바오취안劉寶全   경운대고를 공연하는 뤄위성駱玉笙

의 《필생화筆生花》, 진단생陳端生의 《재생연再生緣》 등이 있다.

【 남북에서 성행한 '고사' 】

　고사鼓詞는 각양각색의 대고서大鼓書를 통칭한 것이다. 대고는 청나라 초기에 산둥성, 허베이성의 농촌에서 형성되어 북방에서 유행하다가 다시 양쯔강과 주장珠江강 유역에 전해지며 남북 모두에서 통용되는 곡예가 되었다. 그 형식으로는 매화梅花대고, 경운京韻대고, 경동京東대고, 서하西河대고, 동북東北대고, 낙정樂亭대고, 안후이대고, 산둥대고, 자오둥膠東대고 등이 있다. 유행한 지역이 다르기 때문에 반주 악기나 곡조도 다 달랐지만, 대체로 오른손으로는 북을 치고 왼손으로는 판을 두드리면서 노래했다.

結 곡예는 청나라 때 전성기를 누렸지만 예인들의 생활은 아주 고단했다. 초기의 곡예는 대부분 노천에서 공연되었다.

재담 배우 궁불파는 "흰 모래로 글자를 뿌리는" 데 능했는데, 이를 가리켜 '평지의 다원茶園'이라 했다. 예인들이 땅바닥에 원을 그리고 청중을 모았기 때문에 이런 공연을 평지구병平地摳餠이라 불렀다. 땅바닥에 커다란 원을 그려놓기만 하면 그 안이 공연장이고, 관중이 모여들면 곧 생계를 유지할 수 있었기 때문에 그렇게 부른 것이다. 그러나 자세히 알고 보면 공연은 그다지 순조롭지 못했다. "바람이 불면 절반이고, 비가 오면 하나도 없다"라는 말이 있는데, 이는 바람이 불면 청중의 절반이 가버리고 비가 오면 모두 다 가버린다는 뜻이다. 그래서 비오는 날 예인들은 "사람은 일을 쉬고, 치아는 늘어서 있고, 창자는 고생을 한다"고 했다.

노천 공연은 일반적으로 어느 고비에 이르면 노래를 멈추고 돈을 받았다. 1980년대 초에 궁불파가 쓰던 옥자玉子(대나무판)가 발견되었는데, 그 위에 "낮에는 가가호호의 밥을 먹고, 밤에는 낡은 사당에서 묵었다"는 내용이 있었다. 말하자면 거지나 다름없이 생활한 것이다.

청대에서 민국民國 연간에 이르기까지 곡예의 예인들은 베이징의 천교天橋, 톈진天津의 삼불관三不管, 난징의 부자묘夫子廟, 카이펑開封의 상국사相國寺 등에서 노천 공연을 펼쳤다. 당시 배우들은 건달들에게 끊임없이 괴롭힘을 당하기도 했다.

【 전통 희극을 집대성한 경극 】

● 경극〈연환투連環套〉의 팡룽상方榮翔

궁정에 들어감으로써 경극은 비약적으로 발전했다. 궁정은 배우들에게 물질적 기반을 제공하는 한편 수준 높은 공연을 요구함으로써 배우들이 최선을 다해 끊임없이 새로운 극을 낳게 했다.

중국의 문화예술사에서 연극은 아주 독특한 위치에 있다. 지역적으로 넓고 지방마다 방언이 있다 보니 수백 년간 발전과 파생을 거치면서 지방극이 오늘날 300여 종에 달한다. 이 다채로운 극 중에서 가장 대표적이고 가장 널리 유행한 것이 '국극國劇'이라고 불리는 경극이다.

경극은 100여 년 전에 형성되었다. 중국의 전통 연극을 집대성하고 전통 문화의 특색과 미학을 비교적 완벽하게 구현했기 때문에 급속히 전국을 풍미했다.

1790년 건륭제의 80세 생일을 맞아 각지의 지방 극단이 베이징에 와서 황제의 축수祝壽 공연을 펼쳤다. 이때 남방에서 활동하던 삼경三慶, 사희四喜, 춘대春臺, 화춘和春 등 네 개의 휘조반사徽調班社가 앞서거니 뒤서거니 베이징에 와서 공연했다. 그들은 후베이湖北에서 온 한조漢調 예인들과 서로 영향을 주고받았으며, 동시에 곤강崑腔과 진강秦腔의 극, 곡조, 표현 방법 등을 받아들이면서 점차 경극으로 발전시켰다. 이 때문에 '4대 휘반'이 상경한 것을 경극 탄생의 신호로 본다.

1953년 경극단을 이끌고 일본을 방문한 메이란팡

〈귀비취주貴妃醉酒〉에서 양귀비로 분장한 메이란팡

〈우주봉宇宙鋒〉에서 조염용으로 분장한 메이란팡

【 정장경과 삼경반 】

19세기 중엽 청나라의 함풍, 동치 연간에 휘조徽調 배우 정장경程長庚이 삼경반三慶班을 관리하게 되었다. 정장경은 기예가 뛰어났을 뿐 아니라 정직하고 지조 있는 사람으로서 이원정충회梨園精忠會의 회장으로 추대되었다. 사람들은 그를 대로판大老板이라고 불렀다.

예술적인 면에서 정장경은 다양한 요소를 받아들이고 휘조, 곤강, 한조 등을 융합함으로써 경극의 형성에 지대한 공헌을 했다. 삼경, 사희, 화춘, 춘대의 4대 휘반 중에서 사희반은 곤곡崑曲, 화춘반은 무술 공연, 춘대반은 동령童伶, 삼경반은 완본完本의 공연에 치우쳤다.

정장경은 삼경반을 거느리고 만년에 삼경과반三慶科班을 창설하여 적지 않은 인재들을 키워냈다. 예컨대 경극의 발전에 큰 공헌을 한 담흠배譚鑫培도 정장경의 지도로 성장한 명배우이다. 경극의 발전에서 정장경은 "휘반의 우두머리요, 경극의 시조"라는 평가를 받고 있다.

담흠배의 〈정군산定軍山〉(왼쪽)과 전금복의 〈청석산青石山〉

광서光緒 9년(1883), 청나라 조정은 건륭제 때부터 내려오던 조정의 극단을 해체하고, 그 대신 우수한 배우들을 모집하여 '내정공봉內廷供奉'으로 삼고 비정기적으로 궁 안에 불러 극을 공연하게 했다. 이 시기 정장경, 담흠배, 왕요경王瑤卿, 양소루楊小樓 등 유명 배우들이 자주 궁에 불려갔다.

궁정에 들어감으로써 경극은 비약적으로 발전했다. 궁정은 배우들에게 물질적 기반을 제공하는 한편 수준 높은 공연을 요구함으로써 배우들이 최선을 다해 끊임없이 새로운 극을 내놓게 했다. 이리하여 경극은 순박하고 투박한 민간 예술에서 점차 정교하고 섬세한 종합 예술로 발전해갔다.

【 걸출한 표현예술가 메이란팡 】

경극은 성숙기에 들어선 후 급속하게 발전했다. 1920년대에는 전국을 휩쓸면서 수준 높은 경극 배우들이 많이 등장했다. 그중에서 가장 걸출한 인물은 세계적인 명망을 얻은 메이란팡이다.

메이란팡은 경극으로 유명한 집안에서 태어났다. 그의 부친 매교령梅巧玲은 정장경, 담흠배와 이름을 나란히 한 명배우였다. 메이란팡은 1904년 열 살 때 처음 무대에 선 이래 1961년 사망할 때까지 60여 년간 무대에 섰으며 적극적인 실험정신으로 경극의 새 장을 열었다.

1919년 메이란팡은 극단을 거느리고 일본을 방문해서 경극을 외국에 처음 소개했고, 1930년대에는 미국과 소련에 경극을 소개해 국제적으로 화제를 불러일으켰다. 국제적인 연극의 대가들은 경극의 표현 방식을 '메이란팡 표현 체계'라고 불렀다. 경극은 이때부터 국제적으로 인정받는 진귀한 예술이 되었다.

【 배역의 종류와 의상, 그리고 분장 】

중국의 전통 연극에는 생生, 단旦, 정淨, 축丑의 네 배역이 있다. 경극의 배역 구분은 상당히 엄격하다. 생은 노생老生, 소생小生, 무생武生으로 나누고, 단은 청의靑衣, 화단花旦, 무단武旦, 노단老旦으로 나눈다. 또 정은 동추화검銅錘花臉과 가자화검架子花臉으로 나누고, 축은 문축文丑과 무축武丑으로 나눈다. 이는 각 배역의 몇 가지 유형을 구분한 것으로 세세한 유형은 포함하지 않았다.

〈여기해女起解〉에서 소산으로 분장한 메이란팡. 소장화蕭長華가 숭공도로 분장했다.

〈패왕별희覇王別姬〉에서 우희로 분장한 메이란팡. 김소산金少山이 패왕으로 분장했다.

각 배역은 모두 자기만의 엄격한 격식과 규범이 있다. 배우들은 대개 한 배역만 전문적으로 맡아서 어릴 때부터 그 배역의 격식과 규범을 몸에 익혔다. 그래야만 인물의 성격을 정확하게 그려낼 수 있었기 때문이다. 동시에 여러 배역을 연기하는 배우는 많지 않았다. 왕요경과 메이란팡 같은 뛰어난 배우는 각 배역의 특징을 완벽하게 소화해서 인물을 더욱 정확하게 부각시켰다. 메이란팡은 만년에 〈목계영 우두머리가 되다〉를 공연할 때 무생과 가자화검의 몸 동작을 '단旦' 역에 융합함으로써 목계영의 성격을 충실하게 표현했다.

경극은 의상이 화려하고 아름답다. 각 배역의 의상은 머리끝에서 발끝까지 정해진 규범이 있어서 멋대로 바꿀 수 없다. 그래서 경극계에는 "해진 옷을 입을지언정 잘못 입지 말라"는 말이 있다.

희곡의 의상은 행두行頭라고도 하는데, 극중 인물의 신분, 지위, 나이, 성격 등 갖가지 특징에 따라 색깔이나 도안 등이 엄격하게 정해져 있다. 제왕과 장수, 재상들은 똑같이 망포를 입지만, 황색은 제왕, 붉은색은 고

청나라의 심용포沈容圃가 그린 〈동광십삼절同光十三絕〉의 정장경, 양월루, 담흠배 등
'동광십삼절'은 동치와 광서 연간에 활동했던 13인의 명배우를 가리킨다.

귀한 신분, 고동색은 노인, 흰색과 분홍색은 젊은 사람, 검은색과 푸른색은 성격이 호방한 인물이 입는다. 이처럼 행두의 엄격한 규범은 희곡의 중요한 전통이다.

경극에서 분장은 주로 정淨과 축丑 두 배역에 집중된다. 이러한 분장은 선명한 색깔과 다양한 디자인으로 의상과 함께 중국 경극의 상징이 되었다. 분장의 색깔은 종종 인물의 성격을 나타낸다. 예컨대 흰색은 간사하고 교활한 사람을, 붉은색은 충성스럽고 용맹한 사람을 나타내는 식이다.

【 경극의 표현 방법 】

창唱, 염念, 주做, 타打는 경극의 기본 표현 방법인 동시에 중국 희곡의 네 가지 기본 기술이다.

경극의 곡조는 휘조徽調와 초조楚調에 뿌리를 두고 곤강과 방자梆子 등 일부 소리의 곡조를 받아들였다. 주로 서피西皮와 이황二黃으로 나뉘는데, 서피는 선율의 기복이 심해서 긴장되고 격앙된 분위기를 표현하는 데 적합하고, 이황은 선율의 기복이 덜하고 마디의 연주가 느슨하여 서글프고 평화로운 정서를 표현하는 데 적합하다.

경극에서 똑같은 곽자의 형식이라도 배역이 다르면 창법도 완전히 다르다. 1막의 극에서 한 단락 한 단락의 곡조는 그 배역만의 선율이 있기 때문에 함부로 바꾸지 못하지만, 세부적인 부분에서는 배우들이 개성을 발휘할 여지를 남겨둔다. 이 때문에 뛰어난 배우들은 자기만의 독특한 개성을 발휘해서 하나의 유파를 이루었다.

경극의 대사는 일종의 예술 언어로서 강한 리듬감을 지니고 있다. 대사는 노래 곡조와 달리 정해진 음높이와 리듬이 없다. 또 곡조는 악보로 기록할 수 있지만 대사는 악보가 없고 억양도 배우가 알아서 조절해야 하기

전통 희극을 집대성한 경극 ◆ 329

때문에 곡조보다 훨씬 어렵다. 그래서 경극계에는 "대사는 천 근이고, 노래는 넉 냥이다"라는 말이 있다. 경극의 대사는 운백韻白과 경백京白 두 가지로 나뉘는데, 경백은 주로 화단花旦과 축각丑角이 사용한다.

경극의 연기, 즉 주공做功은 고도로 정형화된 무용 동작으로서 몸짓 외에 소품 등을 활용하곤 한다. 예컨대 모자, 공작 깃털, 수유水袖(흰 명주로 만든 긴 덧소매 : 옮긴이), 염구髥口(긴 수염 : 옮긴이) 등이 그것이다. 연기는 손짓, 눈짓, 몸짓, 걸음걸이 등 네 가지로 귀결되는데, 반드시 엄격한 훈련을 거쳐야만 자유자재로 표현할 수 있다.

무타武打는 전통 무술을 춤동작으로 표현하는 것이다. 경극의 격투 장면은 맨손이든 병기를 사용하든 매우 긴장되고 격렬한 동작으로 다양한 배역의 독자적 성격을 표현한다. 관중은 뛰어난 무술을 감상하는 동시에 그것을 통해 극의 내용을 이해하게 된다.

【 인재를 배출하고 명배우를 살리다 】

경극은 100여 년의 역사를 가졌는데 그 시대마다 뛰어난 표현예술가들이 등장했다. 경극이 갓 형성된 19세기 무렵에는 정장경, 여삼승, 장이규張二奎를 '전삼걸'이라 불렀으며, 얼마 후 담흠배, 손국선孫菊仙, 왕계분汪桂芬을 '후삼걸'이라 불렀다.

20세기 초에 왕요경의 단 역, 양소루의 무생 역은 경극의 발전에 중요한 영향을 미쳤다. 수생鬚生의 일행 중에서 여숙암余叔岩, 언국붕言菊朋, 고경규高慶奎, 마연량馬連良 등 네 배우를 4대 수생이라고 불렀다. 그들은 각기 목소리, 토자吐字(창곡에서 전통적인 음으로 정확하게 글자를 읽는 것 : 옮긴이),

〈조씨고아趙氏孤兒〉에서 마연량馬連良이 정영으로 분장하고, 장군추張君秋가 장희공주로 분장하고, 왕옥용王玉蓉이 복봉으로 분장했다.

저우신팡周信芳이 주연한 〈정기가正氣歌〉

〈황산루荒山淚〉에서 장혜주로 분장한 청옌추程硯秋

〈초교관草橋關〉에서 요기姚期로 분장한 추성룽裘盛戎

〈야저림野猪林〉에서 임충으로 분장한 리샤오춘李少春

전통 희극을 집대성한 경극 ◆ 331

행강行腔(노래할 때 곡을 나름대로 해석하여 목소리를 조정하는 것 : 옮긴이)에서 기량을 뽐내며 자신의 유파를 형성했다. 그리고 얼마 후에는 마연량, 담부영譚富英, 양보삼楊寶森, 해소백奚嘯伯이 4대 수생으로 등극했다.

20세기 초에 이르러 경극은 완숙기에 접어들었다. 1927년 베이징의《순천시보順天時報》가 '제1차 경극 단旦 역 최우수 배우'를 선발했다. 그 결과 메이란팡, 청옌추程硯秋, 샹샤오윈尙小云, 쉰후이성荀彗生이 4대 명단名旦으로 선발되었다. 이외에 남방 출신의 저우신팡周信芳은 예명이 '기린동麒麟童'이다. 그는 곡조가 순박하고 힘이 있었으며, 대사도 굳세고 운치가 깊어서 '기파麒派'라는 유파를 형성했다. '강남의 살아 있는 무송武松'이라고 불린 개규천蓋叫天은 뛰어난 무술 실력을 뽐내며 독특한 기풍을 지닌 '개파蓋派'를 이루었다. 이처럼 경극은 수많은 예술가들의 평생에 걸친 노력으로 오늘날의 성과를 거두게 되었다.

結 경극은 창, 염, 주, 타의 표현 기법과 분장, 의상, 음악 등이 한데 어우러지며 무대의 시공간적 제약을 뛰어넘어 정교하면서도 완벽한 전통 미학을 구현했다. 100여 년에 걸쳐 소박한 지방극이 전통 연극을 집대성한 전국적인 규도의 경극으로 발전하게 된 것은 몇 세대에 걸쳐 배우들이 전통을 계승하는 한편 다양한 장점을 받아들이면서 혁신한 결과이다.

경극은 원래 역사나 고대의 신화와 전설을 주된 소재로 삼았지만, 표현 영역을 넓히고 현대인의 삶에 더 다가서기 위해서 메이란팡, 저우신팡 등 혁신에 뜻을 둔 예술가들이 1920년대부터 현대극을 무대에 올렸다. 몇십 년간의 탐색과 실험을 거쳐 1960년대에는 〈홍등기紅燈記〉, 〈사가빈沙家濱〉 등과 같은 현대극이 무대에 올려져 관객의 사랑을 받았다.

경극 〈홍등기〉의 한 장면

【 18세기 프랑스의 '중국 붐' 】

● 18세기 말엽 유럽인이 만든 중국풍의 부채

유생의 옷을 입고 중국화한 신부들이 그들의 조국에서 '중국 붐'을 일으킨 주역들이다. 그들은 동양의 운치를 담고 있으면서도 높은 예술적 가치를 지닌 정교하고 매력적인 중국 공예품과 특산물을 본국으로 가져가서 프랑스인들의 심미안을 만족시켰다.

중국 문명은 세계에서 가장 오래된 문명의 하나로서 전 세계에 깊은 영향을 미쳤다.

18세기 유럽인들은 놀라운 눈길로 중국을 주시했다. 당시 어느 정도 부유한 집에서는 '중국실'이나 '중국 코너'를 만들어 진품 혹은 가짜 중국 제품을 진열했다. 이처럼 중국 예술품은 호사가들의 손에 들어가며 18세기 유럽에서 유행했다. 당시 사람들은 이를 가리켜 '한풍漢風' 혹은 '중국 붐'이라고 했다. 특히 이러한 중국 붐은 프랑스에서 가장 두드러지게 나타났다.

유럽인들은 비단과 도자기를 통해 중국을 이해하기 시작했다. 중세시대 중국의 화려하고 아름다운 비단과 도자기 등이 실크로드를 거쳐 아랍으로 유입되었고, 이것이 다시 유럽에 전해지면서 유럽 군주들의 귀중품이 되었다.

 동양의 정교하고 깔찍한 물건들은 프랑스인들의 사랑을 받으며 즉시 상류 사회의 기호품으로 자리잡았다. 1670년 루이 14세는 베르사유 궁전 안에 유명한 트리아농 궁을 짓고, 그곳에다 자신이 소장한 중국의 청화자기를 진열했다. 이후 프랑스 왕실에서는 상인들에게 위탁하여 중국의 대표적인 도자기 생산지인 징더전景德鎭에서 서양의 문양이 새겨진 청화자기를 만들게 했다.

 해상 무역이 발전하면서 더 많은 중국의 도자기, 부채, 차, 병풍, 토우 그리고 각양각색의 물건들이 프랑스에 전해졌다. 프랑스인들은 중국의 공예품을 숭상하는 동시에 회화, 문학, 정원, 종교, 사상 등에서도 중국의 영향을 많이 받았다.

【 '중국 붐'의 발생 배경 】

17세기에서 18세기로 넘어가는 시기 프랑스에서는 심각한 종교적·사회적 위기가 발생했다. 당시는 "낡은 문화가 폐기되고 새로운 문화가 흥기하는" 전환기로서 프랑스인들은 엄청난 초조함을 느꼈다. 그들은 '신과 인간의 관계'에서 '인간과 인간의 관계'로 넘어가는 과도기에 직면해 새로운 심리적 평형을 찾고 있었다. 중국 문화는 바로 이 시기 중국에 온 선교사에 의해 프랑스로 전해졌다.

루이 14세가 통치하던 프랑스는 해외 무역을 확대하면서 극동 지역과 직접적인 관계를 맺고 싶어 했다. 이는 식민제국 포르투갈에 맞서려는 의도였다. 프랑스 과학원이 새로운 지도를 만드는 기회를 틈타 과학적 소양을 갖춘 선교사가 중국에 파견되었다. 이들은 과학적 고찰과 선교라는 임무를 완수했고, 그 덕분에 프랑스는 중국과 직접적인 외교 및 무역 관계를 맺을 수 있었다.

이 일거양득의 계획은 1685년 3월에 실시되었는데, 엄격한 심사를 거쳐 선발된 6명의 신부가 중국을 향해 떠났다. 3년간의 험난한 여행을 거쳐 그중 5명이 베이징에 도착했다. 당시는 청나라 강희제의 통치기였다. 혼명한 황제는 그들에게 중임을 맡기고 천주교를 공개적으로 전파하도록 허락했다. 이에 고무되어 더 많은 선교사들이 중국에 왔는데 그 수가 무려 100여 명에 달했다. 이것은 다른 나라 선교사들을 훨씬 뛰어넘는 인원이었다.

선교사들은 서양의 학문을 전파하는 한편 동양의 학문을 서양에 소개하는 매개체 역할을 했다. 그들은 특히 후자에 더 많은 노력을 기울였으며 성과도 컸다.

16세기 유럽으로 건너간 중국의 청화자기

【 천주교 선교사들의 '중국화' 선교 】

천주교 선교사들이 중국에 들어갈 수 있었던 데에는 이탈리아의 선교사 마테오 리치(1552~1610)의 공로가 아주 컸다. 그는 중국 실정에 맞는 선교 활동으로 천주교를 전파했다. 그의 '중국화' 선교는 중국 문화의 독자성을 인정하는 것이었다. 마테오 리치는 여느 서양인들과는 달리 중국어를 배우고 유생의 옷을 입었으며, 명사들을 널리 사귀면서 중국 문화를 열심히 배웠다. 이러한 선교 방법은 아주 효과적이었고, 얼마 뒤에는 후계자들이 그를 모방했다.

유생의 복장을 한 선교사 마테오 리치

초기 인도 공사에서 유럽으로 건너간 부채

　유생의 옷을 입고 중국화한 신부들이 그들의 조국에서 '중국 붐'을 일으킨 주역들이다. 그들은 동양의 운치를 담고 있으면서도 높은 예술적 가치를 지닌 정교하고 매력적인 중국 공예품과 특산물을 본국으로 가져가서 프랑스인들의 심미안을 만족시켰다. 중국어를 습득하고 경서를 읽은 신부들은 중국 예술에 대해 어느 정도 감식안을 갖추었다. 프랑스 화가들은 그들의 손을 거쳐 유럽에 전해진 화집에서 영감을 얻었으며, 정원 및 건축 설계사들과 희곡 작가들도 중국 예술에서 자양분을 섭취했다. '중국 붐'은 1840~1850년대에 최고조에 달했다. 이를 토대로 전통적인 유가 사상이 프랑스에 전해지기 시작해서 '중국 붐'은 예술에서 사상으로까지 확대되었다.

【 로코코 양식과 중국 예술 】

　로코코는 18세기 프랑스에서 발생하여 전 유럽에 영향을 미친 예술 사

로코코 시대 화가 부셰의
〈중국조어도中國釣魚圖〉

조이다. 로코코 양식은 경쾌하고 섬세한 선, 우아하고 화려한 색조로 새로운 시민 계층의 취향을 표현했다. 로코코 시대 프랑스에 전해진 중국 예술은 이 혁신적인 예술 사조에 자양분을 제공했다. 평면적인 구도와 수묵화 그리고 자연을 숭상하며 전체적인 조화를 특색으로 하는 중국 예술은 프랑스 예술과 만나면서 서양의 전통과도 구별되고 중국 예술을 모방한 것도 아닌 독자적인 예술로 다시 태어났다. 와토(1684~1721), 부셰(1703~1770) 등이 로코코 시대 프랑스의 유명한 화가들이다. 정도의 차이는 있지만 그들의 작품에는 중국 예술의 흔적이 남아 있다.

1749년 '중국 붐'이 절정을 향해 가고 있을 때 중국의 원림을 소개하는 편지가 프랑스에서 공개되었다. 편지를 쓴 사람은 건륭제의 궁정화가이자 프랑스 선교사인 장 드니 아티레였다. 그는 원명원圓明園을 '인간세상의 천국'이라 극찬하면서 처음으로 자연을 본받는 중국 미학의 원칙을 정리했다. 이때부터 로코코 예술은 보다 명백하게 중국을 본받았으며, 그 결과 중국 원림 특유의 아치형 다리, 날아갈 듯한 추녀, 인공적으로 만든 산과 시내 등이 유럽 땅에도 속속 출현하기 시작했다. 목가적인 정취를

프랑스 화가 와토가
그린 중국풍의 벽화

자아내는 베르사유 트리아농 궁의 정원과 숲의 장미원은 그와 같이 자연을 본받은 뛰어난 작품이다.

【 유가 사상과 기독교 문명의 충돌 】

예수회 선교사들의 '중국화'한 선교 방법은 시작부터 천주교 정통파의 반대에 부딪혀 한 차례 '중국 예의禮儀 논쟁'을 불러일으켰다. 예수회 선교사들은 예의에 관해서는 중국에 양보할 가치가 있음을 증명하기 위하여 중국의 고서적들을 대량으로 번역, 소개했다.

1789년 프랑스 대혁명이 발발하기 전에 사서四書가 이미 서양의 언어로

중국식 정원인 베르사유 궁전 내 장미원 풍경

번역되었다. 오경五經 중에서도 『시경』의 완역본과 일부 내용이 소개되었으며, 그 밖에 다른 서적들도 번역되었다. 탄대로 예수회 주류파는 유학의 무신론적 경향을 강조하고 중국 사회의 낙후된 모습을 알리는 데 열중했다. 객관적으로 볼 때 두 가지 내용을 종합하면 5,000년 중국 문명의 기본적인 모습을 알 수 있다.

물론 둘 중에 예수회 주류파의 주장이 사람들의 눈길을 더 끌었다. 바로 이런 작품들이 중국 문화에 대한 이해를 도왔으며, 아울러 비교적 직관적인 예술에서 깊은 철학의 세계로 인도했다.

중국 문화가 프랑스인에게 준 충격은 우선 《성경》의 역사에 대한 도전이었다. 중국의 사상은 공자의 "시서詩書를 첨삭하고 《춘추》를 수정하는" 데서부터 역사를 중시하는 전통을 세웠으며, 중국의 역사서들은 확실한

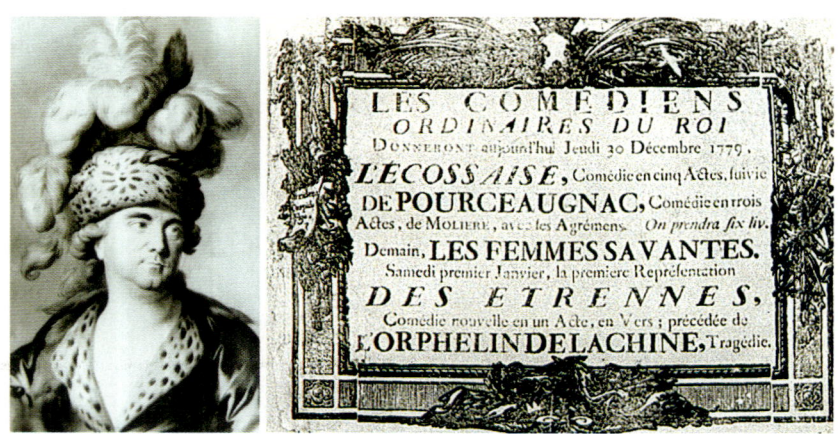

〈중국 고아〉의 한 장면과 공연 포스터

역사 자료로 수천 년 중국의 역사를 증명했다. 그리하여 단지 중국이라는 객관적 존재를 인정하는 것만으로도 인류 역사를 《성경》의 구약에 기록된 〈창세기〉로부터 수천 년을 앞당겼다. 그 결과 일부 지식인들은 사상적으로 문화의 보편성과 상대성 개념을 내세우면서 '유럽 문화 중심론'에 도전했다.

유가 사상은 종교와 사회를 막론하고 18세기 프랑스인들에게 신선한 충격을 주었다. 그리하여 프랑스 문화계에서는 18세기 프랑스의 철학이 중국의 영향을 받았다는 점을 공인하며, 이 시기의 유럽을 '중국의 유럽'이라고 불렀다.

結 1987년 1월 10일, 프랑스의 시라크 총리는 중국의 전 국가 주석 티셴녠李先念을 환영하면서 이렇게 말했다.
"계몽시대의 사상가들은 중국에서 이성적이고 조화로운 세계를 보았습니다. 그 세계는 자연의 법칙을 따르는 동시에 우주의 대질서를 구현하고 있었습니다. 그런 세계관으로부터 사상을 흡수하고 계몽운동을 통해 전파함으로써 프랑스 대혁명에 도화선이 되었습니다."

중국은 계몽시대 지식인들에게 보편적인 계몽의 의의를 갖고 있었다. 특히 현실과 현세를 중시하는 중국의 전통은 종교적으로나 정치적으로 위기에 빠진 프랑스인들을 유혹했다. 계몽사상가들에게 영향을 미친 중국 사상이란 실은 유가 사상을 말하는 것이다. 현세를 중시하고 인仁을 중시하는 공자의 사상, 특히 인정仁政과 덕치德治를 바탕으로 한 정치 사상은 계몽사상가들에게 많은 영감을 주었다.

이처럼 중국 사상에 대한 광범위한 소개와 연구로 인해 공자의 신화가 프랑스를 비롯한 유럽에서 유행하게 되었다. 이것은 공자가 오늘날에도 여전히 세계적으로 명망을 얻고 있는 중요한 이유이기도 하다.

【 원명원 】

● 원명원 유적

건륭제가 매우 좋아했던 쑤저우의 사자림은 장춘원뿐 아니라 청더承德의 피서산장 안에도 조성되었다. 하지만 이러한 모방은 단순한 답습이 아니라 북방의 건축 형식, 기후와 수목 등의 특성을 고려해서 남방 원림의 특징을 표현한 것이었다.

베이징 서쪽 교외는 산수가 빼어나 명나라 때부터 고관귀족들이 개인 화원을 조성했다. 청나라 건국 후 강희제, 옹정제, 건륭제는 전국 각지의 물자와 솜씨 좋은 장인들을 소집해서 웅장하고 아름다운 황실의 원림을 속속 조성했다. 맨 먼저 조성한 원림을 원명원圓明園이라 불렀고, 원명원에 인접하여 확충한 부분은 장춘원長春園과 기춘원綺春園(나중에 만춘원萬春園으로 고쳐 부름)이라고 했는데, 이 세 원림을 통칭하여 원명원이라고 한다.

원명원은 중국 역대의 우수한 화원 전통을 이어받았다. 강희제와 건륭제는 여러 차례 남방을 순시하여 화원을 조성할 때 가능하면 강남의 풍경과 원림의 정수를 북방의 기후와 지리에 맞게 수용하도록 했다. 그리하여 인공적으로 산을 쌓고 물을 끌어들여서 제한된 면적 내에 다양한 풍광을 꾸미게 했다.

원명원은 원림 그 자체로서만 유명한 것이 아니다. 사실상 옹정제부터 시작해 원명원이 존재한 150여 년 동안 역대 황제들은 대부분의 시간을 원명원에서 보내며 조회를 진행하고 정사를 처리했다.

원명원은 청나라 황제들이 장기간 생활하고 활동한 장소로서 섬세하고 아름다운 장식품을 비롯해 진귀한 보물, 골동품, 서첩과 그림, 공예품을 보유하고 있었다. 원명원 안의 문원각은 전국적으로 유명한 7대 황실 도서관 중 하나

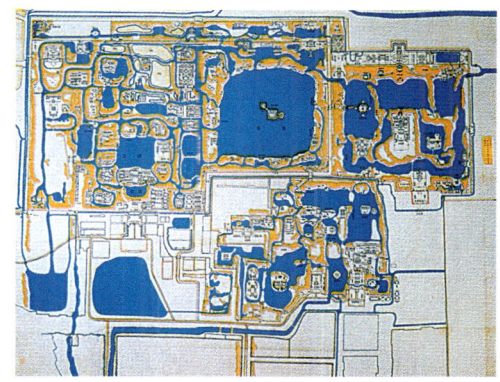

원명원 복원도

였다. 그래서 원명원은 전통 문화와 예술의 정수를 모아놓은 종합 박물관이나 다름없었다.

하지만 세상에 둘도 없던 이 원림은 1860년 영국과 프랑스 연합군의 약탈로 불에 타서 잿더미로 변하고 말았다. 이는 중국의 재난일 뿐 아니라 인류 문명의 중대한 손실이라 해도 과언이 아니다.

【 지형에 맞게 경관을 조성하다 】

 원명원은 평지에 인공적으로 조성한 대규모 원림이다. 그 일대가 수원水源이 풍부하여 원명원, 장춘원, 기춘원이 모두 수경원水景園으로 만들어졌다. 그리하여 인공적으로 만든 수역水域이 전체 원림 면적의 절반 이상을 차지하고 있다.

 원림의 풍경은 대부분 물을 주제로 했다. 원림에는 호수가 대·중·소 크기별로 다 있는데 큰 것은 600여 미터에 달하고, 중간은 200여 미터, 작은 것은 몇십 미터 규모이다. 그리고 에돌아 흐르는 하도河道가 크고 작은 수면을 이어서 완전한 강과 호수를 이루어 배를 타고 유람을 할 수도 있다.

 한편 돌을 쌓아 만든 인공 산과 흙으로 된 언덕, 섬, 제방 등이 원림 안에 흩어져 있어서 물이 산을 에돌아 흐르는 자연 공간을 연출한다. 각각의 공간은 모두 인공적으로 만든 것임에도 자연미를 담고 있으며, 섬이나 제방을 이용해서 거대한 수면을 여러 형태로 나누었다. 그러한 수역은 모여 있건 흩어졌건, 한결같이 밝고 그윽한 경치를 보여주고 있다.

이처럼 인공적으로 쌓은 산과 강, 호수가 만들어내는 경관은 물안개 자욱한 강남의 수향水鄉

원명원 푸하이福海

을 정밀하게 재현한 것이다. 이는 원림 예술의 걸작이자 원명원의 정수로 꼽힌다.

【 원명원의 서양 건축 】

오늘날 폐허가 된 원명원에 남아 있는 유물 중에서 가장 눈길을 끄는 것은 '서양루西洋樓'라고 불리는 몇 개의 큰 건축물이다.

건륭제는 일찍이 한 폭의 서양화에 묘사된 분수를 보고는 흥미를 느꼈다. 그래서 당시 청나라 정부에서 일하고 있던 이탈리아 선교사 카스틸리오네에게 누가 그것을 모방할 수 있느냐고 물었다. 카스틸리오네는 프랑스 선교사인 미셸 브누아를 추천했다. 건륭제는 즉시 미셸 브누아를 불러 장춘원 안에 분수대를 만들게 했다.

건축은 카스틸리오네, 브누아 그리고 프랑스 예수회 선교사 장 드니 아

원명원 ◆ 351

1786년 동판화에 기록된 대분수대의 남쪽 면

해연당의 북쪽 면

티레, 체코 예수회의 선교사 시셀바르트 등이 맡았고 또 다른 프랑스 선교사가 조경을 책임졌다. 그리하여 서양 선교사들이 설계한 서양 건축물이 장춘원 내에 자리 잡게 되었다. 가장 서쪽 끝에 있는 것이 해기취諧奇趣이고 동쪽으로 가면서 차례로 양작롱養雀籠, 방외관方外觀, 해연당海宴堂, 원영관遠瀛觀이 들어섰다. 이들 서양 건축물에는 갖가지 형태의 분수대가 설치되었다. 이 건축물들은 바로크 양식을 따랐지만, 당시 유럽에서 로코코 양식이 유행함에 따라 원명원 내의 서양 건축물들도 로코코 예술의 특징을 갖추게 되었다. 그리고 섬세하고 뛰어난 석공예 실력을 발휘하며 벽에 다섯 가지 색깔의 유리화전琉璃花塼을 끼워넣었다. 지붕을 덮은 기와만이 중국 특유의 유리 기와였으니, 그야말로 중국과 외국의 문화가 한데 어울려서 기이한 품격을 보여주었다.

그러나 1860년 영국과 프랑스 연합군이 베이징에 쳐들어와 원명원을 불태움으로써 이 서양 건축물도 폐허로 변하고 말았다. 유럽인들이 설계하고 시공한 건축물이 다시 그들에 의해 파괴된 것이다. 진정 서양 문화

해기취의 서양식 돌사자와 방외관 유적

에 대한 풍자이자 역사의 아이러니가 아닐 수 없다.

강남의 원림을 모방하다

"누가 강남 경치의 아름다움을 말하는가, 하늘을 옮기고 땅을 줄여서 그대 가슴에 있구나."

이것은 청나라 말기의 시인 왕개운王闓運의 〈원명원 궁사宮詞〉에 나오는 시구이다. 건륭제는 여섯 차례나 남방을 순시하면서 마음에 드는 원림을 만나면 곧 수행 화가에게 그림을 그리게 해서 황실 원림을 조성하는 데 참고하게 했다. 그래서 원명원을 확장할 때 작은 화원 등은 강남의 일부 원림을 직접 모방했다. 예컨대 원명원 내의 안란원安瀾園, 장춘원 내의 소유천원小有天園, 사자림獅子林, 여원茹園은 각각 강남의 4대 원림인 하이닝海寧 안란원, 항저우 소유천원, 쑤저우 사자림, 난징 첨원瞻園을 모방한 것이다. 이들 건축물은 유폐된 공간과 조화를 이루며 상대적으로 독립적인

원영관 유적

해연당 축수루 유적

환경을 형성하고 있다.

강남의 원림을 모방한 남북 원림 양식의 융합은 이 시기 최고조에 달했다. 건륭제가 매우 좋아했던 쑤저우의 사자림은 장춘원뿐 아니라 청더承德의 피서산장 안에도 조성되었다. 하지만 이러한 모방은 단순한 답습이 아니라 북방의 건축 형식, 기후와 수목 등의 특성을 고려해서 남방 원림의 특징을 표현한 것이었다. 북방의 웅장한 기세로 남방의 부드러운 정서를 표현한 예술적 재창조라고 할 수 있다. 그래서 원림 안에 원림이 있는 것이 원명원의 특징이었고, 원림 안의 원림 자체가 중국 고대 원림의 독특한 형식이 되었다.

【 원명원이 내포한 사상 】

원명원의 원림은 봉건 통치 계급의 의식을 선명히 반영하고 있다. 원명원의 중심축 꼭대기 '우공구주禹貢九州'를 상징하는 호수와 아홉 개의 섬

장춘원의 사자림 유적

은 "하늘 아래 황제의 땅이 아닌 곳이 없다"는 뜻을 담고 있다.

원림 내 크고 작은 100여 곳이 모방한 대상과 이름을 보면 그것이 내포한 의미를 알 수 있다. 이를테면 불경에서 취한 낙가승경珞珈勝景과 사위성舍衛城, 도가의 방호승경方壺勝景과 봉도요대蓬島瑤臺, 유가에서 효행의 모범인 홍자영호鴻慈永祜가 있다. 그 밖에 사해의 평화를 뜻하는 구주청안九州淸晏과 만방안화萬方安和, 농경 중시 사상을 나타내는 다가여운多稼如雲과 북원산촌北遠山村, 제왕의 덕행을 노래한 함허낭감涵虛朗鑑과 여고함금茹古涵今, 철인哲人의 은둔을 찬미한 담박영정澹泊寧靜과 염계낙처濂溪樂處가 있다. 또 《사고전서》를 수집한 문원각, 민간의 저잣거리를 모방한 매매가賣買街, 서양인들이 설계한 유럽식 궁정 정원이 있다.

이러한 구조는 "만물은 나를 위해 존재한다"라는 제왕의 의식을 잘 표현하고 있으며, 아울러 봉건시대의 정신적 지주인 유·불·도 사상을 반영한 것이라고 할 수 있다.

방호方壺의 빼어난 경치

【 영국과 프랑스 연합군의 약탈과 파괴 】

1856년, 영국과 프랑스 연합군이 제2차 아편전쟁을 일으켰다. 4년 뒤인 1860년 10월에는 두 나라의 연합군이 베이징 부근까지 쳐들어왔다. 10월 6일, 프랑스군은 가장 먼저 원명원에 침입해서 약탈을 시작했으며, 이어서 뒤따라온 영국군이 약탈에 가세했다. 10월 7일, 두 나라의 지휘관은 모든 병사들이 군영을 떠나 원명원에 가서 약탈할 수 있다고 선포했다. 그와 동시에 몇천 명이나 되는 침략군이 앞다투어 야만적인 약탈과 파괴를 자행했다. 한 프랑스 통역관이 당시의 정황을 사실대로 기록했다.

화원 곳곳에 사람들이 우글거렸다. 그들은 각기 누각이나 궁전, 탑, 서실로 달려갔다.

앞다투어 들려간 그들은 한 무더기의 보물을 서로 차지하려고 갖가지 언어로 외쳐대며 다투었다. … 일부 병사들은 홍보석, 청보석, 진주, 수정을 호주머니와 소매, 모자 안에 집어넣었다. … 공병들은 도끼를 들고 가서 가구들을 몽땅 부수고 그 위의 보석을 떼어냈다.

침략군이 약탈한 진귀한 물품은 1,000대의 마차에 실려 나갔다. 그들이 약탈해 간 유물의 일부는 지휘부에서 수거하여 경매에 부쳤고, 나머지는 영국이나 프랑스로 가져갔다. 그중 일부 진귀한 문물은 현재 영국과 프랑스

베이징으로 진입하는 영국과 프랑스 연합군

의 유명 박물관에 진열되어 있다.

반복적인 약탈과 파괴가 끝난 뒤 영국군은 3,500여 명의 관병을 지휘해서 원명원을 불태웠다. 그 불은 이틀 낮 이틀 밤을 타올랐고 검은 연기가 베이징 하늘을 뒤덮었다. 이 대화재의 재앙은 근처에 있는 다른 원림에까지 미쳐 한바탕 재난이 지나가자 원명원은 폐허가 되어버렸다.

結　원명원은 청대 중국에서 가장 빼어난 대규모 원림으로 유럽에서도 유명했다. 18세기 유럽의 정원은 대칭의 균형을 추구하여 생명이 있는 녹지마저 기하학적 구도로 배치했다. 이것이 이른바 르 노트르(Le Nôtre) 양식이다.

　유럽인들은 선교사들을 통해 원명원을 비롯한 중국의 원림을 알게 되었다. 중국의 원림은 르 노트르 양식과 다를 뿐 아니라 인공적인 요소를 완전히 배제한 영국식 정원과도 달랐다.

　영국의 왕실 건축가 윌리엄 체임버스는 중국의 원림을 두 번이나 돌아보고 유럽 최초의 중국식 원림인 큐 가든(Kew Garden)을 설계했다. 이 정원은 중국의 원림과 비슷해 보이지만 실제로는 이도 저도 아닌 어정쩡한 형태였다. 그러나 그의 건축은 독특한 기풍으로 발전하여 유럽 대륙에 전파되면서 르 노트르 양식을 좇아온 전통에 충격을 주며 새로운 흐름을 만들어냈다.

【 천단 】

● 천단의 기년전

천단의 건축물은 전체적인 분포만이 아니라 조형이나 색채에서도 천인합일의 경계를 창조했다. 천단의 건축물은 한 번에 다 지어지지 않았지만, 그 연속성과 전체성을 계속 유지해나갔다.

베이징 동남쪽에 위치한 천단天壇은 고대 건축의 진품이자 고대 문화의 진귀한 보물이다. 천단은 명·청대 제왕들이 제사를 지낸 제단으로, 명나라 초기에는 이곳에서 천지에 제사를 지내며 천지단天地壇이라고 불렀다. 가정嘉靖 9년(1530)에는 북쪽 교외에 방택단方澤壇을 세우고 하늘과 땅에 각각 제사를 지내 풍년을 기원함으로써 명실상부한 천단이 되었다.

중국의 고대 통치자들은 하늘을 만물의 주재자로 여기고 황제를 하늘의 아들이라 하여 스스로 '천자天子'라고 칭했다. 천단은 바로 왕권과 신권이 결합한 산물이다.

천단은 평면적으로 '회回'자의 형태를 띠면서 내단과 외단으로 나뉘어 있다. 명나라 영락永樂 18년(1420)에 건설되었으며, 내단과 외단은 각기 천단의 벽에 둘러싸여 있다. 외벽의 길이는 6,416미터에 달하고 면적이 273만 평방미터에 이르러 고궁보다도 두 배나 크다. 내단과 외단의 북쪽 끝을 둘러싼 담은 높고 큰 반원형이며, 남쪽 끝에 있는 담은 비교적 낮은 방형을 이루고 있다. 이것은 하늘은 둥글고 땅은 네모나다는 것을 상징한다.

　명·청대의 황제들은 제천 활동을 중시해서 매년 두 차례에 걸쳐 천단에서 제사를 지냈다. 먼저 음력 정월 15일에 기년전祈年殿에서 풍년을 기원하는 의식을 거행하고, 동짓날에 원구단圜丘壇에서 하늘에 제사를 지내 천제天帝의 보호에 감사했다. 그 밖에 가뭄이 들면 원구단에서 하늘에 제사를 지내며 비를 기원했다.

　천단은 신해혁명 이후 1915년에 공원으로 개방되었지만, 장기간 관리를 소홀히 한 탓에 심각하게 파괴되었다. 1949년부터 대대적인 수리를 거치고 녹화 사업을 펼친 끝에 고색 창연하고 아름다운 대규모 공원으로 거듭났다.

【 광대한 이상을 상징하는 높이 】

천단의 남북 중심축 위에서 보면 남쪽의 원구는 높이가 5.18미터에 달하고, 황궁우皇穹宇의 높이는 19.2미터, 기년전은 38미터에 달한다. 기년전은 중심축 위에서 높은 봉우리를 이루고 있다. 단폐교丹陛橋는 기묘한 예술적 효과를 냄으로써 다리 표면이 상승하는 듯한 착각을 불러일으킨다.

기년전과 원구단의 사면에 설치된 요장𝑦牆은 주 건축물과 높낮이 대비를 이루며 주 건축물의 숭고함을 뒷받침해준다.

주 건축물의 사면은 낮은 성벽이 에워싸고 있다. 이 때문에 기년전과 원구단의 윤곽이 하늘로 이어지고 제단은 구름 위에 솟은 것 같아서 제단 위에 서면 마치 하늘에 오른 듯한 느낌이 든다.

기년전의 내부 공간은 높이감이 두드러진다. 내부 면적은 매우 좁아서 직경이 23.4미터밖에 되지 않는다. 영리한 설계자는 3층 기둥을 기년전 내부의 가장자리에 배치하고 중앙에는 공간을 비워두었다. 또 내부 층계

사방에 낮은 담을 쌓아 원구단의 숭고함을 두드러지게 표현했다.

의 통천주通天柱(높이 19.2미터, 직경 1.2미터) 4기가 수직으로 뻗어 올라가 천장에 집중되었다. 용봉 무늬로 된 천장과 다전의 바닥 중앙에 있는 용봉정상석龍鳳呈祥石은 아래위로 호응하며 공간의 일체감을 극대화한다.

천단 원구의 상층 단의 중심은 태극석太極石이라는 한 덩어리의 둥근 돌로 이루어졌고 밖에는 부채꼴의 호형석弧形石이 깔려 있다. 중심석에 바짝 붙어 있는 테두리는 모두 아홉 조각으로 되어 있고, 바깥쪽으로 갈수록 아홉 조각씩 늘어난다. 중층과 하층 단도 모두 이렇게 처리했다. 각 층의 단 바깥쪽에 있는 한백옥漢白玉 난간과 난간 판板의 숫자와 층계의 급수는 모두 9개 혹은 9의 배수로 되어 있다. 9는 한 자리 수 가운데 가장 큰 숫자로서 제왕의 존귀함을 상징하는 한편, 우주의 중심인 황천상제皇天上帝의 권위를 상징한다.

【 상서로운 조화를 상징하는 원 】

원은 일종의 철학적 경계이자 우주관이며 심미관이기도 하다.

천단 건축에서 눈에 띄는 것이 바로 원형 구조이다. 천단의 남북 중심축의 주 건물인 원구단, 황궁우, 기년전이 모두 원형을 이루고 있다. 게다가 각각의 건축물은 또 여러 개의 동심원을 이루고 있다. 가령 기년전은 원형의 보정寶頂을 중심으로 하여 3층 원형 유리 처마로 확장되고, 다시 3층의 원형 제단으로 확대된다. 원구단은 태극석을 중심으로 하여 3층의 원형 제단으로 확장되고, 제단의 각 층에 깔아놓은 석판도 모두 동심원을 이루고 있다. 석판은 부채꼴 형태로 각 층 동심원의 바깥쪽을 향해 펼쳐지는 효과를 극대화함으로써 건물과 하늘의 조화를 꾀했다.

천단 건축에서 원은 공간뿐 아니라 시간의 변화도 표현한다. 하늘에 제사를 지내는 제천祭天과 풍년을 기원하는 기년祈年은 농업 사회의 특징을 보여준다. 제천 의식은 동지나 초여름에 거행했는데 이는 건축의 구조에서도 나타나고 있다. 이를테면 기년전 내층內層의 네 기둥은 사계절을 상징하고, 중간층의 열두 기둥은 12개월을, 외층의 열두 기둥은 12시진時辰(1시진은 2시간)을 각각 상징한다. 이러

기년전의 내부 공간은 높이감이 두드러지게 설계되었다.

동심원을 이루는 원구단의 3층 석단

한 반복되는 시간의 흐름을 원형으로 표현한 것이다.

천단의 건축물은 전체적인 분포만이 아니라 조형이나 색채에서도 천인합일의 경계를 창즈했다. 이 건축물들은 한 번에 다 지어지지 않았지만, 확장과 재건을 반복하면서도 그 연속성과 전체성을 계속 유지해나갔다.

현재의 천단 중심축에서 보면, 기년전과 원구단은 하나가 북쪽이면 하나는 남쪽이고, 하나가 높으면 하나는 낮고, 하나가 짙으면 하나는 담박하고, 하나가 實실하면 하나는 허虛해서 서로 대비되는 가운데 호응하고 있다. 이러한 기년전과 원구단 사이에 자리 잡은 황궁우는 공간, 조형, 색채 등에서 일종의 각도기를 구현하고 있다. 황궁우는 원구단에 바짝 붙어서 기년문과는 거리가 있는데, 이는 단폐교를 충분히 확장함으로써 기년전이 고조되어 곧 나타나리라는 것을 예고한다.

변화 속에서 통일을 추구하여 전체적인 조화를 꾀하는 천단의 원형 구조는 제한된 형상에서 무한한 정신적 함의를 깨닫게 해주는 신원神圓의 경지이다.

【 맑음, 변화무쌍한 경지 】

맑음은 바로 하늘의 특징이다. 천단은 지붕이 남색 유리 기와로 덮여 있고 넓은 면적에 측백나무가 울창한데, 여기에는 특별한 뜻이 담겨 있다.

옛사람들의 예의 제도에 푸른 구슬로 하늘에 예를 드린다는 창벽예천蒼璧禮天이라는 것이 있었다. 창蒼은 푸른색을 가리키지만 남색도 포함한다. 우리는 보통 하늘을 청천靑天, 남천藍天, 창천蒼天이라고도 한다. 그 이유는 바로 창벽예천, 즉 창벽의 원형과 푸른색이 모두 하늘을 상징하기 때문이다.

천단의 기본 색조는 푸른색이다. 하늘과 숲은 물론 유리 기와까지 모두 푸른색이다. '청靑'은 상서로움과 평안의 상징으로서 변화무쌍하고 청정한 아름다움을 보여준다.

천단의 건축물 가운데 기년전과 황궁우는 남색 유리 기와로 덮여 있다. 이것은 파란 하늘과 조화를 이루며 맑

기년전의 원형 천장. 네 기둥이 사계절을 상징한다.

은 하늘을 더욱 돋보이게 하고, 반대로 맑은 하늘은 기년전을 더욱 돋보이게 한다. 이것은 중국 전통 미학의 허실상생 虛實相生(허와 실이 상생함), 이허현실以虛顯實(허로써 실을 드러냄)의 효과를 보여주고 있다. 그러나 이러한 허와 실의 관계에서도 가장 중요한 것은 바로 '허'이다. 왜냐하면 '허'가 관람자의 상상력을 자극하기 때문이다.

황궁우의 남색 유리 기와와 측백나무가 맑은 하늘을 배경으로 더욱 두드러져 보인다.

울창하게 늘어선 측백나무

천단에는 측백나무와 소나무가 울창하다. 모두 10만여 그루에 달하는데, 그중에서 오래된 측백나무는 3,566그루이다. 녹지의 면적이 86퍼센트에 달하며, 울창한 숲이 맑은 하늘을 더욱 돋보이게 한다. 천단은 비록 도시 한가운데 자리 잡고 있지만, 녹화가 잘되어 있어 옛날 그대로의 자연을 느낄 수 있으며 도시의 번잡함을 찾아볼 수 없다.

【 기곡 의례 】

의전儀典 제도에 따르면, 제사를 지내기 3일 전부터 황제는 재궁齋宮에 가서 재계齋戒를 해야 했다. 즉 고기를 먹지 않고, 술을 마시지 않고, 유흥을 하지 않고, 형사 사건을 처리하지 않고, 후비를 가까이하지 않고, 상가에 조문하지 않는 것이다.

청나라 옹정제 때는 자금성 안에 따로 재궁을 지어, 그때부터 궁궐 안에서 이틀간 재계하고 다시 천단의 재궁(기년전 서남쪽에 있음)에서 하루를 재계했다. 나중에는 의례를 거행하기 4~5시간 전에 재궁에 가서 그저 흉내만 내도 재계한 것으로 간주했다.

기곡祈穀 의례를 거행하는 날, 해가 뜨기 전 재궁에서 종이 울리면 황제는 곧 재궁에서 나와 제례복으로 갈아입고 기년전으로 들어가서 용봉석龍

제사를 지내기 전에 황제는 반드시 이 재궁에서 재계를 했다.

鳳石(기년전의 중심에 있는 용봉 무늬의 천연 대리석) 남쪽에 배례 자세로 섰다. 왕공 대신들은 대전의 문밖에 자리를 잡고, 문두백관들은 대臺 아래서 제사를 지냈다.

황제가 황천상제의 위패를 향해 삼궤구배三跪九拜(세 번 무릎 꿇고 아홉 번 절함 : 옮긴이)의 예를 행하면 백관들도 따라서 절을 하며 번시燔柴(섶

구복대 옆에 장막을 치곤 황제가 그 안에서 제례복으로 갈아입었다.

나무를 태우며 하늘에 제사 지내는 것 : 옮긴이)의 예를 행하고 제신帝神을 맞이했다. 그러고는 황제가 황천상제에게 옥백玉帛을 올리고, 음식 담은 그릇을 내오고, 마지막에 음식을 물리고, 제신을 전송하고, 제사용품을 불태우고, 음악을 연주하고 춤을 춤으로써 의례는 끝이 났다. 이처럼 성대한 의식은 천제에 대한 황제의 경건한 마음을 보여주는 것이었다.

【 제천 의례 】

기년전의 제사는 풍년이 들기를 기원하는 것이다. 하지만 원구단의 제천 의식을 통해서는 천제의 가호를 바라고 기후가 고르기를 기원하는 동시에 황실의 조상에게도 제사를 지냈다.

원구단은 제천 의식에만 이용되었는데, 대 위에 건물이 따로 없고 하늘을 향해 제사를 지내서 노제露祭라고 칭한다. 제사를 지내는 날이면 원구대 위에 7조組의 신위를 모셨다. 즉 하나의 주위主位, 2개의 배위配位, 4개

원구단과 기곡단을 연결하는 단폐교

의 종위從位가 그것이다. 그리고 그 위에 신악神幄이라는 장막을 세웠다.

신위 가운데 주위는 '황천상제신패위皇天上帝神牌位'로서 단의 정북쪽에 모시는데, 그 신악은 원추형과 흡사하다. 배위는 황제의 조상들의 패위牌位로서 주위 양쪽에 모시며 신악은 장방형을 이룬다. 종위는 해, 달, 별, 비, 구름, 바람, 우레 신의 패위로서 2층의 동쪽과 서쪽에 모시고, 신악은 역시 장방형이다.

상층의 중앙 태극석에는 축안祝案이 있고, 황제가 절하는 위치는 상층과 중층 평대平臺의 정남쪽이었다. 제천 시간은 해 뜨기 전 7각刻으로 시간이 되면 재궁에서 태화종이 울리고, 황제가 궁궐을 나와 단에 이르면 종소리가 멎고 북이 울리면서 대전大典이 시작되었다.

제천은 성대하게 치러지는 행사여서 동지 전에 많은 준비가 필요했다. 닷새 전에는 친왕親王이 직접 제사 장소에 가서 살펴보고, 사흘 전에는 황제가 재계하고, 이틀 전에는 축문을 써놓아야 했다. 그리고 전날에는 가축을 잡고 제기를 정리했으며, 황제는 축문을 미리 읽어보고 황실 조상들의 패위를 모셔둔 황궁우에 가서 분향했다. 전날 밤에는 태상시경太常寺卿이 수하를 거느리고 신위 앞에 놓을 제물과 제기를 배치했고, 악부에서는 악대를 배치한 뒤 예부시랑의 검사를 받았다.

【 기년전, 회음벽과 삼음석 】

천단의 건축물 중 일부는 독특한 특징으로 사람들의 눈길을 끌고 있다. 이를테면 무량전無梁殿으로 불리는 기년전, 황궁우와 동서의 배전配殿을 둘러싸고 있는 원형의 담과 황궁우의 단폐丹陛 앞에 있는 삼음석三音石이 그것이다.

기년전을 무량전이라 부르는 까닭은 대들보와 쇠못을 쓰지 않고 28개의 기둥과 동자기둥, 아그배나무 등으로 받치고 이어 붙여 만들었기 때문이다. 이것은 대량식擡梁式 건축의 전범으로서 예술적 가치가 매우 높고, 중국의 목조 건축물 중에서도 일대 장관을 이루고 있다.

회음벽回音壁은 황궁우를 둘러싸고 있는 원형의 담을 가리킨다. 직경 61.5미터, 둘레의 길이 1,932미터, 높이 3.72미터, 두께 0.9미터에 달한다. 회음벽에서는 벽을 향해 낮은 소리로 말하면 반대쪽에 있는 사람이 마치 전화를 받는 것처럼 상대방의 목소리를 똑똑히 들을 수 있다. 이러한 '회음'의 원리는 벽이 원형으로 빙 둘러 있는 터다 벽면이 아주 깨끗하고 그 위에 기와를 얹어서 소리의 파동이 둥근 벽을 따라 연속적으로 반사, 전달되면서도 쉽게 분산되지 않기 때문이다. 그래서 상대방의 귀에 소리의 파동이 전달되는 것이다.

삼음석은 황궁우의 단폐 앞에 있는 세 조각의 석판이다. 북쪽 끝에 있는 첫 번째 석판 위에 서서 손뼉을 치거나 소리를 지르면 곧 그 울림을 한 번 들을 수 있다. 그리고 두 번째 혹은 세 번째 석판 위에서 손뼉을 치면 곧 두 번 혹은 세 번의 울림을 들을 수 있다. 이 세 조각의 석판은 원형 벽의 중심에 있어서 소리의 파동이 동시에 사방에서 반사되어 돌아오고 또한 석판에서 담까지의 거리가 각기 다르기 때문에 울림의 횟수도 다른 것이다.

結 천단의 매력은 응축된 예술 형식을 통해 광대하고도 심오한 정신세계를 보여주는 데 있다. 천단에 가면 고대 제천의 역사를 이해할 수 있다. 즉 인류가 오랜 세월 운명을 두려워했음을 알 수 있고, 땅에 엎드려 불안하게 하늘을 향해 기도 드리던 황제의 그림자를 떠올릴 수 있다. 천단이 보여주는 독특한 경지는 한 편의 철학적 시를 읽고 한 폭의 의미 있는 그림을 감상하는 듯한 느낌을 준다.

천단에는 천인합일 사상과 함께 군주의 권력은 하늘이 부여한 것이라는 의식이 반영되어 있다. 겹겹이 중첩된 원형 건축은 순환의 관념을 보여주며 조화와 쉼 없는 생명을 상징한다.

【 포송령과 《요재지이》 】

● 포송령

《요재지이》는 어두운 정치 현실을 규탄하고 통치 계급의 죄악을 폭로하는 작품이 큰 비중을 차지하고 있다. 이러한 작품에서 작가는 백성들에 대한 광범위한 억압과 수탈을 반대하며 봉건 관리들의 탐욕과 포악함을 폭로한다.

《요재지이聊齋志異》는 중국 고대의 가장 유명한 문언문文言文(구어체인 백화白話가 아니라 문어체로 쓴 글 : 옮긴이) 단편소설집이다. '요재'는 작가 포송령의 서재 이름에서 따왔고, 대부분 여우나 귀신 등의 이야기를 담고 있기 때문에 '지이'라고 했다.

당·송대 이후 고대 소설은 대체로 백화와 문언 두 갈래로 나뉘어 발전했다. 당나라의 전기소설은 당대 문언소설의 주요 형식이었다. 송나라 때도 적지 않은 작품이 나왔는데 예를 들면 홍매洪邁의 《이견지夷堅志》 등이 있다. 명나라 초기에는 구우瞿佑, 이정李禎, 소경첨邵景詹 등의 《전등신화剪燈新話》, 《전등여화剪燈餘話》, 《멱등인화覓燈因話》와 같은 전기소설이 등장했다.

당나라 때 소설을 배우는 풍조가 성행하면서 서적 상인들이 《태평광기太平廣記》의 일부 이야기를 새로운 저술 속에 묶어 내놓았다. 이로 인해 소설을 쓰지 않던 문인들도 자신의 문집에 이인異人이나 협객의 이야기를 끼워 넣게 되었다. 루쉰은《중국소설사략》에서 "전기는 명나라 말기에 크게 유행했는데, 이는 왕조가 바뀌어도 달라지지 않았다"고 했다.

《요재지이》는 지괴志怪소설과 전기소설의 전통을 계승하고 고대의 백화체 소설과 산문의 장점을 흡수하여 문언소설의 새로운 경지를 열었다. 포송령은 40여 년에 걸쳐 488편의 이야기를 완성했다.

처음에는 초본鈔本의 형식으로 유포되었는데, 지금 볼 수 있는 최초의 초본은 산둥성 박물관에 있는 강희 연간의 것이다. 비교적 영향력이 큰 초기의 초본은 1751년(건륭 16) 산둥성 리청歷城의 장희걸張希杰이 갖고 있던 주설재鑄雪齋 초본이다. 최초의 간본刊本은 1766년(건륭 31)의 지부족재知不足齋 각본으로 통칭 청가정青柯亭 각본이라고 한다. 그리고 가장 진귀한 것은 반부半部가 존된 저자의 수고본手稿本이다.

【 벼슬길 좌절 후 현실에 눈뜨다 】

《요재지이》의 작가 포송령(1640~1715)은 자가 유선留仙이고 별호는 유천柳泉이며 산둥성 쯔촨淄川 사람이다. 대대로 선비 집안 출신이었지만 공명은 별로 두드러지지 않았다. 부친 포반浦槃은 경전과 역사책을 널리 읽고 학문이 깊어서 사상적으로나 문화적으로 포송령에게 큰 영향을 끼쳤다.

포송령은 19세 때 현縣, 부府, 도道의 시험에서 모두 1등으로 합격했다. 그는 열심히 공명을 추구했지만, 이후 과거에 몇 번이나 낙방하면서 50여 세에 결국 뜻을 접었다. 비록 72세에 공생貢生(지방에서 추천을 받은 선비 : 옮긴이)이 되었지만, 과거 제도의 부패와 낙방한 자의 고통을 뼈저리게 느꼈다.

과거에 낙방하면서 벼슬길이 막히자 포송령은 일생의 대부분을 고향인 산둥에서 지냈다. 사회적 지위가 높지 않았던 그는 억압받는 하층민들의 생활을 목격하며 봉건 사회의 어두운 현실을 다시금 인식했다.

포송령은 《요재지이》에서 신선이나 여우, 귀신의 이야기를 통해 우회적으로, 또는 솔직하게 현실을 폭로하고 풍자함으로써 내면의 울분을 토로했다. 이 점은 그의 《요재자지聊齋自志》에 잘 드러나 있다. 이처럼 《요재지이》는 요괴, 여우, 도깨비에 관한 이야기를 통해 현실 사회를 비판하며 작가의 문학적 재능을 충분히 보여주고 있다.

궈모뤄郭沫若가 포송령의 집에 쓴 제사題詞

【 한 권의 책에서 여러 체제를 겸하다 】

한나라 말기부터 위진남북조 때까지 형성된 지괴소설과 지인志人소설은 민간의 이야기나 전설 혹은 인물의 몇 마디 말과 사소한 일을 기록했기 때문에 그 분량이 짧고 비교적 간결하다. 그 후 당나라에 이르러서야 현대의 소설 개념에 부합하는 문언소설인 전기가 출현했다.

《요재지이》에 수록된 작품은 형식상 크게 세 가지로 나눌 수 있다.

첫째, 당나라의 전기처럼 분량이 비교적 길고 줄거리 짜임새가 완벽하며 인물의 성격이 분명하게 드러나는 것이다. 예를 들면 〈촉직促織〉, 〈홍

주설재 초본 《요재지이》

옥紅玉〉, 〈영녕嬰寧〉, 〈석방평席方平〉 등이 그것이다.

둘째, 지괴단서志怪短書라고도 부르는데, 기이한 소문이나 사건, 또는 귀신, 도깨비, 요괴를 묘사한 것으로서 줄거리가 단순하다. 요괴류의 이야기가 많긴 하지만, 기이하고 괴상한 이야기 속에서도 세상을 풍자하는 심오한 의미를 전달하고 있다.

셋째, 현장 기록의 성격이 강한 산문 소품으로, 작가가 직접 보고 들은 사실만을 기술할 뿐 괴이한 것은 언급하지 않았다. 예컨대 〈투도偸桃〉는 민간의 잡기雜技를 다루었고, 〈지진地震〉은 자연재해, 〈산시山市〉는 산 속의 기이한 풍경을 그렸다.

고대 문언소설의 갖가지 형식과 체제를 《요재지이》 속에서 모두 찾아볼 수 있다. 청대의 학자 기윤紀昀은 《요재지이》에 대해 "한 권의 책에 두 가지 체제를 갖추고 있으니 이해할 수 없구나"라고 평했다. 그러나 청대의 비평가인 풍진만馮鎭巒은 다른 견해를 밝혔다.

"한 권의 책에 두 가지 체제를 겸한 것이 폐단도 있겠지만 나쁜 것은 아니다. 물론 한 가지 체제를 갖추는 것이 일반적이지만, 이렇게 겸하면 지식인도 즐기고 속인도 즐길 수 있어서 널리 전해질 수 있다."

풍진만은 《요재지이》가 지괴, 전기 등의 체제를 결합하여 지식인이든 평범한 백성이든 많은 독자들의 사랑을 받았다는 사실을 지적했다.

【 환상의 형식을 통해 봉건 통치 계급을 비판하다 】

《요재지이》는 어두운 정치 현실을 규탄하고 통치 계급의 죄악을 폭로하는 작품이 든 비중을 차지하고 있다. 이러한 작품에서 작가는 백성들에 대한 광범위한 억압과 수탈을 반대하며 봉건 관리들의 탐욕과 포악함을 폭로한다.

〈매녀梅女〉에서는 한 전사典史가 도적에게 300전錢의 뇌물을 받은 뒤 시시비비를 따지지도 않고 도적을 감싸며 피해자를 모함하는 바람에, 무고한 매녀가 원혼을 품고 자살하는 이야기를 담고 있다. 작가는 등장인물의 입을 통해 전사를 비난한다.

"너는 본래 저장성의 일개 무뢰한으로서 말단 관직을 돈으로 사더니 코가 거꾸로 섰구나!"

〈몽랑夢狼〉은 상징적 과장법을 사용해서 봉건 관리들의 본질을 폭로한다. 백옹白翁의 아들 백갑白甲은 외지에서 벼슬을 하고 있었다. 한번은 백옹이 꿈에 아들의 가문에 갔는데, 큰 이리가 "당상堂上에 있는 자, 당하堂下에 있는 자, 앉은 자, 누운 자 모두 이리다"라고 말하는 것을 보았다. 정원에는 백골이 산을 이루었고, 아들 백갑은 한 마리 호랑이로 변해 있었다. 이러한 꿈은 현실의 어두운 면을 반영한 것이다.

〈석방평席方平〉은 명부를 통해 세태를 비판한다. 석방평의 부친은 원수가 매수한 명부의 관리에게 혹형을 당했다. 그래서 석방평의 영혼이 명부로 가서 부친의 억울함을 씻고 원수를 갚으려 하지만, 그가 만난 명부의 관리들은 모두가 뇌물을 받아 시시비비를 따지지 않고 도리어 석방평에게 혹독한 형벌을 가한다. 소설은 이랑신二郎神이 쓴 판결문을 통해 "뇌물을 받아먹고 법을 어기는 인면수심인 자들"을 질책한다.

이처럼 포송령은 환상적이면서도 사실적인 묘사를 통해 관리들의 부패, 옳고 그름이 뒤바뀐 판결, 백성을 억압하는 현실을 고발했다.

【 과거 제도의 폐단을 풍자하다 】

포송령은 과거에서 좌절한 자신의 경험을 바탕으로 시험관들의 어리석음과 탐욕을 고발하는 한편, 진실한 인재는 묻혀버리고 범속한 자들이 도리어 벼락출세하는 현실을 보여주었다. 시험관의 무능과 탐욕을 폭로하는 것 또한 《요재지이》의 중요한 주제이다.

〈사문랑司文郎〉은 걸출한 풍자 작품이다. 한 눈먼 승려가 남이 쓴 글을 태운 재의 냄새를 맡아보고 그 문장의 좋고 나쁨을 가려낼 수 있었다. 과거를 보려는 세 학생이 문장을 쓰고 냄새를 맡아봐달라고 했다. 눈먼 승려는 여항생余杭生이라는 사람이 쓴 문장의 냄새를 맡자마자 몇 번 기침을 하더니 곧바로 토하려고 했다. 그런데 바로 이 사람이 과거에 합격한다. 반대로 눈먼 승려가 냄새를 맡아보고서 아주 훌륭하다고 인정했던 왕생은 시험에서 떨어진다. 눈먼 승려는 이렇게 탄식한다.

"나는 눈은 멀었어도 코는 문제없는데, 염중인(시험관을 가리킴 : 옮긴이)은 눈도 멀고 코도 문제가 있구나!"

〈가봉치賈奉雉〉는 재능 있고 명성이 높은 가생賈生이 여러 차례 시험에 떨어졌다가 나중에 그전의 시험에서 가장 못 쓴 글만을 모아 다시 응시했더니 뜻밖에도 합격했다는 이야기이다. 그 후 옛날에 쓴 글을 다시 읽어 본 가생은 온몸에 땀이 흐르면서 부끄러움을 견딜 수 없었다. 결국 그는 은둔을 결심함으로써 자신의 청백함을 지킨다.

과거 제도를 비판한 작품 중에는 공명에 집착하는 봉건시대 선비들의 공허한 정신세계를 반영한 작품들도 있다. 예컨대 〈왕자안王子安〉에서 주인공 왕자안은 몇 번이나 시험에 실패했는데, 너무나 합격을 바란 나머지 술을 마신 뒤 꿈속에서 뜻을 이루고는 공명에 집착하는 추태를 보인다.

〈엽생葉生〉은 작가의 가슴 아픈 체험을 기록한 자서전이고, 〈왕자안〉 등은 실패를 맛본 작가 자신의 경험을 냉정하게 반영하고 있다. 이를 통해 우리는 포송령이 과거시험을 둘러싼 갖가지 폐단을 냉정한 시선으로 묘사했음을 알 수 있다.

【 이상적인 삶을 추구하다 】

포송령은 비록 어둡고 부패한 사회에서 살았지만 이상적인 삶을 포기하지 않았다. 그래서 《요재지이》에도 현실 생활의 갖가지 미덕을 다룬 작품들이 가장 많다.

《요재지이》는 환상적인 수법으로 여우, 도깨비, 요괴 여인의 형상을 부각시킨다. 그녀들은 대부분 덕을 갖추었으며 선량하고 동정심이 많다. 그래서 곤경에 처한 사람을 도와주는데, 이 때문에 작품을 읽고 나면 무섭다기보다 친밀감이나 존경심을 갖게 된다.

〈홍옥紅玉〉에 나오는 여우 여인 홍옥은 곤경에 빠진 풍생馮生을 진심으로 사랑하여 억압에 저항하는 그를 도와준다. 〈아수阿繡〉에 등장하는 여우 여인은 아수의 모습으로 가장한 후에 진짜 아수보다 먼저 유자고劉子固의 사랑을 받는다. 하지만 그녀는 아수와 유자고가 진정으로 사랑한다는 걸 알고는 감동한 나머지 스스로 물러나서 두 사람을 맺어준다. 그녀는 비록 사랑을 잃었지만 미덕을 얻었다. 이처럼 사심 없는 미덕이야말로 포송령이 강조하는 것이다.

《요재지이》에서 사랑에 관한 묘사는 전통 소설이나 희곡에 나오는 재자才子와 가인佳人의 도식적인 구도에서 벗어나 마음으로 결합하는 지기知己의 사랑을 강조한다. 〈연성連城〉에서 연성과 서로 사랑하는 교생喬生은 자신의 가슴살을 아낌없이 베어 연성의 병을 치료한다. 〈서운瑞雲〉에서 하생賀生은 유명한 기생 서운을 사랑하는데, 나중에 서운이 추악한 모습으로 변해서 사람들에게 버림을 받아도 한결같이 그녀를 사랑한다. 그는 서운을 보고 말한다.

"인생에서 중요한 사람은 자기를 알아주는 벗이오. 그대는 한창때에도 나를 알아주었는데, 그대가 미워졌

《요재지이》에 수록된 삽화

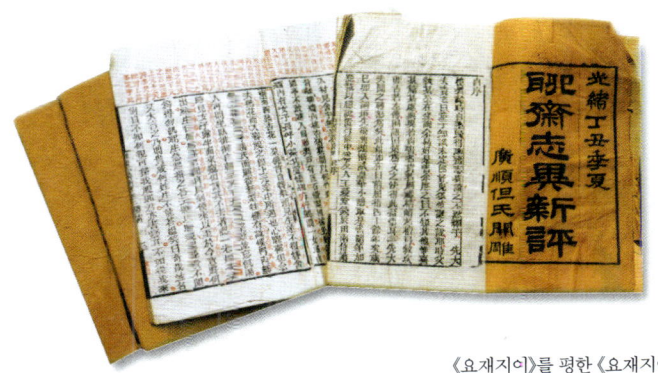

《요재지이》를 평한《요재지이신평聊齋志異新評》

다 해서 어찌 그대를 잊으리오."

이렇듯 두 사람의 마음으로 맺어지는 순수한 사랑은 작가의 이상을 반영하고 있다.

結 문언소설은 송·원대 민간의 설화에 기초해서 나온 화본話本소설과 명대에 흥기한 유사 화본소설에 밀려 청대에는 점차 쇠퇴했다. 포송령의 《요재지이》는 문언으로 쓰여진 단편소설집이지만, 그 영향력은 백화체의 명작인 《삼국연의》, 《수호전》, 《홍루몽》과 어깨를 나란히 할 정도였다.

《요재지이》의 탁월한 작품성으로 인해 문인 선비들이 이 소설에 푹 빠졌으며, 소설을 천시하던 유명 시인이나 학자들도 괄목상대하게 되었다. 그리하여 청나라 초기부터 중기에 이르기까지 여러 작가들이 다투어 《요재지이》를 모방했다. 예컨대 원매袁枚의 《신제해新齊諧》, 심기봉沈起鳳의 《해탁諧鐸》 등 영향력 있는 문언 단편소설집이 사라져가던 문언 단편소설의 맥을 다시 200여 년이나 이어갔다.

《요재지이》에 실린 일부 이야기는 지금까지도 널리 전해지며 사람들에게 교훈을 주고 있다. 예컨대 〈노산도사勞山道士〉, 〈화피畵皮〉, 〈몽랑夢狼〉 등이 그것이다. 《요재지이》에 수록된 아름다운 이야기들은 연극이나 영화로도 만들어졌는데, 예를 들면 〈연지胭脂〉, 〈화피〉, 〈환랑宦娘〉 등이다.

【 오경재와 《유림외사》 】

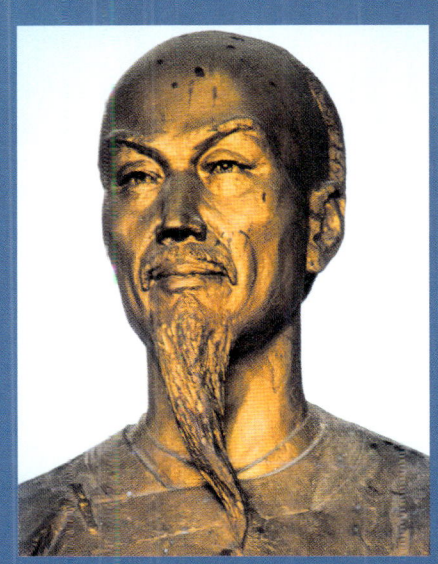

●오경재

《유림외사》는 풍자소설이자 생활화된 현실주의 소설이다. 과거의 소설이 실제를 벗어나 천편일률적으로 재자와 가인을 다룬 것과 달리 오경재는 현실 사회에 존재하는 많은 지식인들의 일상을 조명했다.

명·청대는 중국 고전소설의 전성기이다. 명대의 4대 기서인 《삼국연의》, 《수호전》, 《서유기》, 《금병매》에 이어 청나라 건륭 연간에는 새로운 면모의 위대한 작품들이 나와서 소설을 더욱 성숙한 단계로 끌어올렸다. 그 소설이 바로 조설근의 《홍루몽》과 오경재의 《유림외사儒林外史》이다.

　《유림외사》는 오경재가 1740년대에 쓴 작품이다. 당시의 문인들은 대부분 과거 공부와 팔고문八股文에 열중했으나, 오경재는 이러한 사회 풍조를 매우 혐오했다. 그는 《유림외사》를 통해 과거 제도를 비판하고 공명을 가벼이 여기는 자신의 사상을 표현했다.

　《유림외사》는 풍자소설로서 작품 속 이야기는 명나라 때 발생한 일이지만 청 왕조 통치기인 18세기를 배경으로 하고 있다. 이 소설은 짜임새가 매우 독특하다. 처음부터 끝까지 주요 인물고 중심 사건이 없고, 한 회 혹은 몇 회가 서로 맞물리며 줄거리가 자연적으로 발전하고 인물마다 기복이 있다.

봉건시대 유림의 다양한 인물 유형을 묘사한 《유림외사》는 날카로운 풍자가 돋보이는 소설이다. 이익과 봉록에만 관심을 두고 공명을 좇는 선비들, 배운 것 없고 기술도 없이 명사들에게 빌붙어 사는 사람들, 도덕적으로 타락해서 못된 짓을 일삼는 지방의 유력 인사를 고발한다. 그리고 무도한 문인들의 온갖 악행을 폭로하면서 이 모든 것이 과거 제도의 폐단에서 비롯된 것이라고 지적한다. 그 결과 《유림외사》는 인간성을 해치고 지식인들을 망가뜨리는 과거 제도의 폐해를 폭로한 불후의 명작이 되었다.

【 작가의 생애와 사상 】

오경재(1701~1754)는 자가 민헌敏軒 또는 문목文木이고, 호는 입민粒民 또는 진탄우객秦灘寓客으로서 안후이성 취안자오全椒 사람이다. 관료 집안 출신으로 부친의 이름은 오문정吳霎廷이다. 그러나 큰아버지 오임기吳霖起가 오랫동안 자식을 보지 못하자 오경재가 그의 양자로 보내졌다. 오임기는 정직하고 지조 있는 사람으로서 명예나 이익을 좇지 않았다. 오경재는 14세 이후로 양아버지의 부임지를 따라 다니면서 그의 영향을 많이 받았다.

오경재는 18세 되던 해 수재에 합격했고, 23세 되던 해 양아버지가 병으로 세상을 떠났다. 그로 인해 생활에 큰 변화가 일어났는데, 친족들은 오경재를 양아들이라고 깔보면서 그의 유산을 빼앗았다. 이런 과정을 겪으면서 오경재는 봉건시대 가족의 진면목을 똑똑히 보았고, 아울러 이익만 좇고 의리는 내팽개치는 일부 관료와 유생들의 추악한 본질을

오경재가 쓴 〈봉제아우대공조출새도奉題雅雨大公祖出塞圖〉

인식했다.

오경재는 과거에도 급제하지 못하고 이재에도 밝지 못했던 탓에 날로 쇠락해가며 친족과 부자들에게 업신여김을 당했다. 결국 고향에서 더 이상 살 수 없게 된 그는 33세 때 난징으로 이사했다. 난징은 당시 남방의 경제와 문화의 중심지였다. 그는 이곳에서 두림들을 널리 사귀면서 그들의 생활과 습속에 익숙해지는 한편 그들의 마음가짐과 정서를 이해하게 되었고, 아울러 과거시험과 관료 사회 및 사회 현실에 눈뜨게 되었다.

난징에 있는 동안 오경재는 청대 초기 진보 사상가들의 영향을 받았다. 당시 영향력이 컸던 안원顏元, 이공李塨 학파의 대표적 인물인 정정조程廷祚와 친하게 지내며 함께 학문을 토론했다. 안원, 이공 학파에서는 성리학의 공허한 담론을 비판하고 경세치용經世致用의 사상을 주장했다. 오경재는 그 영향을 받아 쓸모 없는 팔고문을 강력히 반대하고 세상일을 구체적으로 처리할 수 있는 실학을 숭상하게 되었다.

오경재는 자신의 출신 배경과 경력, 사상의 영향으로 현실을 깨어 있는 눈으로 바라보았으며, 그 결과 탁월한 풍자소설인 《유림외사》를 완성할 수 있었다.

안후이성 취안자오에 있는 오경재 기념관

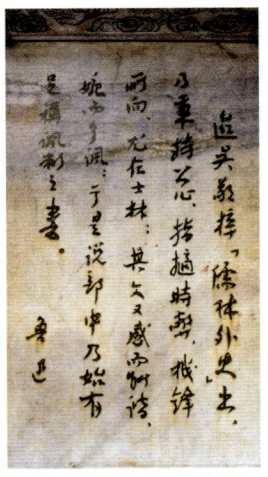

루쉰이 직접 쓴 비문과 라오서老舍가 써서 기증한 루쉰의 어록

【 현실주의의 고전 명작 】

《유림외사》는 풍자소설이자 생활화된 현실주의 소설이다. 과거의 소설이 실제를 벗어나 천편일률적으로 재자와 가인을 다룬 것과 달리 오경재는 현실 사회에 존재하는 많은 지식인들의 일상을 조명했다.

이를테면 과거에 응시해서 합격하기를 바라고, 스승에게 사례하고, 손님을 대접하고, 관리에게 아부하고, 친구를 만나고, 시를 읊고, 글을 논하고, 팔고문을 비판하고, 유람을 다니고, 결혼하고, 장례를 치르고, 먹고 마시고 살아가는 일상을 사실적으로 묘사했다. 이는 과거의 수많은 이야기 소설과《참귀전斬鬼傳》같은 기괴하고 허황된 풍자소설에 비해 현실 생활에 상당히 근접한 것이었다.

진정한 현실주의 예술은 현실의 생활을 바탕으로 한다.《유림외사》에는 당시 사람들과 후세의 연구자들이 지적한 30여 가지 인물 유형이 나온다. 그중에는 억지로 갖다붙인 것도 있지만, 적어도 10여 명은 인물의 원형을 정확히 가리킬 수 있다. 예컨대 두소경杜少卿은 작가 자신의 분신이고, 문선가文選家 마순상馬純上은 현실의 풍수중馮粹中이며, 우포의牛布衣의 원형은 '명사'로 자처한 주초의朱草衣이다.

와한초당본臥閑草堂本《유림외사》

물론 소설 속 인물과 현실의 인물이 완전히 일치하지는 않으며, 어떤 경우에는 상당한 차이가 있다. 하지만 《유림외사》에서 묘사한 인물 및 사건은 여느 고전소설처럼 허구가 아니라 대부분 작가의 체험에서 비롯된 것이다. 즉 이치와 실정에 맞게 묘사하고 인정과 세태를 자세히 관찰해서 세밀하게 묘사했기 때문에 후세 사람들이 읽고는 자기 주변에서 일어난 일이나 책에서 본 것과 비슷하다고 느끼는 것이다. 바로 이런 점에서 현실주의 풍자소설의 독특한 힘을 충분히 보여주고 있다.

【 과거 제도를 풍자하다 】

　《유림외사》는 제2회부터 부패한 늙은 유생 주진周進에 대해서 들려준다. 주진은 가슴속에 팔고문을 빼면 아무것도 없는, 60여 세에도 여전히 과거에 낙방한 서생으로 지낸다. 처음에는 궁벽한 시골에서 글을 가르쳤지만, 나중에는 그마저 할 수 없게 되자 상인을 따라 성省으로 가서 장부를 기록하는 일을 한다.
　어느 날 과거시험장을 참관하던 주진은 자신의 처지가 비참하게 느껴져 피를 토할 만큼 통곡한다. 그 모습을 본 상인들이 불쌍히 여겨 그가 시험을 볼 수 있도록 경제적으로 도와주겠다고 나선다. 그는 머리를 조아리며 "여러분은 정말로 다시 태어난 저의 부모입니다. 소가 되고 말이 되어서라도 반드시 보답하겠습니다"라고 한다. 그 후 시험에 합격한 그는 다시 수도로 가서 진사에 합격하고, 나중에는 광동 학도學道에 제수된다.
　학도가 된 주진은 지방의 과거시험을 책임지게 되었는데, 시험장에서 거지 차림을 한 늙은 낙방생 범진范進을 만난다. 그는 자신의 처지와 비슷한 범진을 동정해서 그의 시험지를 세 번이나 읽어본다. 처음 읽을 때는 문장이 아주 나빠 보여서 "도대체 무슨 말을 하는 거야! 그러니까 아직도 급제를 못하는 거지"라고 한다. 그러나 두 번 읽고는 "그래도 뭔가 있네"라고 하고, 세 번 읽고 나서는 "정말 훌륭한 글이군! 글자 하나하나가 보배야!"라고 탄복하면서 범진을 1등으로 뽑는다.

이렇게 해서 합격한 범진은 너무 기쁜 나머지 실성하여 온 거리를 뛰어다니면서 "나 급제했어!"라고 외쳐대다가 장인어른 호도호胡屠戶

만년 낙방생이던 범진은 과거에 합격하자 미친 듯이 기뻐한다.

에게 뺨을 맞고 난 뒤에야 정신을 차린다. 범진은 나중에 진사에도 합격해서 산둥 학도가 된다. 그러나 실제로 범진은 무식해서 소동파가 누구인지도 몰랐다. 그런데 이런 사람을 시험관으로 임명했으니 어떻게 인재를 선발할 수 있겠는가?

오경재는 주진과 범진의 이야기를 책 앞머리에 실어 학관學官의 무지와 무능을 폭로하며 과거 제도의 폐단을 지적한다.

【 타락을 조장하는 근원을 파헤치다 】

《유림외사》 제1회의 말미에서 팔고문으로 선비를 뽑는 과거 제도에 대해 왕면王冕은 이렇게 말한다.

"이 제도는 잘못된 것이다. 서생들이 영달을 꾀할 수 있게 된 반면에 학문과 덕행의 출처를 경시하게 만들었다."

이것은 작가 자신의 현실에 대한 인식이다. 《유림외사》에 나오는 많은 수재秀才(지방 학교의 입학시험에 합격한 자 : 옮긴이), 공생貢生(지방에서 뛰어난 인재로 추천받은 자 : 옮긴이), 거인擧人(향시에 급제하여 중앙의 회시를 볼 자격을 얻은 자 : 옮긴이), 진사進士(과거의 한 과목인 진사과에 합격한 자 : 옮긴이) 등은 모두 부덕하고 품행이 좋지 않은 자들이다. 이는 작가의 현실 인식과 체험이 잘 녹아 있는 것이다.

엄감생嚴監生은 아내 왕王씨의 병세가 위중해지자, 소실인 조趙씨를 정실로 맞아들이려고 처남인 왕덕王德과 왕인王仁의 의사를 타진한다. 수재인 왕덕과 왕인은 처음에는 안색이 굳어지다가 매부가 보낸 은자 200냥을 보고는 금세 딴사람처럼 기뻐하면서 "우리같이 글을 읽는 사람들은 모두 삼강오륜을 바탕으로 공부하죠"라고 말한다.

엄감생의 형이자 공생인 엄대위嚴大位는 더욱 한심하고 무례하다. 그는 팔아버린 돼지가 다시 돌아오자 집 안에 가두고는 주인에게 돌려주지 않는다. 또 어떤 사람에게 돈을 빌려주기로 하고는 돈을 주지도 않았는데 반년 치 이자를 물라고 우기고, 그가 일부러 갑판 위에 남겨둔 떡 두 조각을 뱃사공이 먹자 이내 그 떡이 몇십 냥짜리 '약'이라고 우겨서 결국 뱃삯을 내지 않는다. 그는 동생 엄감생이 죽은 후 제수와 조카를 쫓아내고 동생의 재산을 가로챘다. 이처럼 파렴치한 자가 학도 주진이 '품행이 우수한 자'라고 천거해서 공생으로 뽑힌 것이다. 이는 과거에서 뽑힌 '우수한 공생'에 대한 기막힌 풍자가 아닐 수 없다.

책의 제15회부터는 벼슬길에 오른 뒤 악인으로 변해가는 청년 광초인匡超人을 묘사하고 있다. 벼슬길에 나가기 전 광초인은 소박하고 부지런하며 효심이 깊었지만 수재가 된 뒤로는 점차 명예와 이익에 집착한다. 겉치레에 신경쓰고 고상한 척하는 명사들과 사귀면서, 당대의 문필가라고 자신하며 멋대로 시를 짓고 있는 대로 과장한다. 또 지방의 못된 관리 반삼潘三을 따라서 재물을 탐하며 법을 왜곡하고, 대리 시험을 쳐주고, 조강지처를 버리고 새장가를 가는 등 악행을 일삼는다. 오경재는 바로 이러한 묘사를 통해 부귀와 공명을 미끼로 하는 과거 제도가 사람들의 양심과 도덕을 타락시키는 근원이자 선비의 기풍을 무너뜨리는 원인이라고 지적한다.

【 곡학아세하는 저질 문인을 고발하다 】

《유림외사》는 또 이른바 명사와 산인山人들을 폭로한다. 대부분 과거에 실패한 지식인인 그들은 더 이상 벼슬할 가망이 없어지자 청렴하고 고상한 척하면서 한데 모여 술을 마시고 시를 짓는 한편, 서로를 치켜세우고 자신을 내세우면서 귀족의 집에 식객으로 빌붙어 살았다.

예컨대 양집중楊執中은 향시에 16~17차례나 응시했으나 번번이 낙방하고는 소금 가게에서 장부를 관리하는데, 그곳에서도 은 700여 냥의 결손을 보게 된다. 그래서 종이 위에 원나라 사람의 시를 적어놓았는데, 이를 본 부잣집 도련님인 누婁씨 형제는 탄복을 금치 못한다.

갖가지 판본의 《유림외사》

　우포랑牛浦郎은 우연한 기회에 명사인 우포의 시를 얻는다. 그리고 시를 몇 구절만 지을 줄 알면 과거에 급제하지 않아도 관료나 유지들과 사귈 수 있다는 것을 깨닫는다. 그는 허영심 때문에 죽은 우포의로 가장해서 그의 시를 자기 작품이라고 주장한다. 또 동효렴董孝廉을 자기 집으로 데려와서는 외삼촌의 차 시중을 들게 한다.

　가난하고 소박한 농촌 청년 광초인은 마순상 선생의 격려하에 경서를 읽고 팔고문을 지었으며, 나중에는 항저우의 명사인 경난강景蘭江, 조설재趙雪齋, 지검봉支劍鋒, 포묵경浦墨卿 등과 친하게 지낸다. 그들이 늘 관료들과 왕래하고 또 각처의 시선詩選에 그들의 시가 있는 것을 보고는, "진사들보다 더 크게 명성을 떨칠 것 같군. 세상에는 이러한 도리도 있구나"라고 한다. 그후로 광초인은 왜곡된 시를 짓는 한편 인장을 위조하여 대리 시험을 치고 자신을 후원해준 마순상마저 헐뜯는 후안무치한 문인으로 타락한다.

　우리는 이러한 인물들을 통해 수단과 방법을 가리지 않고 명리를 추구한 유생들의 타락한 모습을 확인할 수 있다. 또 부패한 과거 제도가 사회 각층에 영향을 끼치면서 수많은 파렴치한을 양산했음을 알 수 있다.

結 《유림외사》는 걸출한 풍자소설이다. 독창적인 이 고전은 후세의 문학 작품에 깊은 영향을 미쳤다. 특히 청나라 말기 사회의 폐단과 세상의 풍조를 고발한 《관장현형기官場現形記》, 《이십년목도지괴현상二十年目睹之怪現狀》, 《얼해화孽海花》 등과 같은 견책譴責소설은 사실적인 묘사에서부터 구성에 이르기까지 모두 《유림외사》를 따르고 있다.

  영국의 대백과사전 중 '청대의 중국 문화'라는 항목에서는 《유림외사》를 "걸출한 풍자소설"로 평가하고 있으며, 프랑스의 대백과사전도 '중국 소설'이라는 항목에서 《유림외사》를 가리켜 "가장 우수한 풍자소설"이라 격찬하고 있다.

【 조설근과 《홍루몽》 】

● 조설근

《홍루몽》은 영국동榮國公과 영국공寧國公이라는 두 집안과 그 밖의 사회생활에 대한 묘사를 통하여 한 시대와 사회의 갖가지 모순을 보여주고 있다. 작가는 통치 집단의 부패한 생활과 함께 백성을 억압하고 재물을 강탈하는 지배 행태를 폭로한다.

18세기 중엽, 청나라 건륭 연간에 발표된 《홍루몽》은 본래 제목이 《석두기石頭記》이며 조설근曹雪芹의 작품이다. 중국의 고전소설 중에서 《홍루몽》만큼 여러 번 읽어도 싫증 나지 않는 뛰어난 소설은 없을 것이다.

소설은 가보옥賈寶玉과 임대옥林黛玉의 비극적인 사랑을 중심으로 이야기가 펼쳐진다. 여기에 가부賈府를 대표하는 가씨, 사史씨, 왕王씨, 설薛씨 등 네 가문이 쇠퇴하는 과정을 통해 봉건 제도의 부패상을 구체적으로 폭로한다. 이는 봉건 제도가 필연적으로 붕괴할 수밖에 없음을 보여준 작품이라고 할 수 있다. 조설근은 생동감 넘치는 표현으로 700여 명에 가까운 등장인물을 묘사하며 예술의 수많은 전형을 창조했다.

작품에서 가보옥과 임대옥의 진지한 사랑은 그들의 저항정신을 보여준다. 작가는 연민을 가득 담아 투쟁정신이 풍부한 하층 여성의 전형을 창조했다. 예를 들어 권세를 두려워하지 않는 청문晴雯과 원앙鴛鴦, 강렬한 성격의 우삼저尤三姐가 그들이다. 그 밖에 봉건 가족을 통치하는 가모賈母, 가정賈政, 왕희봉王熙鳳, 설보채薛寶釵 등과 같은 인물들의 갈등을 통하여 당시 사회의 모습을 보여준다.

《홍루몽》은 전체적으로 구성이 긴밀하고 줄거리가 생생하며, 언어가 아름답고 다채롭다. 왕공 귀족만이 아니라 일반 백성들도 다투어 이 작품을 읽는 바람에 당시 이런 말이 유행했다.

"대화할 때《홍루몽》에 대해 얘기하지 못하면, 설사 시서詩書를 읽었다 해도 잘못된 것이다."

이처럼 중국 소설사에서《홍루몽》은 대가들이 인정하는 최고의 소설이자 현실주의의 기념비적 작품이라고 할 수 있다.

【 조씨 가문의 번영과 쇠락 】

《홍루몽》의 저자 조설근은 이름이 점霑, 자는 몽완夢阮으로 설근은 그의 호이다. 본적은 랴오양遼陽으로 조상이 한족이었으나 나중에 만주족으로 편입했다. 조설근의 증조모는 한때 강희제의 보모로 있었다. 강희 3년, 조설근의 증조부 조새曹璽가 강녕직조江寧織造라는 관직을 맡았고, 조설근의 조부인 조인도 대를 이어서 강녕직조가 되었다.

조인의 세대는 조씨 가문의 전성기로서 그의 두 딸이 모두 왕비로 뽑혀 궁궐에 들어갔다. 강희제는 남방을 여섯 차례 순행하는 동안 조씨 가문의 강녕직조 관사를 다섯 번이나 행궁行宮으로 삼았다. 그중에 마지막 네 번은 조인이 직접 황제의 행차를 맞이했다. 조인이 죽은 후 강희제는 그의 아들 조옹曹顒에게 직무를 맡기는데, 조옹이 바로 조설근의 부친이다. 조옹은 직무를 맡은 지 3년 만에 죽었고, 그 후 조인의 조카인 조부曹頫가 양자로 들어가 직무를 계승했다. 그리하여 조씨 가문의 삼대가 강녕직조라는 직무를 60여 년이나 맡게 되었다.

옹정제 즉위 후 통치 계급의 내적 모순은 더욱 심화되었다. 옹정제는 강희제가 신임했던 몇몇 관료를 배척했기 때문에 조씨 가문도 점차 기울기 시작했다. 옹정

베이징 시산西山 기슭의 옛집. 조설근의 집으로 전해진다.

5년에는 조부가 "역참을 소란스럽게 했다"는 죄로 체포되었다. 또 "품행이 방정하지 않고, 직조의 장부에 결손이 많으며", "집안의 재물을 암암리에 다른 곳으로 빼돌려 은폐를 기도했다"는 죄명으로 면직을 당하고 재산마저 몰수당했다. 조부는 투옥되었고 조씨 가문은 마침내 베이징으로 옮겨가게 되었다.

건륭 초년에 조씨 일가는 또 한 번 엄청난 화를 당하면서 집안이 완전히 몰락했다. 조설근은 만년에 베이징 서쪽 교외의 "쑥으로 만든 창문과 띠로 만든 서까래, 새끼줄로 만든 침상과 진흙으로 만든 부뚜막"에서 가난한 생활을 했다.

조설근의 일생은 《홍루몽》에서 조씨 가문이 몰락해가는 모습과 아주 흡사하다. 그는 상류 귀족층에서 사회의 최하층으로 추락하는 엄청난 변화를 겪으면서 세태의 쓰디쓴 맛을 보았고, 빈부의 격차와 통치 계급의 부패를 똑똑히 목도했다.

《홍루몽》은 조설근이 불행했던 만년에 쓴 작품으로 그 창작 과정도 매

〈원비성친도元妃省親圖〉

우 고달팠다. 소설의 제1회에서 조설근은 "도홍헌悼紅軒에서 10년 동안이나 읽고 또 읽으면서 다섯 번이나 첨삭을 했다"고 말했다. 그야말로 "글자 하나하나가 붉은 피이니, 10년간의 고통이 심상치 않네"라는 표현이 어색하지 않다. 그러나 아쉽게도 조설근은 책을 완성하기도 전에 어린 자식의 죽음에 충격을 받아 병이 도지는 바람에 가난과 질병 속에서 생을 마쳤다. 때는 건륭 27년(건륭 28년이라는 설도 있음) 섣달 그믐날이었다.

봉건시대 말기 사회의 축소판

《홍루몽》은 영국공榮國公과 영국공寧國公이라는 두 집안과 그 밖의 사회 생활에 대한 묘사를 통하여 한 시대와 사회의 갖가지 모순을 보여주고 있다. 작가는 통치 집단의 부패한 생활과 함께 백성을 억압하고 재물을 강탈하는 지배 행태를 폭로한다.

그들은 설날에 부모님께 문안을 드리기 위해 대관원大觀園을 만드는데, 귀비貴妃마저 그것을 보고 지나친 낭비라고 생각한다. 그리고 손자며느리가 죽었을 때는 장례 행렬이 몇 리에 달했고 관값만 하더라도 은자 1,000냥에 이르렀다.

작가는 또 유모모劉姥姥가 대관원으로 들어가는 장면에서 돈을 흥청망청 쓰는 가부賈府의 사치스러운 생활을 보여준다. 제15회에서는 왕희봉이 철함사鐵檻寺에서 권력을 휘두르는데, 그녀는 은자 3,000냥의 뇌물을 탐하여 부패한 관리를 시켜 장금가張金哥의 혼인을 깨고 두 사람의 목숨을 해친다. 그 밖에도 가사賈赦는 가난한 서생 석태자石呆子가 관가에서 빌려간 은자를 오래도록 갚지 않는다는 이유로, 경조윤京兆尹을 사주해 끝내 빚을 받아내고 그의 집안을 망쳐놓는다.

두 영국공 집안은 또 높은 지세地稅를 거둬들인다. 설사 흉년이 들었다 해도 봐주는 법 없이 잔혹하게 수탈해서 돈을 마음껏 쓴다. 예컨대 제53회에서 오장두烏莊頭가 가부에 세금을 바치러 가자 가진賈珍은 너무

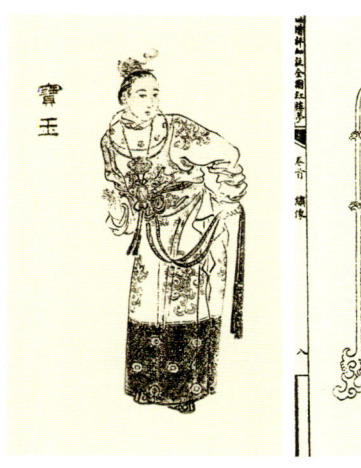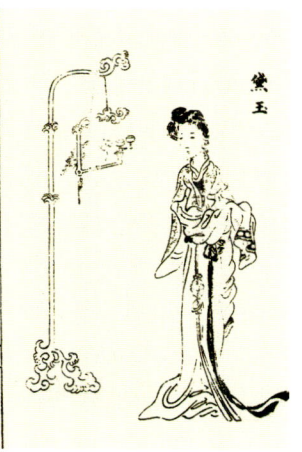

《홍루몽》에 실린
가보옥과 임대옥 삽화

적다며 "너희들한테서 받아내지 않으면 어디서 받아내겠느냐?"라고 다그친다. 조설근은 이와 같이 지주 계급의 끝없는 탐욕을 그렸다.

그 밖에도 《홍루몽》은 귀족들의 부패를 폭로한다. 예를 들어 가련賈璉 부부와 가진 부자는 먹고 마시고 여자를 탐하며 도박을 일삼는 등 온갖 추태를 벌인다. 이처럼 《홍루몽》은 가부와 같은 대가문의 흥망성쇠를 통하여 봉건시대 말기 사회의 축소판을 보여준다.

【 가보옥과 임대옥의 빛나는 사랑 】

봉건 사회에서는 남녀간의 사랑을 인정하지 않았다. 혼인과 애정 문제에서 그들은 "부모의 명을 따르고 중매쟁이의 말을 들어야 했다."《홍루몽》에서 가보옥과 임대옥, 설보채를 둘러싸고 빚어지는 사랑과 결혼의 비극은 특별하고도 중요한 의미를 띤다.

가보옥이 어떤 아내를 맞아들여야 하는가? 이것은 가부의 이익과 관련해서 고려할 일이며, 특히 나날이 쇠락해가는 가부의 형편에 따라 결정해야 할 사항이었다. 봉건시대 예교禮敎에 반발하는 임대옥은 가문이 일찍 쇠퇴했고, 이와 반대로 설보채의 집안은 "토대가 튼튼하고 부유했다." 중요한 것은 가보옥의 부모가 아들이 가업을 다시 일으켜주길 바랐다는 점이다. 따라서 봉건적 규범에 부합하고 가보옥을 '바른길'로 이끌어줄 아내를 선택할 수밖에 없었다. 어머니 왕王 부인은 평상시에는 가보옥이 하자는 대로 했지만, 이처럼 가문의 이익과 직결될 때는 아들의 소원을 들어주지 않는다. 그리하여 가보옥은 설보채와 결혼하게 되고 임대옥은 죽음을 맞는다.

봉건 세력의 희생 양이 된 임대옥은 사랑과 함께 목숨 마저 잃는다.

　작가는 덕행, 언행, 솜씨, 미모를 모두 갖춘 설보채와 그에게 입신양명을 강요하지 않는 임대옥 사이에서 둘 중 하나를 선택해야 하는 가보옥의 갈등을 부각시킨다. 또한 이를 통해 사랑은 반드시 반봉건적이어야 한다는 메시지를 전한다.

　《홍루몽》에서 사랑에 관한 묘사는 "남자는 재능, 여자는 외모"와 같은 상투적인 설정과는 다른 면모를 보인다. 가보옥과 임대옥의 사랑에 새로운 색채와 새로운 내용이 더해지면서 두 사람의 마음은 불꽃처럼 충돌한다. 이는 어두운 봉건시대에 한 줄기 빛이 되어 사랑에 대한 작가의 이상을 보여준다.

【 노비 제도를 비판하다 】

　노비 제도는 일종의 축소된 노예 제도이다. 청대 중엽에는 노비를 부리는 풍조가 극히 성행했다.

《홍루몽》에는 노비들의 생활에 대한 묘사가 많다. 가씨 가문의 식구들은 모두 20~30여 명에 불과하지만, 그들은 몇백 명의 노비를 부린다. 소야小爺와 소저小姐에게는 각기 10여 명의 노비가 딸려 있다. 그들 중에는 대대로 노비로 살아온 이른바 가생자家生子도 있지만, 집에서 빚을 갚지 못하여 어쩔 수 없이 노비가 된 사람도 있다. 하지만 어떤 노비든지 주인이 마음대로 욕하고 때리며 심지어 죽이기도 한다.

예컨대 왕희봉은 영국부寧國府를 관리할 때 어느 머슴이 한 걸음 늦었다고 해서 20대나 때리고는 한 달 동안 먹을 것을 주지 않는다. 그리고 계집종 금천아金釧兒는 가보옥과 우스갯소리를 했다는 이유로 "너그럽고 인자하다"고 알려진 왕부인에게 매를 맞고, 결국에는 핍박을 견디다 못해 우물에 몸을 던져 자결한다.

작가는 수백 명이나 되는 노비들을 구체적이고도 생동감 있게 묘사함으로써 그들의 생활과 심리 상태를 여실히 보여준다. 초대焦大는 술을 마신 후 가씨 가문의 식구들을 욕하는데, 실제로는 모두 주인을 위하는 마음에서 비롯된 것인데도 도리어 말똥으로 입이 막혀버린다. 이와 반대로 습인襲人은 봉건 예교에 부합하는 행동을 했기 때문에 곧 이랑姨娘의 지위에 오를 수 있었다. 그리고 청문은 노비 제도에 반발하다가 결국 대관원에서 쫓겨난

금천아는 핍박을 견디다 못해 우물에 몸을 던진다.

다. 시녀 원앙은 첩으로 들어가는 것을 반대하다가 끝내 대들보에 목을 매는데, 작가는 이를 통해 굴복하지 않는 여인의 순결한 마음을 보여준다. 그리고 대관원에서 쫓겨난 사기司棋가 사촌형 반우안潘又安과 함께 자결하는 대목은《홍루몽》중에서도 장렬한 대목이라 할 수 있다.

작가는 이처럼 연민의 시선으로 노비들의 불행한 신세를 묘사한다. 이와 같은 사실적인 묘사는 봉건 사회 노비 제도에 대해 독자들의 반발을 불러일으켰다.

《홍루몽》의 유포

조설근이 완성하지 못한 원고의 제목은《석두기》이다. 그가 탈고한 원고는 80회뿐이며, 그 후의 원고는 정리하지 못한 채 유실되고 말았다. 이 80회 분량의 원고는 처음에는 필사본의 형태로 몇몇 친구들 사이에서만 읽히며 30년이 흘렀다.

건륭 56년(1791)에 정위원程偉元과 고악高顎이 처음으로 활자판으로 인쇄했는데, 그때는 이미 120회로 늘어났고 제목도《석두기》에서《홍루몽》으로 바뀌었다. 후반부 40회는 고악이 보충한 것으로 전해진다.

고악은 자가 난서蘭墅이고 별호는 홍루외사紅樓外史이다. 건륭 60년(1795) 진사에 합격해서 내각중서, 내각시독, 형과급사중 등의 관직을 거쳤다. 저서로는《고난서집高蘭墅集》,《난서시초蘭墅詩抄》등이 있다.

고악은《석두기》의 줄거리에 근거해 가보옥과 임대옥의 사랑을 비극적 결말로 매듭지음으로써 이야기의 처음과 끝이 온전한 대작을 완성했다. 그의 작품은 이후 널리 전해지면서 사회에 지대한 영향을 끼쳤다. 그는

건륭 초본 120회 《홍루몽고紅樓夢稿》

일부 내용을 매우 정교하고 다채롭게 묘사했다. 예컨대 그는 임대옥의 죽음에 이르러 소설을 절정으로 끌고 간다. 또한 대관원의 분위기를 쓸쓸히 묘사한 것은 점점 몰락해가는 가부의 처지를 말해주는 것이어서 작가의 원래 뜻과도 부합한다.

하지만 전체적인 사상과 예술의 관점에서 보면 원작과는 상당히 거리가 있다. 이를테면 일부 인물의 성격이 완전히 달라졌고, 줄거리도 부분

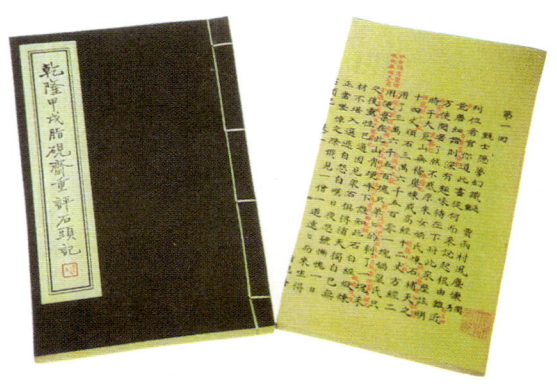
《건륭갑술지연재중평석두기乾隆甲戌脂硯齋重評石頭記》
'건륭 연간 갑술년에 지연재가 평을 쓴 석두기'라는 뜻이다.

적으로 원작의 정신과는 뚜렷한 차이를 보인다. 예를 들면 가씨 집안의 부흥과 '난계제방蘭桂齊芳(난과 계수나무가 모두 향기롭다 : 옮긴이)' 등이 그렇다.

《홍루몽》이 책으로 묶이기 전 최초의 독자들에게 유포되었을 때는 그 독자가 작가의 친구나 친척이었다. 그들은 이 소설을 읽고 저마다 평을 남겼다. 예컨대 '지연재脂硯齋' 기홀수畸笏叟, 매계梅溪, 송재松齋, 입송헌立松軒, 기원綺園, 감당鑑堂, 옥남파玉藍坡 등으로 그들이 써낸 평이 3,000여 편에 달한다. 하지만 그 평은 전반부 80회에 관한 것으로 이를 지평본脂評本이라고 부른다.

結 루쉰은 〈중국 소설의 역사적 변천〉에서 이렇게 지적했다.
"《홍루몽》이 나온 뒤로 전통적인 사상과 작법이 모두 타파되었다."

《홍루몽》은 가보옥과 임대옥의 사랑 이야기를 중심으로 가부의 쇠퇴 과정을 그리는 한편, 크고 작은 사건과 갈등을 삽입하여 전례 없는 그물 구조를 이루고 있다.

돌멩이 하나가 사건의 발단이 되면서 이야기가 전개되는데, 이것은 근대소설의 징조라고 할 수 있다. 사건의 인과관계를 통해 줄거리를 이어가는 짜임새 있는 구성은 조설근이 기존의 소설 구조를 혁파하고 새롭게 창조한 것이다.

《홍루몽》의 인물 묘사에 대해서도 루쉰은 이렇게 말했다.
"꺼리거나 꾸미는 일 없이 과감하게 사실적으로 묘사했다. 이전의 소설에서 좋은 사람이면 완전히 좋게만 묘사하고 나쁜 사람이면 완전히 나쁘게만 묘사한 것과는 전혀 다르다."

작가는 자신의 주관적 생각으로 한 인물을 어떤 사상의 화신으로 만들지 않고 현실적으로 서로 다른 인물의 본래 면모에 근거하여 고도로 개성화된 인물을 설득력 있게 부각시킨다. 예를 들어 영춘迎春, 탐춘探春, 석춘惜春 등은 귀족 처녀라는 점에서는 같지만 외모나 생각, 취미 등은 완전히 다르다. 가정과 가사도 형제지간이지만 성격이 판이하다.

조설근은 탁월한 예술적 재능으로 《홍루몽》을 고전소설의 최고봉에 올려놓았다. 그와 그의 작품은 나라 안팎으로 깊은 영향을 끼쳐 《홍루몽》을 전문적으로 연구하는 학문인 '홍학紅學'까지 탄생하기에 이르렀다.

【 공자진 】

● 공자진

정치적으로나 문화적으로나 공자진은 전제 정치와 사상의 억압을 반대했을 뿐 아니라 부패한 관료 제도와 과거 제도 및 갖가지 고압적인 문화 정책을 비판했다. 그리고 수많은 말들이 모두 벙어리가 되니 한없이 불쌍하다며 현실을 개탄했다.

공자진龔自珍(1792~1841)은 자가 슬인瑟人이고 호는 정암定庵이다. 저장성 인화仁和(지금의 항저우) 사람으로 문화에 대한 이해가 깊은 관료 집안에서 태어났다. 그는 청나라의 저명한 학자인 단옥재段玉裁의 외손자로 어려서부터 외조부의 가르침을 받으면서 학문의 기초를 닦았다.

공자진은 19세기 전반 지주 계급과 지식인 중에서도 아주 특별한 선구적 인물이다. 청 왕조 '태평성세' 당시에 이미 사회 현실에 드러나지 않은 문제를 심각하게 인식했고, 백성들의 고통을 보고 정치 및 경제 개혁을 주장했으며, 국방을 강화하여 외부의 침략에 대비할 것을 건의했기 때문이다.

통치 계급의 어리석음과 부패, 무기력함을 비판한 그는 '바람과 우레'와 같은 폭발을 바라면서 미래의 거대한 변화를 확신했다. 당연히 그의 사상은 통치자들로부터 환영받지 못했으며, 따라서 평생 실권이 없는 한직에만 머물렀다. 공자진은 1839년에 벼슬을 버리고 고향으로 돌아갔고, 1841

년 단양서원丹陽書院에서 50세로 생을 마쳤다.

공자진은 박학다식한 사람으로서 경학, 문자학, 역사학, 지리학에 능했을 뿐 아니라 저명한 문학가이기도 했다. 사회적 메시지를 담은 그의 시문은 선구적인 사상과 독특한 예술적 특색으로 청나라 말기 문학의 새로운 장을 열었다.

그의 시문은 전통적인 형식을 운용하긴 했지만 자유롭고 파격적이었으며 뜨겁게 변혁을 외치고 미래를 동경했다. "온 천하에서 기세를 올려 바람과 우레를 뿜내자, 수많은 말들이 모두 벙어리가 되니 한없이 불쌍하다"라는 구절은 그의 비판적인 시선과 저항정신을 잘 표현하고 있다.

공자진은 19세기 전반 선구적 지식인이었다.

【 숨겨진 우환을 통찰하다 】

공자진은 청나라의 국운이 급속히 쇠퇴하던 시기에 살았다. 그는 위기에 직면하자 나라와 백성을 걱정하며 출로를 찾으려고 애썼다. 대내적으로 첨예하고 복잡한 계급 갈등을 관찰하여 〈평균편平均篇〉, 〈농종農宗〉 등의 글을 썼다. 이 글에서 공자진은 농민들의 토지 상실을 막아야 한다고 강조하며 타고난 능력과 경작의 실제 결과에 따라 땅을 분배할 것을 주장했다. 또 민생을 외면하고 경제적인 수리 사업을 도모하지 않으며 백성을 착취하는 통치자들을 질책했다.

그는 《기해잡시己亥雜詩》에서 이렇게 썼다.

소금과 철에 대한 논의도 못하고 황하를 다스릴 계획도 없이
홀로 동남쪽에 기대어 있자니 눈물만 흐르네.
나라에서 세금 석 되를 매기면 백성은 한 말을 내야 하니

소 백정 되는 것이 어찌 나락 심는 것만 못하겠는가!

정치적으로나 문화적으로나 공자진은 전제 정치와 사상의 억압을 반대했을 뿐 아니라 부패한 관료 제도와 과거 제도 및 갖가지 고압적인 문화 정책을 비판했다. 그리고 수많은 말들이 모두 벙어리가 되니 한없이 불쌍하다며 현실을 개탄했다.

공자진은 대외적으로 변경의 방어를 강화해서 외국의 침략을 막을 것을 주장했다. 서북쪽으로는 러시아의 잠식과 분열 세력의 매국 활동을 걱정하여 〈서역치행성의西域置行省議〉, 〈어시안변수원소御試安邊綏遠疏〉 등을 써서 신장新疆이 행성을 설치하고 변방을 개척해야 한다고 주장했다. 그리고 동남쪽으로 영국의 아편 무역과 무장 침략, 관료들의 은밀한 내통을 우려해서 〈동남파변박의東南罷番舶議〉를 썼다.

국내외적 위기에 직면한 공자진은 잘못을 숨기는 데 급급하고 취생몽사醉生夢死를 일삼는 통치자들에 대해 분노하며 조정이 현실을 직시하여 부패를 척결하고 개혁을 단행할 것을 강력히 호소했다.

【 심금을 울리는 목소리 】

공자진은 파국으로 치닫는 현실을 직시하며 위기를 조성한 원인에 대해서 분명히 인식했다. 그리하여 국가의 운명은 군주가 아니라 인재에 달렸다고 생각했다. 그는 〈을병지제저의제육乙丙之際著議第六〉이라는 글에서 "국가는 땅에 의지한다"는 관점을 제시했다. 또한 국가의 흥망성쇠는 인재에 달렸다고 주장하며 "왼쪽에 재능 있는 재상이 없고, 오른쪽에 재능

항저우에 있는 공자진 기념관

있는 사가史家가 없고, 성문에 재능 있는 장수가 없고, 학교에 재능 있는 선비가 없는" 원인은 유능한 인재가 나오면 온갖 수단을 동원해서 그들을 속박하고 "그 마음을 죽였기" 때문이라고 했다.

공자진은 인재 문제를 논할 때 비판의 예봉을 부패한 관료 제도와 과거 제도에 돌렸다. 그는 〈명량논삼明良論三〉에서 "요즘에는 인재를 쓸 때 자격을 가지고 논한다"고 폭로한 후 이렇게 말했다.

나이 서른에 입신立身하여 재상의 보좌가 됨으로써 1품 대신에 올랐는데 이젠 늙었고 정신도 많이 피곤하다. 오래 산 덕에 전형적인 노인이 되었지만, 그래도 새롭게 나아가기엔 충분하다. 그런데도 지나온 세월로 인해 자꾸 돌아보게 되니 물러나 두려워하고, 송장처럼 굳게 되고, 벼슬을 오래 하다 보니 문서를 그리워하게 되고, 자손을 돌아보게 되고, 죽을 날이 오면 스스로 가려고 하지 않는구나.

이 대담한 진술과 풍자는 당시 많은 사람들의 심금을 울렸다.

【 과거 제도의 부패를 꼬집다 】

공자진은 과거 제도의 부패를 몸소 경험했기 때문에 그에 대한 인식도 남달랐다. 그는 도광 9년 예부의 회시會試에 응시하여 95등을 하고 전시殿試에서는 3갑甲 19등을 한 진사 출신이었다. 4월 28일 조정의 시험에 응시했을 때 황제가 '안변수원소安邊綏遠疏'라는 문제를 출제했다. 당시는 신장 지역에서 일어난 장격이張格爾의 반란이 갓 평정된 때여서 공자진은 그 사건에 대한 견해를 1,000여 자로 써냈다. 그의 글을 본 시험관들은 깜짝 놀랐지만, 그럼에도 그는 우등으로 뽑히지 못했다. 그의 글이 당시 공문에서 사용하는 관각체館閣體가 아니어서 규범에 어긋났기 때문이었다. 공자진은 결국 한림원에 들어가 벼슬할 수 없었다.

그는 이때의 느낌을 〈간록신서자서干祿新書自序〉라는 글로 썼으며, 글에서 스스로를 질책하며 서법상의 잘못을 따진다.

방법을 논한 것이 12가지이고, 먹을 가는 법과 붓을 잡는 법을 논한 것이 5가지, 기구를 논한 것이 5가지, 점·획·파책波磔(오른쪽 아래로 힘을 주어 삐치는 필법 : 옮긴이)의 병통을 논한 것이 120가지, 구조의 병통을 논한 것이 22가지, 행간의 병통을 논한 것이 24가지, 정신의 기세를 논한 것이 3가지, 기품을 논한 것이 7가지이다. 이것을 한 권의 책으로 묶어서 이름을 붙이니 바로 《간록신서》이다.

말하자면 책에서 12편은 붓을 선택하는 방법에 대해, 5편에서는 먹을 갈고 붓을 잡는 법에 대해, 5편에서는 문구文具를 선택해서 쓰는 방법에 대해, 120편에서는 필획의 병통에 대해, 22편에서는 글자 구조상의 병통에 대해, 24편에서는 글자와 행간의 거리에 대해, 3편에서는 정신의 기세에 대해, 7편에서는 글자의 기맥氣脈에 대해 논했다. 전체적으로 모두 형식상의 문제였다. 글자를 잘 쓰면 그것을 '구관신서求官新書'라고 불렀다. '간干'은 구한다는 뜻이고 '녹祿'은 '봉록俸祿'을 뜻하는데, 벼슬을 해야만 '녹'을 받을 수 있었다.

여기서 풍자하는 바는 명백하다. 즉 조정의 시험에서 식견의 높고 낮음으로 우열을 가리는 것이 아니라, 서법이 관각체에 부합하느냐 아니냐를 보았으니 정말로 황당한 일이다. 공자진이 이런 식으로 비웃고 풍자한 것도 무리는 아니다.

【 위기 극복 방안을 제시하다 】

1839년 1월, 흠차欽差대신으로 임명된 임칙서는 광저우로 부임하여 아편의 금연을 책임지게 되었다. 이때 공자진이 글을 써 보냈는데, 여기서 그는 아편 수입을 금하고, 은이 외국으로 유출되는 것을 막아야 하며, 아편을 피우고 만들어 파는 자들을 엄벌하고, 서양 사람을 경계할 것을 강조했다. 또 해안의 경비를 강화해서 외세의 침략을 막아야 한다고 촉구했다.

임칙서는 공자진과 의기가 투합했고, 그의 원대하고 탁월한 식견을 높이 평가했다. 답장에서 임칙서는 이렇게 말했다.

원대한 식견이 없는 사람은 그렇게 말할 수 없으며, 정사에 깊은 관심을 기울이지 않는 자는 말하려 하지 않을 것입니다. … 한결같이 정의에 입각해서 마음을 굳게 먹는다면, 비록 재능은 없더라도 어찌 힘쓰지 않겠습니까?

위원威遠 포대. 공자진은 일찍부터 해안의 수비를 강화해야 한다고 주장했다.

임칙서는 또 "남쪽을 순행할 뜻이 있으시다니, 아우로서 어찌 막겠습니까만 말 못할 사정이 있으니……"라고 적었다. 여기서 알 수 있듯이, 공자진은 단지 임칙서를 고무하고 지지하는 데서 그친 것이 아니라 남쪽으로 가서 협조할 뜻이 있었다. 하지만 임칙서는 광저우의 상황이 좋지 않자 안전을 염려해서 그의 제안을 정중히 거절했다. 두 사람은 서로에게 관심과 지지를 보내는 한편 국가적 위기에 직면해서 보국하자는 뜻을 같이했다.

인재 및 개성의 해방을 호소하다

공자진은 당시의 과거 제도와 관료 제도를 비판하면서 인재 문제에 초점을 집중시켰다. 또한 변법 개혁을 호소하면서도 변화의 초점을 인재 문제에 맞추었다. "나는 거듭 정신을 가다듬고 격식에 구애받지 말고 인재

《공자진전집》

공자진의 친필

를 내려달라고 하늘에 바랐노라." 《기해잡시》에서 그의 이런 마음을 엿볼 수 있다. 실제로 관료 제도와 과거 제도에 대한 그의 비판은 인재를 속박하는 문제에 집중되었다. 개혁을 통해 새로움을 도모하려는 것은 바로 인재의 해방을 호소하는 것이기도 한데, 이는 동전의 양면과도 같은 문제라 할 수 있다.

공자진은 인재의 해방을 위해서는 개성의 해방이 전제되어야 한다고 여겼다. 이는 봉건 사상에 정면으로 도전하는 것이었다. 유명한 산문 〈병매관기病梅館記〉는 인재와 개성의 해방을 호소한 선언문이라고 할 수 있다.

이 글에서 그는 인위적으로 찍히고 깎이는 매화를 속박받는 인재에 비유했다. 매화는 본래 성글고 굴곡 있는 자태를 가졌지만, 그것은 타고난 본성이므로 어쩔 수 없는 것이다. 하지만 조밀하고 곧은 것만 있다면 필연코 생기를 잃을 것이다. 〈병매관기〉에서 그는 《기해잡시》에 실린 〈풍뢰風雷〉라는 시에서처럼 인재의 해방과 개성의 해방을 강력하게 호소했다.

結 현실 비판자이자 사회 개혁 주창자였던 공자진은 현실의 위기를 명철하게 인식하고 변혁을 꿈꾸었다. 따라서 그는 결코 비관론자가 아니었다. 공자진이 남긴 수많은 시를 통해 그의 사상을 확인할 수 있다.

그의 시에서 '가을'은 쇠퇴나 쓸쓸함을 나타내는데, 예컨대 "낙엽 한 잎으로 천하에 가을이 왔음을 안다"는 것이 그것이다. 또 "술잔이 맑으면서도 다시 깊어지니, 가을의 흙은 봄의 마음이 깊구나. 그러니 가을꽃으로 하여금 질투하게 해서 가을의 혼이 가라앉지 않게 하라"고 읊은 것도 있다.

공자진의 사상과 문학은 후세에 깊은 영향을 끼쳤다. 무술변법 시기 캉유웨이, 량치차오, 황준헌黃遵憲 등이 모두 그의 영향을 받았다. 신해혁명 시기에 시를 쓴 류야쯔柳亞子, 양싱푸楊杏佛도 '공자진 마니아'라는 별칭을 얻었다. 오늘날에도 공자진의 시를 읽으면 사상적 감동과 예술적 감화력을 느낄 수 있다. "떨어진 붉은 꽃은 무정물이 아니니, 봄날 흙이 되어 다시 꽃이 피도록 돕는다"는 시와 같이, 공자진의 인품과 그의 문학 작품이 가진 무한한 생명력은 숭고한 이상을 실현했다.

【 임칙서 】

● 임칙서

후먼에서의 아편 소각은 아편 근절 운동의 위대한 승리로서 외국 침략자들의 힘을 약화시키고 중국인의 기개를 크게 떨친 사건으로 평가된다. 또한 아편을 근절하려는 중국인의 결의와 외세의 침략에 대한 저항 의지를 전 세계에 알렸다.

임칙서林則徐(1785~1850)는 청나라 말기 아편 반대 운동과 항영抗英 투쟁을 주도한 인물이다. 푸젠성 후관侯官(지금의 푸저우福州) 출신으로 1811년 진사에 합격해서 일찍부터 베이징, 저장성, 장쑤성, 후베이성 등지의 관리로 부임했다. 관직에 있을 때 청렴하고 일처리가 뛰어나 당시 가장 식견이 높은 대신大臣으로 꼽혔다.

    1837년 초 호광湖廣 총독으로 있을 때 후베이와 후난 지방에서 아편을 금지하고 금연국을 설립해서 아편을 피우는 사람들이 기한을 정해 금연을 하게 했다. 이듬해에는 도광제에게 아편 근절에 주력할 것을 호소했다. 그의 주장은 도광제의 지지를 받았고, 얼마 후 흠차대신에 임명되어 아편의 실태 조사 및 근절을 위해 광저우로 떠났다.

    1839년 3월, 광저우에 도착한 임칙서는 양광兩廣 총독 등정정鄧廷楨과 광둥의 수군 제독 관천배關天培의 협조를 받아 아편 근절 활동을 벌였다. 그 예로 그는 영국과 미국 상인들을 압박해서 237만 근이나 되는 아편을 몰수했다. 6월 3일에는 몰수한 아편을 후먼虎門 바닷가에서 사람들이 보는 앞에서 태워버렸다. 이는 외세의 침략에 저항한 커다란 사건이었다.

1840년 초, 임칙서는 양광 총독에 임명되었다. 재임 중에 그는 여러 차례 영국군의 침범을 격파했고, 서양의 상황을 알기 위해 역관譯館을 설립해서 외국 선교사들이 아오먼澳門(마카오), 광저우 등지에서 발행한 신문 및 잡지를 번역케 했다. 또 스위스 사람 와텔이 쓴 《국제법》의 번역을 명했고, 《사주지四洲志》란 책을 통해 세계 5대주 30여 개국의 역사와 지리를 체계적으로 소개했다. 이로 인해 임칙서는 서양의 풍조를 근대적으로 연구하기 시작한 최초의 인물로 불리게 되었다.

1840년 10월, 임칙서는 투항파의 모함을 받아 신장新疆으로 유배되었다가 1845년에 중용되었다. 그리고 1850년 광시廣西로 가는 도중에 병이 나 세상을 떠났는데, 향년 56세였다.

【 눈을 뜨고 세계를 보다 】

　청 왕조는 오랫동안 대외적으로 쇄국 정책을 단행해서 눈을 감고 귀를 틀어막으며 턱없이 우쭐거렸다. 영국과 아편전쟁을 벌일 때도 황제와 조정의 문무백관은 영국에 대해서 여전히 그 내력을 모르고 있었다.
　서양의 물정을 모르긴 임칙서도 마찬가지였다. 하지만 광둥에 도착한 후에 실제 싸우면서 느낀 절박함은 그로 하여금 외국의 물정에 눈을 뜨게 만들었다. 그는 관료 사회의 금기를 깨뜨리고 각종 외국 신문과 잡지를 널리 수집했으며, 흠차대신 아문에서 그것들을 번역하게 했다. 이는 중국 근대사에서 최초로 진행된 대규모 외서 번역 사업이다.
　세계 정세를 이해하기 위해 임칙서는 외국 선교사들이 아오먼과 광저우 등지에서 발행한 신문을 번역케 했다. 그중 〈중국을 논하다〉, 〈금연을 논하다〉 등의 전문 자료를 발췌, 번역해서 《아오먼월보澳門月報》로 편집했다. 어떤 자료는 도광제와 대신들에게 직접 보내기도 했다. 임칙서는 또 외국인이 쓴 군사 분야의 저작도 번역케 했는데, 예를 들면 대포 다루는 방법을 담은 《대포묘회법大炮瞄淮法》 등이다. 심지어 사람을 시켜 외국어로 된 광고를 번역하기도 했다. 《지구초패》(지구의地球儀 광고)와 《지도초패地圖招牌》 등이 그것으로 새로운 기술과 지식에 대한 그의 열정을 알 수 있다.

임칙서 기념관 임칙서의 관직 명칭을 쓴 표찰을 진열했다.

【 청빈한 집안의 지혜로운 소년 】

임칙서는 1785년 8월 30일 가난한 지식인 집안에서 태어났다. 그의 조상은 동진東晉 때 남쪽 푸젠으로 내려온 임씨의 한 갈래로, 위로 6대 조상까지도 관리를 지낸 사람이 없었다.

조부 임정징林正澄은 수재로서 서당을 열어 학생을 가르쳤다. 부친 임빈일林賓日도 수재였는데 아버지에 이어 그 역시 글을 가르쳤다. 모친

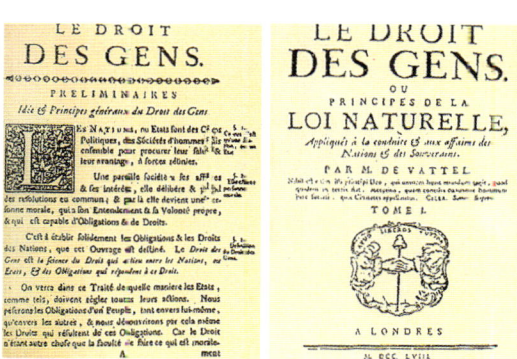

임칙서가 사람을 시켜서 번역한 스위스 와텔의 《각국율례各國律例》. 그는 이것으로 국제법을 이해했다.

진질陳帙은 푸젠성의 유명한 문사 진시암陳時菴의 딸로서 영리한 데다 손재주 있는 현모양처였다. 그녀는 비단으로 만든 조화를 팔아 살림에 보탰다. 어린 시절 임칙서는 매일 아침 학당에 가기 전에 어머니와 누이가 밤에 만든 비단 조화를 점포에 가져다가 판매를 맡겼다. 그리고 저녁에 집으로 돌아올 때 점포에 들러 돈을 수금해왔다.

푸칭시福清市 하이커우진海口鎭 천더우촌岑兜村에 있는 임칙서의 집

무더운 여름이든 엄동설한이든, 매일 저녁 온 가족이 어둠침침한 등잔 가에 둘러앉아 부친은 임칙서에게 글을 가르쳤고 모친은 누이들과 함께 바느질을 했다. 가난한 유년기를 보내며 임칙서는 백성들의 고통을 절실히 체험하는 한편 근검절약하는 습관과 덕을 길렀다. 훗날 관직에 몸담았을 때 청렴하고 성실하게 업무를 수행한 것이 이 유년기의 체험과 관계가 있다.

1797년, 임칙서는 13세의 나이로 수재에 합격해서 푸저우의 오봉서원鰲峰書院에서 공부하게 되었다. 당시 서원을 주관한 정광책鄭光策은 진사 출신으로서 경세經世의 학문을

임칙서가 글공부를 했던 푸저우의 오봉서원 터

강의했다. 임칙서는 정광책의 지도를 받으며 고전을 두루 읽었다. 그리고 이 시기에 독서 찰기札記(조목을 나누어 기술하는 것 : 옮긴이)《운좌산방잡록雲左山房雜錄》을 썼다. 이 책을 통해 젊은 시절 독립적인 사고와 언행의 일치를 추구한 임칙서의 일면을 엿볼 수 있다.

후먼에서 아편을 태우다

베이징 천안문 광장 중앙에는 장엄한 인민영웅기념비가 우뚝 솟아 있다. 이 기념비에는 근현대 중국의 혁명 여정을 담은 8폭의 백옥 부조가 새겨져 있는데, 그 첫 번째가 바로 1839년 임칙서가 후먼에서 아편을 태우는 장면이다.

1830년대 영국 식민주의자들은 중국으로 수입하는 아편을 매년 3,000~4,000상자에서 2~3만 상자로 늘렸다. 아편의 범람은 중국인들에게 심각한 해악을 끼쳤다. 임칙서는 도광제에게 올린 상주문에서 "(아편으로 인해) 수십 년 뒤에는 중원에서 적을 막는 병사가 거의 없을 것이며, 군비에 쓸 은도 거의 사라질 것"이라고 지적했다.

아편의 해악이 국가의 운명과 민족의 존망까지 위협하자 청 정부는 사태의 심각성을 깨닫고 임칙서를 흠차대신이 임명하여 광저우로 파견했다. 임칙서는 사람들의 기대를 저버리지 않고 아편 2만여 상자를 몰수하여 1839년 6월 3일 후먼에서 그것들을 모두 태워 없앴다.

임칙서는 후먼의 바닷가 모래밭에 큰 구덩이를 파도록 지시했다. 그리고 거기에 소금을 뿌리고 아편과 석회를 넣어 반죽해서 더 이상 피우지 못할 침전물로 만든 뒤 나중에 조수가 밀려나갈 때 구덩이의 배수로를

후먼에서 아편을 소각하는 모습을 담은 천안문 광장의 인민영웅기념비

열어 아편 침전물이 썰물을 따라 바다로 떠내려가게 하였다. 이렇게 해서 6월 3일부터 6월 23일까지 모두 237만 근의 아편을 소각했다.

그 과정에서 임칙서는 문무 관리들을 데리고 처음부터 끝까지 현장을 감독했다. 그리고 광저우와 아오먼에 있던 외국 상인과 선교사들을 현장으로 불러 아편을 소각하는 광경을 똑똑히 목격하게 했다.

후먼에서의 아편 소각은 아편 근절 운동의 위대한 승리로서 외국 침략자들의 힘을 약화시키고 중국인의 기개를 크게 떨친 사건으로 평가된다. 또한 아편을 근절하려는 중국인의 결의와 외세의 침략에 대한 저항 의지를 전 세계에 알렸다.

【 폐단을 없애 위기 극복을 꾀하다 】

임칙서는 가경嘉靖 16년(1811) 진사에 합격했고, 2년 후에는 베이징에서 7년 동안 관직에 몸담았다. 1820년에는 저장성 항가호병비도杭嘉湖兵

후먼 포대 유적지와 임칙서의 친필
임칙서는 벗에게 보낸 시에서 "노고를 마다 하지 않고 창생을 위하리라"고 하여 아편 근절의 굳은 의지를 표현했다.

備道에 임명되어 지방 관리로서의 생애를 시작했다. 항저우에 부임한 지 채 1년도 되지 않아 부친의 병이 위중해지자 휴가를 얻어 푸젠으로 돌아갔다. 항저우에서 관리로 재임한 기간이 길지 않았음에도 그는 해안의 둑을 보수하고 수리 사업을 일으키는 등 백성들을 위한 실제적인 일을 도모했다.

1823년에는 장쑤성 안찰사로 부임했다. 이때 억울한 송사를 바로잡고, 불법을 일삼는 지역 유지들을 문책하고 아편 상인을 단속하는 등 민심을 얻어 '임청천林青天'으로 불렸다. 1832년에는 장쑤성의 행정장관으로 진급했는데, 이 소식이 전해지자 장쑤성 각지의 백성이 크게 반겼다고 한

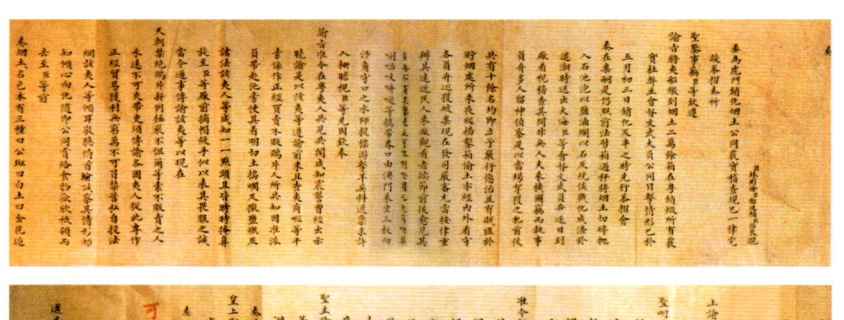

후먼에서 아편을 태운 후 임칙서 등이 도광제에게 올린 글

다. 이듬해 장쑤성에 대홍수가 발생하자, 황제에게 강남의 조세를 감해달라고 청원하는 한편, 앞장서서 돈을 기부해 이재민을 구제했다.

임칙서는 또 농업의 발전을 위해 벼 종자의 개량을 제창했고, 행정장관 아문의 후원에 시험전試驗田을 개간했다. 또 장쑤성 전역에 걸쳐 조운漕運, 소금에 관한 업무, 치수 사업 등의 개혁에 힘썼다.

임칙서는 나날이 더해가는 서양 열강들의 침략 앞에서 나라의 존엄과 백성들의 이익을 보호했으며, 급기야 아편 근절 운동과 항영抗英 투쟁의 선봉장이 되었다.

【 신장 지역을 개척하다 】

1840년 8월, 광둥 공략에 실패한 영국 군함이 북쪽을 노리고 톈진의 다구커우大沽口까지 육박했다. 이때 투항파의 대신 기선琦善이 도광제에게 임칙서가 아편을 금지하는 바람에 화를 초래했다고 모함했다. 놀라 어쩔 줄 모르던 도광제는 임칙서의 처벌과 영국 군대의 철수를 맞바꾸려 했다. 그리하여 조서를 내려 임칙서를 신장의 이리伊犁(지금의 이닝시伊寧市 서쪽)로 유배를 보냈다.

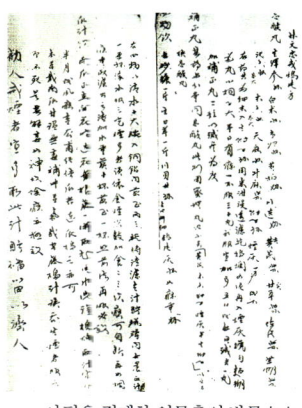
아편을 경계한 임문충의 방문方文

1842년 12월 10일, 임칙서는 온갖 고생을 겪은 끝에 머나먼 이리 땅에 도착했다. 그리하여 1845년 11월에 다시 등용될 때까지 신장에서 3년간 머물렀다.

임칙서는 신장에서도 외국 열강들의 침략을 한시도 잊지 않았다. 그는 병든 몸으로 신장의 역사와 지리를 연구하고 변경의 지도를 제작했다. 그리고 제정 러시아의 침략과 위협을 경계하면서 서북 변방의 수비를 강화할 것을 강력하게 주장했다.

그는 국방을 강화하고 변방 백성의 생활을 개선하는 가장 좋은 방법은 병농兵農 합일의 둔전을 통해 변방을 방어하는 것이라고 생각했다. 그래서 이리 장군이 황무지를

임칙서의 처벌을 명한 도광제의 유지

광둥성 후면에 있는 임칙서 기념관

개간하는 데 적극 협조하여 광대한 땅을 개척했다.

신장에 머무는 동안 그는 수고로움을 마다하지 않고 쿠처庫車, 아커쑤阿剋蘇, 허톈和田 등지를 조사한 뒤 수리 사업을 일으킬 것을 제창했다. 아울러 돈을 기부하여 수리 사업에 직접 참여했고, 신장의 민간에서 개발한 감아정坎兒井이라는 수리 관개 시설을 확대하여 메마른 땅을 오아시스로 만들었다. 신장 주민들은 감아정을 '임공정林公井'이라고 부르면서 그에 대한 고마움을 표시했다. 임칙서는 서북 변경을 개척하는 일에서도 큰 업적을 남겼다.

結 임칙서는 신장으로 가는 길에 가족들에게 편지를 띄웠다. 편지에서 그는 "나라와 민족에 이익이 된다면 죽음을 무릅쓰고 온 힘을 다할 뿐, 결코 개인의 화복과 명예와 치욕을 따지지 않겠다"고 전했다.

1845년 12월, 임칙서는 3년 동안의 유배 생활을 끝내고 다시 섬감陝甘(산시성 및 간쑤성) 총독과 운귀雲貴(윈난성 및 구이저우성) 총독에 임명되었다. 몸은 비록 궁벽한 서북 지방에 있었지만 여전히 동남 연해의 상황에 관심을 기울였고, 아울러 부국강병책과 외적을 물리칠 방법을 연구했다.

그러나 오랫동안 피로가 쌓인 데다 지병이 도지는 바람에 1849년 관직에서 물러났다. 그리고 1850년 4월, 푸저우로 돌아가서 고향 사람들의 열렬한 환영을 받았다.

얼마 후 영국인이 푸저우 성 내의 일부 구역을 강제로 조차하는 사건이 일어났다. 임칙서는 노쇠한 몸을 이끌고 고향 사람들의 항영 투쟁에 가담했다. 지역의 최고 관리들에게 촉구하여 관청에 상서문을 올리는 한편, 군대와 민간의 협력을 주장하며 푸저우의 방어를 강화했다. 나아가 직접 배를 타고 민장閩江 강 어귀까지 가서 형세를 살피고 방어 병력을 배치하는 등 뜨거운 애국심으로 사람들을 감동시켰다.

【 황준헌 】

● 황준헌

황준헌의 공적은 변법으로 부국강병을 도모한 외국의 경험을 소개한 데 있다. 그가 쓴 《일본국지》는 메이지 유신 후의 전장(典章) 제도를 연구한 것으로서, 개혁의 본보기를 제공했을 뿐만 아니라 유신운동의 계몽 서적으로 광서제의 주목을 받았다.

근대의 걸출한 외교관이자 사상가, 정치가, 역사학자, 애국 시인인 황준헌黃遵憲은 외국과의 문화 교류에 탁월한 공헌을 한 인물이다.
　　황준헌은 1848년 광둥성 가응주嘉應州(지금의 메이저우梅州)에서 태어났다. 장사로 부자가 된 중하층 관료 집안 태생인 그는 유년 시절에 이미 계층 간의 첨예한 갈등과 심각한 민족적 위기를 느꼈다. 그리하여 개혁으로 부국강병을 도모하고 외세의 침략에 저항하겠다는 의지를 다지게 되었다.
　　광서 2년(1876), 황준헌은 거인擧人에 합격했으나 동향 사람이자 최초의 일본 공사인 하여장何如璋의 청으로 의연히 벼슬길을 포기하고 일본, 미국, 영국, 싱가포르에서 17년 동안 외교관 생활을 했다. 이 기간 동안 자본주의 정치 사상과 서양의 과학 문화를 접하는 한편, 주재국의 정치 제도를 연구했다. 이는 그의 사상과 시 창작에 큰 영향을 끼쳐 개혁으로 부국강병을 도모하는 정치적 관점을 형성하게 된다. 귀국 후에는 상하이에

서 《시무보時務報》를
창간하고 다시 후난
성에 가서 행정장관
진보잠陳寶箴을 도와
새로운 정치를 실천
하며 유신운동에 앞
장섰다.

광둥성 메이저우에 있는 황준헌의 집

황준헌은 외교관이자 정치인이며 근대 문학에 큰 영향을 끼친 애국 시인이다. 그는 평생 시를 썼는데, 낡은 시가 형식에서 벗어나 새로운 정신, 새로운 경지를 개척함으로써 자본 계급 유신파가 제창한 '시계詩界혁명'의 깃발이 되었다. 그리하여 그의 시는 고전 시가에서 현대시로 넘어가는 과도기에 중요한 역할을 담당했다.

【 중국 최초의 외교관 】

 황준헌은 1877년 제1기 주일 사절단을 따라 일본에 건너가 참사관이 됨으로써 중국 최초의 외교관으로 활동했다. 외교관으로서 황준헌은 중국과 일본이 대등한 관계로 우호를 유지하여 각기 부강을 도모하고 외국의 침략에 맞서자고 주장했다. 우호적인 사자使者이자 걸출한 시인인 황준헌은 일본을 자유롭게 여행하면서 각지의 인사들과 친분을 맺고 일본 시인들과 함께 시를 읊으며 문화 교류에 앞장섰다.

 일본에서 거둔 가장 큰 성과는 《일본잡사시日本雜事詩》를 쓰고 《일본국지日本國志》를 편찬한 것이다. 7언 절구로 된 《일본잡사시》는 일본의 역사, 지리, 정치, 문학, 풍습, 복식, 기예, 생산물 등에 관한 책이다. 이 시가를 통해 황준헌은 양국 국민들이 서로를 이해하고 우의를 다지게 했다. 《일본국지》는 근대 일본 연구를 집대성한 대표작으로서 나중에 유신파에게 큰 영향을 끼쳤다.

1882년, 황준헌은 샌프란시스코 총영사로 임명되었다. 1889년에는 외교관 설복성薛福成의 추천으로 영국 대사관 참사로 옮겨갔고, 1891년에 다시 싱가포르 총영사로 전임되었다. 이 시기 황준헌은 화교의 권익 보호에 앞장서서 주재국 정부와 협상을 벌이기도 했다. 1882년 그가 미국에 도착했을 때 마침 미국 의회가 화교를 배척하는 법안을 통과시켰다. 그 무렵 샌프란시스코 시정 당국이 '위생 불량'을 구실로 많은 화교를 체포하려 했다. 황준헌은 직접 감옥에 들어가 감방의 면적을 확인하고 미국 관리에게 질문했다.

1898년 황준헌은 일본에 사신으로 나가지만, 나중에 변법의 실패로 인해 부임하지 못한다.

"이곳의 위생 상태가 화교의 거주지보다 더 좋단 말이오?"

샌프란시스코 시정 당국은 어쩔 수 없이 구류 중인 화교들을 석방했다. 화교들이 수난을 당하는 현실을 보고 황준헌은 "백성에게 무슨 죄가 있겠는가, 단지 국운이 쇠퇴했을 뿐!"이라고 탄식했다.

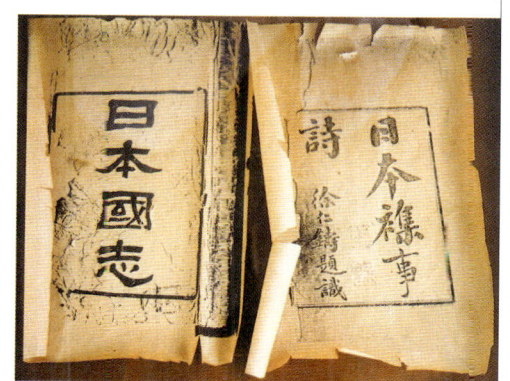

《일본국지》와 《일본잡사시》

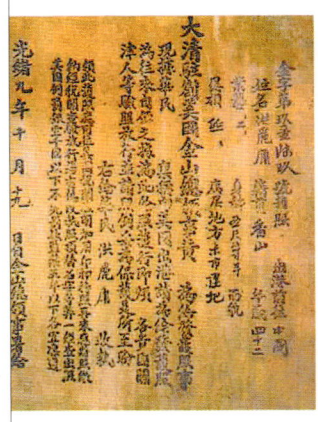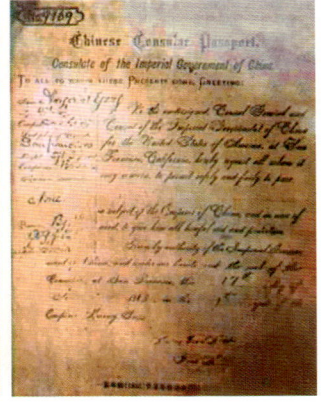

황준헌은 총영사로 미국에 머문 동안 화교에게 여권을 발급해주었다.

【 '시계혁명'의 선구자 】

'시계혁명'은 자본 계급의 유신운동이 문학계에 반영된 것이다. 주로 시사時事와 유신운동을 시에 긴밀히 반영하고, 시가를 새로운 사상과 지식을 전파하는 도구, 즉 진보적인 정치 투쟁의 도구로 삼고자 했다. '시계혁명' 구호를 정식으로 내건 것은 1896년 무렵이다. 하지만 일찍이 외교 사절로 나가 있는 동안에도 황준헌은 '시계혁명'의 정신에 따라 시를 창작함으로써 '시계혁명'의 기수가 되었다.

황준헌의 시는 표현 기법에서 엄격한 운율과 산문 양식을 조화시키고 새로운 시어와 옛 격률의 조화를 꾀했다. 형식에서는 구조의 변화가 다양하고 시구에 굴곡이 있었다. 또 내용에서는 "내 손은 내 말을 쓴다"고 하듯이, 중요한 역사적 사건을 많이 담았다. 그는 국내 사건만이 아니라 외국에서 벌어진 사건도 다루었다. 예컨대 〈기사紀事〉라는 시에서는 1884년 미국 대통령 선거를 그려, 100년 전 중국인이라도 그의 시를 보기만 하면 미국 대통령 선거의 갖가지 문제를 알 수 있었다.

이 밖에도 소리, 빛, 전기 등과 같은 과학적 성과를 시로 많이 써서 외부 세계에 대한 중국인의 새로운 감수성을 표현했다. 만년에는 의화단義和團 운동, 신축조약과 같은 중대한 사건들을 통해 뜨거운 애국심을 드러냈다.

【 시문과 필담으로 미담을 남기다 】

일본 메이지 시대 초기 중국의 전통 문화와 문인들이 일본에서 높은 명성을 누렸다. 영사관이 건립되자 각계 인사들이 너도나도 방문해서 중국의 사절단과 필담으로 교류하거나 시와 술, 필묵으로 친분을 쌓았다.

그중에는 일본 다카사키高崎 지방의 세습 번주藩主도 있었다. 그의 이름은 미나모토 테루노부로 조상 때부터 오코우치大河內에서 살았기 때문에 일명 오코우치 테루노부라고도 했다. 메이지 유신 후 국가에서 번藩을 없애고 현縣을 설치하자 그는 관직을 그만두고 도쿄에서 조용히 살았다.

한시와 한학에 정통했던 미나모토 테루노부는 문사들과 널리 교류하는 것을 좋아했다. 특히 중국 영사관 관리들과 한문으로 필담하는 것을 즐겼다. 그는 필담을 나눈 뒤 집에 돌아오면 필담한 종이를 표구하여 잘 보관했다. 이렇게 탄생한 진귀한 기록이 지금까지 전해지고 있는데, 모두 96권이 넘는 이 원고를 오코우치 문서라고 한다.

그중에는 황준헌이 미나모토 테루노부에게 《홍루몽》을 소개하고 미나모토 테루노부가 황준헌에게 《겐지 이야기》를 소개하는 재미있는 대화도 있다. 황준헌의 《일본잡사시》는 일본의 명사들에게 사랑받았다. 어느 날

황준헌의 친필과 그의 시집

미나모토 테루노부가 황준헌에게 일부 시의 원고를 자기가 소장할 수 있도록 선물해달라고 했다. 황준헌은 친필 원고의 일부를 미나모토 테루노부의 정원에 파묻은 뒤 '고총稿塚'이라 명명하고, 1880년 1월에는 정식으로 비석을 세워서 무덤을 만들었다. 비석에는 황준헌이 친필로 쓴 '일본잡사시최초고총'이라는 아홉 글자가 새겨졌다. 미나모토 테루노부는 "시에 영혼이 있어 땅도 향기로우니, 나는 아름다운 시와 영원토록 이웃이 되고 싶구나"라는 시를 지어 찬탄했다.

이 이야기는 중일 문화 교류사에서 하나의 미담으로 전해진다.

【 유신운동에 적극 뛰어들다 】

1894년 중국과 일본 간에 갑오전쟁이 발발했다. 이해 말 황준헌은 양강兩江 총독 장즈둥張之洞의 명령을 받고 귀국해서 장닝江寧 양무국洋務局의 총재로 임명되었다. 갑오전쟁과 제국주의가 중국을 분할하는 위기 상황에서 황준헌은 적극적으로 유신운동에 뛰어들었다. 1895년에는 캉유웨이가 발기한 상하이 강학회에 참여했고, 량치차오를 주필로 상하이에서 《시무보》를 창간한 뒤 변법 사상을 대대적으로 선전했다.

1896년 6월, 황준헌은 후난성의 장보염법도長寶鹽法道로 임명되면서 후난 안찰사를 대리했다. 이 시기 그는 후난성의 행정장관 진보잠, 학정學政 서인주徐仁鑄 그리고 담사동譚嗣同, 량치차오, 당

황준헌 등이 창간한 《시무보》

재상唐才常 등과 함께 변법을 통한 새로운 정치를 강력히 제창했다. 이로 인해 후난성은 당시 전국에서 유신변법이 가장 활발하게 이루어진 곳이 되었다.

1898년, 광서제는 황준헌이 쓴 《일본국지》를 읽고 큰 감명을 받았다. 그래서 6월 14일에 일본의 유신변법을 모방하여 '명정국시明定國是'라는 조서를 내렸는데, 이로써 '백일유신'이 시작되었다. 광서제는 황준헌을 일본 공사로 임명하여 중국의 유신을 꾀하고자 했다.

광서제는 나아가 황준헌을 군기대신軍機大臣으로 지명해 새 정치를 이끌게 할 생각이었다. 하지만 당시 황준헌은 이질에 걸려 자리에서 일어나지 못했다. 그는 9월 15일에야 상하이에 도착했지만, 9월 21일 자희태후(서태후)가 정변을 일으키는 바람에 유신은 결국 실패하고 말았다. 황준헌도 이때 파직되어 고향으로 내려갔다.

【 만년의 생애 】

1898년 10월, 황준헌은 유신을 반대하는 수구파의 탄핵을 받고 하마터면 상하이의 도채균道蔡鈞에 의해 북으로 압송될 뻔했다. 다행히 일본과 영국 정부가 나서서 간섭한 덕분에 배를 타고 광둥으로 돌아올 수 있었다. 남쪽으로 내려와서 고향에 있는 동안 그는 〈감사感事〉 시 8수에서 무술정변을 기술하며, "말을 참는 것이 중국의 화禍이니, 황인黃人이 해를 떠받들기 어렵다는 것을 다시금 깨닫노라"고 탄식했다. 무술변법이 실패로 돌아가자 중국의 부국강병은 더욱 어려운 일이 되었다.

광둥에 돌아온 황준헌은 양광총독 이홍장李鴻章의 초청을 몇 번이나 거절하고 일본으로 망명한 량치차오와 교류하면서 정치, 사상, 학술, 문화 등에 관해 의견을 나누었다. 이는 량치차오의 사상에 큰 영향을 미쳤는데, 어떤 편지는 량치차오가 일본에서 편집한 《신민총보新民叢報》에 실렸다.

황준헌은 만년에 고향에서 교육의 확대를 강력히 주장했다. 1903년에는 가응흥학회의소嘉應興學會議所를 설립하여 스스로 회장을 맡았고, 무본중서학당務

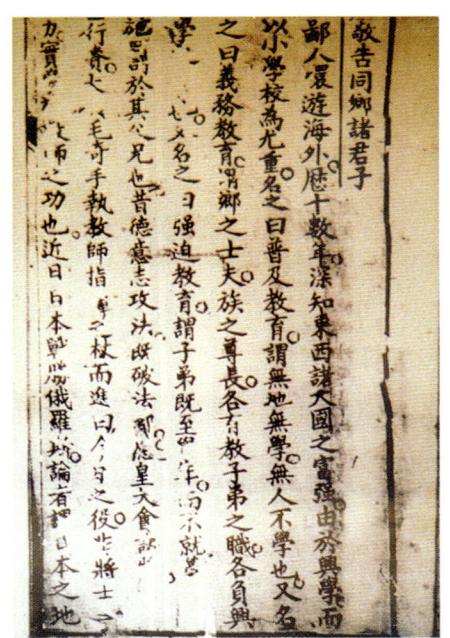
황준헌은 만년에 교육의 확대를 강력하게 주장했다.

本中서학당本中西學堂과 동산 초급 사범학당 등을 설립했다. 1904년에는 가응유흥회嘉應猶興會를 설립해서 성인 교육에도 힘썼다.

이 기간에 그는 통속적인 신체시新體詩를 많이 썼다. 그중에서 〈군가軍歌〉 24수는 '출군가出軍歌', '군중가軍中歌', '선군가旋軍歌'로 나뉘는데, 각 시의 마지막 한 글자를 연결하면 다음과 같은 내용이 되었다.

"용기를 북돋아 함께 나아가고 용감히 싸워서 반드시 승리하네. 죽음을 무릅쓰고 앞으로 나아가 종횡무진하니 대항할 자 없구나. 개선하는 군사는 우리나라의 권리를 펼칠 것을 약속하네."

황준헌은 아이들이 쉽게 읊을 수 있는 시를 써서 그들을 격려했다. 그는 "책을 펼쳐도 나라 사랑하는 마음이요, 책을 덮어도 나라 걱정하는 눈물이네"라는 시를 통해 나라와 백성을 걱정하는 심정을 표현했다.

結 1905년 3월 28일, 황준헌은 병을 앓다가 집에서 세상을 떠났다. 향년 58세였다. 재능이 넘쳐흐르던 시인, 나라와 민족의 부흥을 도모한 정치가의 이른 죽음은 나라와 민족의 큰 손실이었다.

황준헌은 21세 때 〈잡감雜感〉이란 시에서 이렇게 썼다.

"내 손으로 나의 입에서 나오는 말을 쓰는데, 옛사람들이 어찌 구속할 수 있으랴? 바로 오늘날 유행하는 속어로 책을 쓴다면 5,000년 후의 사람들이 고풍스런 아름다움에 놀라리라."

현대의 사상가이자 교육가인 후스胡適는 이 구절을 '시계혁명'의 선언이라고 칭송했다.

황준헌은 《인경려시초人境廬詩草》, 《일본잡사시》 등의 시집을 남겼다. 이는 새로운 사상, 새로운 문물, 새로운 용어를 구체시舊體詩에 담은 것으로서 옛것을 따르면서도 그것에 물들지 않은 시들이 이 시기 '시계혁명'의 성과를 보여준다.

유신파의 중견 인물로 황준헌의 공적은 변법으로 부국강병을 도모한 외국의 경험을 소개한 데 있다. 그가 쓴 《일본국지》는 메이지 유신 후의 전장典章 제도를 연구한 것으로서 개혁의 본보기를 제공했을 뿐 아니라 유신운동의 계몽 서적으로 광서제의 주목을 받았다.

일본에 있던 량치차오는 황준헌이 세상을 떠났다는 소식을 듣고는 "황준헌은 나라를 다스릴 인재"였다며 몹시 안타까워했다. 황준헌은 시의 세계에서도 새로운 영토를 개척했다. "큰 인재를 세상이 써주지 않으니, 이 뜻을 누가 평안케 할 수 있는가!" 황준헌을 추모하는 많은 시를 보면 모두 이렇게 탄식하고 있다.

【 무술변법 】

● 무술변법의 주창자인 캉유웨이(왼쪽)와 량치차오

"어느 나라든 변법을 할 때 피를 흘리지 않고 성공한 경우가 없다. 중국에서 변법으로 인해 피를 흘린 사람이 있다는 말을 아직까지 듣지 못했으니, 이것이 바로 이 나라가 번영하지 못한 원인이다. 만약 피를 흘린다면 이 담사동부터 시작하리라!"

1895년 청일전쟁에서 패한 중국은 분할당할 위기에 직면했다. 이해에 마침 각 성省의 거인擧人들이 베이징에서 치러지는 회시에 참가하게 되었다. 캉유웨이와 량치차오가 베이징에 온 각 성의 거인들을 규합하여 광서제에게 변법을 주청했는데, 이것이 바로 유신운동의 서막을 연 '공거상서公車上書'이다.

　1898년에는 캉유웨이, 량치차오, 담사동, 옌푸嚴復 등 유신파의 선전에 힘입어 부국강병을 위해서는 반드시 변법을 단행하고 자본주의를 발전시킨 외국의 정치 경험을 배워야 한다는 인식이 점차 널리 퍼졌다. 이해는 음력으로 무술년이었다.

　6월 11일 마침내 광서제가 '명정국시'를 반포해서 변법을 단행하게 되는데 이것이 무술변법이다. 이때부터 9월 21일까지 광서제는 캉유웨이 등 유신파의 건의에 따라 변법의 시행령을 반포했다. 예를 들면 농공상업국을 설립하여 개인 사업을 장려하는 한편, 광무철로총국과 우정총국을 설립하고 역참을 폐지했다. 또 신문사의 설립을 허가하고, 언론 및 출판의 자유를 어느 정도 보장하고, 팔고문을 폐지하고, 과학 저술과 발명을 장려하고, 경사대학당京師大學堂을 설립하고, 육해군을 신식으로 훈련시켰다.

무술변법의 조치는 처음부터 자희태후(서태후)를 우두머리로 하는 수구파의 적극적인 반대에 직면했다. 9월 중순 상황이 악화되자 담사동은 자진해서 중무장한 위안스카이袁世凱를 설득하여 광서제를 보호해달라고 요청했다. 위안스카이는 겉으로는 승낙했지만 이 사실을 수구파에 밀고했다. 9월 21일 자희태후는 광서제를 감옥에 가둔 뒤 유신파를 색출해서 체포하고 변법의 법령을 폐지했다. 그리하여 캉유웨이와 량치차오는 일본으로 피신하고 담사동, 임욱林旭, 양예楊銳, 유광제劉光第, 양심수楊深秀, 강광인康廣仁 등 6인은 베이징의 채소시장 입구에서 살해당했다.

무술변법은 103일 동안 시행되었기 때문에 '백일유신'이라고도 한다.

【 청일전쟁 직후 중국의 상황 】

1894년에 이른바 청일전쟁이 발발했다. 전쟁이 일어나기 전에는 대다수가 중국이 이길 것이라고 전망했다. 전쟁은 총체적인 국력의 대결이다. 전쟁이 일어나기 전 두 나라의 국력을 비교해보면, 국토 면적이든 인구와 군대의 규모든 국민총생산이든, 모든 면에서 중국이 절대적으로 우세했다. 1894년 7월 27일 전쟁이 발발하기 전날 밤, 중국에서 31년 동안 세관일을 담당했던 한 영국인은 이렇게 말했다.

"지금 중국인 1,000명 중 999명은 중국이 일본을 쳐부술 거라 믿고 있다."

하지만 전쟁의 양상은 대다수 중국인들의 추측과는 달랐다. 1894년 8월 1일, 중·일 양국은 정식으로 선전포고를 했고, 전쟁은 육상과 해상에서 동시에 진행되었다. 육상에서는 당시 조선의 평양과 랴오둥遼東, 산하이관山海關에서 전투가 펼쳐졌고, 해상에서는 펑다오豊島, 황해黃海, 웨이하이웨이威海衞에서 세 차례 해전이 벌어졌다.

결과는 청나라 군대의 완패였다. 1895년 2월 12일, 청나라 북양北洋 함대의 잔여 부대가 일본군에게 투항했고, 이로써 북양 함대는 전멸했다. 3월에는 상군湘軍 6만 명의 주력 부대가 랴오허遼河 동쪽 기슭에서 패퇴했다.

청일전쟁의 패배는 중국 민족의 대재난이었다. 이 사건은 중국인에게 엄청난 상실감과 위기감을 안겨주었다. 당당한 천자의 조정이 '손바닥만 한 소국' 일본을 이기지 못했으니, 이는 일반 사대부의 눈으로는 불가사의한 일이자 용납할 수 없는 치욕이었다.

19세기 중엽 일본과 중국은 동시에 서양 제국주의의 침략을 받았다. 하지만 일본은 메이지 유신을 단행하여 20여 년이라는 짧은 기간 안에 중국을 압도하고 아시아의 군사 강국이 되었다. 부국강병을 도모한 일본의 길, 이것이야말로 청일전쟁 참패 이후 중국인들이 얻은 역사적 교훈이다. 이를 계기로 유신의 변법운동을 통해 위기에 처한 민족을 구하려는 움직임이 일어났다.

【 유신변법 】

엄청난 국가적 위기에 직면하자 유신에 뜻을 같이하는 지사들이 용감하게 떨쳐 일어났다. 그들은 중국 근대사에서 구국의 길을 모색한 선구자들이다. 광서제를 비롯한 '제당帝黨'은 서태후를 우두머리로 하는 '후당后黨'의 통제에서 벗어나기 위해 급격한 개혁을 단행하여 전쟁 패배의 치욕을 씻고 나라를 위기에서 구하고자 했다. 그리고 한 걸음 더 나아가 제당

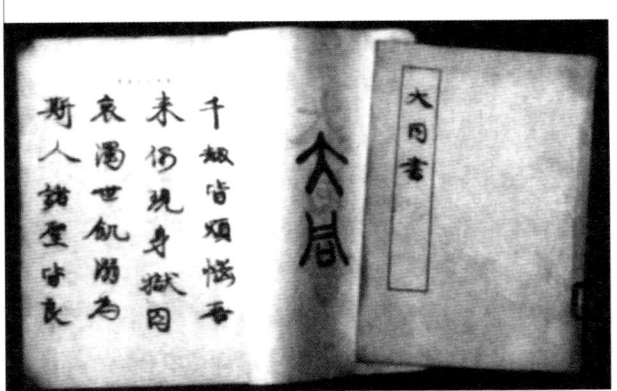

캉유웨이의 《대동서大同書》. '대동' 사상은 개량과 변법 이론의 중요한 내용이다.

의 권력을 확대하기 위해서라도 새로운 정치 세력의 지지를 확보하는 것이 절박했다. 그 결과 제당은 유신파와 의기투합했으며 이로써 유신변법이 전개되었다.

하지만 유신변법은 태생적으로 실패할 수밖에 없었다. 고립된 세력에 미약한 힘을 가진 황제와 유신파는 무술변법의 전 과정에서 조서 반포 등 유한한 권력만 행사했을 뿐, 중앙과 대다수 지방의 지지를 이끌어내지 못했다. 이 때문에 수구파의 저지로 일부 조서는 실행에 옮겨지지 못한 채 헛된 문서가 되고 말았다.

유신파는 성급하게도 100일 남짓한 기간에 갖가지 개혁 법령을 100가지도 넘게 반포했으며, 그마저도 난삽하고 조리가 없어서 사회에 큰 물의를 일으켰다. 예를 들면 어떤 조서는 한 달 내에 중앙통정사中央通政司, 대리시大理寺, 광록시光祿寺, 태복시太僕寺 그리고 후베이·광둥·윈난 등 성省의 행정장관과 하도河道, 조운漕運 총독을 철폐해야 한다고 했다. 이 조서로 인해 관리들이 뿔뿔이 흩어지면서 직업을 잃었고, 공문서가 몽땅 없어졌으며, 심지어 어떤 아문은 훼손을 당해서 아무것도 남지 않았다. 그리고 팔고문을 폐지한 탓에 수백만이나 되는 선비들의 출세길을 막아버려 민심의 동요를 초래했다. 또 어떤 조서는 팔기군八旗軍의 급료와 양식의 지급을 중단시켜 그들의 생계를 위협했다.

관료, 사신士紳, 팔기는 청 정부의 가장 중요한 기둥으로서 그들의 운명은 개혁의 추진 과정에 커다란 영향을 끼칠 수밖에 없었다. 각종 조치는 개별적으로 보면 별 문제가 없었지만 한꺼번에 실행하기에는 지나치게 급진적이었다. 개혁 조치를 공포하기 전에 충분히 홍보하지 못했고, 공포한 후에도 적절히 감독하지 못했으며, 게다가 너무 많은 사람들의 이해관계가 걸려 있었다. 결국 서태후를 비롯한 후당과 수구파의 반대로 변법운동은 100여 일 만에 실패하고 말았다.

광서제 애신각라愛新覺羅 재첨載湉

【 어려운 시작 】

백일유신은 1898년 6월 11일 광서제가 '명정국시'를 반포한 날로부터 시작되었다. 하지만 이 변법운동은 시작 단계부터 수구파의 강력한 저지로 개혁의 첫걸음을 떼기 어려울 정도로 곤경에 처했다고 할 수 있다.

1898년 6월 15일, 백일유신이 시작된 지 4일 만에 서태후는 세 가지 중요한 조치를 취하며 변법을 방해했다.

첫째, 군기대신 겸 호부상서인 옹동화翁同龢를 면직시켰다. 제당과 유신파 간의 중요한 연결고리로 변법운동의 지도자 중 한 사람이었던 그가 면직되자 제당과 유신파는 심각한 타격을 입었다.

둘째, 서태후는 새로 임명된 2품 이상의 관리는 반드시 자신의 면전에서 '사은謝恩'해야 한다고 규정했다. 이처럼 관리 임명권을 장악함으로써

변법운동을 무위로 돌린 서태후

광서제가 유신파 인사들에게 높은 직책을 내리지 못하도록 했다.

셋째, 자신의 심복인 영록榮祿을 대리 직례直隸 총독에 임명하여 베이징 부근의 가장 전투력 있는 군대를 통솔하게 했다.

이상 세 가지 조치로 서태후의 후당은 정권의 중추 기능, 관리 임명권, 베이징 부근의 병권을 장악했다. 서태후는 이후 이허위안에 계속 머물면서 싸늘한 시선으로 개혁이 어떻게 진행되는지 지켜보았다.

3개월 뒤 변법의 개혁 조치가 자신의 지위를 심각하게 위협하자, 서태후는 마침내 정변을 일으켜 황제를 감옥에 가두고 유신파 인사들을 처형했다. 이로써 유신파의 변법운동은 서태후가 일으킨 피바람 속에서 제대로 꽃을 피우지 못한 채 실패하고 말았다.

【 백일유신으로 막을 내리다 】

1898년 9월에 접어들며 개혁파와 보수 세력 간에 투쟁은 날로 격해졌다. 9월 14일, 서태후는 광서제를 호되게 훈계하며 개혁에 반대한다는 입장을 명확히 밝혔다. 9월 18일은 쌍방의 대결에서 결정적인 하루였다.

후당 쪽에서는 어사 양숭이楊崇伊 등이 서태후에게 비밀리에 글을 올려,

광서제가 늙은 대신을 파면하고 캉유웨이 등을 중용하는 것을 질책하는 한편, 서태후가 전면에 나서서 국정을 주도할 것을 건의했다. 이와 동시에 직례 총독 영록이 창신뎬長辛店과 완핑宛平에 주둔해 있던 기동 부대 감군甘軍을 지휘하여 베이징성에 진입함으로써 백성의 혼란을 야기했다. 그리고 독일제 신식 무기로 무장한 무의군武毅軍은 톈진의 천자거우陳家溝로 떠났다. 그곳은 톈진의 작은 역에 주둔한 위안스카이의 부대가 베이징으로 들어가기 위해서 반드시 거쳐야 할 길목이었다. 영록은 위안스카이에게 빨리 베이징을 떠나 방어 지역으로 돌아오라고 명령했다.

제당과 유신파 쪽에서는 이날 아침 임욱이 광서제의 밀서를 가지고 캉유웨이 등을 만나러 갔다. 그들은 무릎을 꿇고 황제의 밀서를 읽었는데, 몹시 상심한 나머지 목이 메어 통곡 소리도 나오지 않았고, 감정이 격앙되어 목숨 바쳐 황제를 구하겠다고 결심했다.

그날 밤, 담사동이 법화사法華寺에 가서 위안스카이에게 이허위안을 포위해서 서태후를 가두고 영록을 주살하자는 계획을 내놓았다. 위안스카이는 담사동 앞에서는 계획에 동의했지만, 그가 가고 난 뒤 여러 번 저울질을 하다가 후당에게 밀고해서 높은 벼슬과 많은 녹봉을 얻었다.

이튿날 이른 아침, 서태후는 21일에 궁궐로 돌아가려던 계

베이징 유신파의 정치 결사 단체인 강학회 유적지

무술 6군자

담사동

임욱

양예

유광제

양심수

강광인

획을 취소하고 갑자기 황궁의 의란전儀鑾殿으로 돌아와 광서제를 통제하면서 정변의 마지막 계획을 실행에 옮겼다. 21일에는 다시 '훈정訓政'을 한다는 조서를 대내외에 공포하면서 유신파의 체포를 명했다. 기세 드높던 변법운동은 이로 인해 중단되고 말았다.

【 나는 스스로 칼을 비껴들고 하늘을 향해 웃는다 】

살육의 위기에 직면해서 유신파 인사들은 목숨을 버려서라도 개혁을 추진하겠다는 의지를 확고히했다. 정변이 발생한 후 망명길에 오른 캉유웨이는 상하이 우쑹커우와이吳淞口外의 증기선 의에서 조국 땅을 바라보며 이렇게 각오를 다졌다.

"나 자신의 생사 따의는 일절 돌아보지 않겠다. 평생 나라를 위해 온 힘을 바치겠다!"

량치차오도 베이징의 계엄 상황에서 자신의 생각을 침착하게 피력했다.

"나의 목숨은 일찍이 조국에 바치려고 했던 것이므로 추호도 아깝지 않다!"

후난성 류양瀏陽 사람인 담사동은 8월 4일 후난에서 베이징으로 왔다. 베이징 류양회관瀏陽會館의 망창창재莽蒼蒼齋에 머물며 그는 특유의 열정으로 중추 기관의 변법 계획에 참여했다. 하지만 예상 밖으로 유신의 대업은 순식간에 무너지고 말았다. 극심한 혼란과 개혁의 더딘 속도는 그에게 많은 생각을 안겨주었다. 그는 위험한 상황에서 빠져나올 기회가 있었지만, 친구들의 권고도 거절한 채 끝까지 집에서 죽음을 기다렸다.

"어느 나라든 변법을 할 때 피를 흘리지 않고 성공한 경우가 없다. 중국에서 변법으로 인해 피를 흘린 사람이 있다는 말을 아직까지 듣지 못했으니, 이것이 바로 이 나라가 번영하지 못한 원인이다. 만약 피를 흘린다면 이 담사동부터 시작하리라!"

그는 자신의 젊은 목숨을 바쳐 깊이 잠든 나라와 마비된 사람들의 정신을 일깨우고자 했다.

1898년 9월 28일 오후 3시 반, 베이징 채소시장 입구에서 담사동, 임욱,

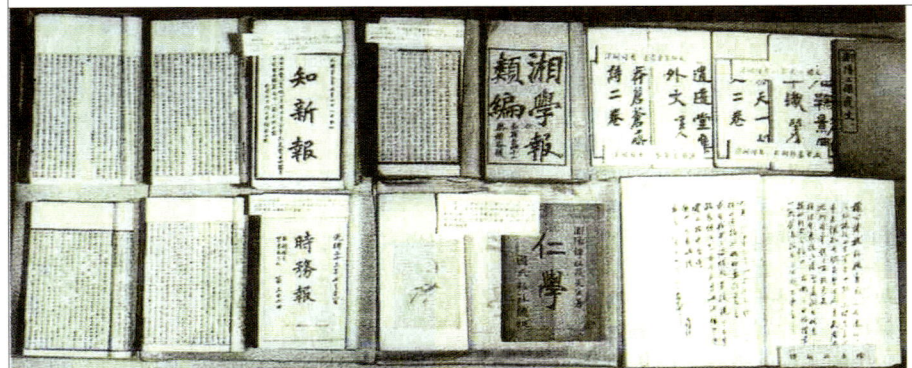

유신변법을 대표하는 인물들의 저서와 개량파의 간행물

유광제, 양심수, 강광인, 양예가 '대역무도'의 죄목으로 처형되었다. 이들의 머리는 사흘 동안 대중에게 공개되었다. 이때 처형된 6명의 열사를 가리켜 '무술 6군자'라고 부른다.

結　무술변법은 중국 역사상 최초의 자본 계급 변법운동이다. 비록 시대적·계급적 한계로 인해 중도에서 좌절되었지만, 그 자체만으로도 역사적 의의가 충분하다.

　무술변법은 중국 근대사에서 처음 있었던 사상해방운동이자 계몽운동이다. 자본 계급의 학설이 비교적 체계적으로 봉건 의식 속에 주입되고, 이로써 낡은 학문을 의심하고 신학문을 환영하는 사람이 늘어나면서 민주화에 대한 요구도 증가했다. 무술변법은 근대적 교육 사업의 기초를 닦는 한편 근대 지식인 집단의 형성을 촉진했다. 이 집단은 훗날 신해혁명과 5·4운동 당시 선구적인 역할을 담당했다.

　무술변법은 대규모 애국운동이었다. 유신파는 19세기 말엽 열강들의 중국 분할에 맞서 일어나 중국인의 생존과 독립을 수호했다. 여기서 주목할 점은 유신파의 애국주의와 전통적인 애국주의는 다르다는 것이다. 유신파가 근대 국가의 독립과 민족 평등의 새로운 이념을 설파하면서 미래를 향한 열린 시야를 강조한 반면, 수구파는 외부 세계와 왕래하지 않는 쇄국주의를 주장했다는 점에서 상반된 견해를 보였다.

【 경사대학당 】

● 경사대학당 현판

경사대학당은 19C 년부터 유학생을 선발해 외국으로 보내기 시작했다. 일본, 유럽, 아메리카로 간 유학생 47명은 대부분 귀국 후 대학당 교수로 재직하며 자신들이 배운 과학 지식을 강의함으로써 현대적인 고등교육 및 각 학과의 개척자이자 창시자가 되었다.

경사대학당京師大學堂은 중국 최초의 현대적인 국립대학으로, 중국 민족을 위기에서 구하고 생존을 도모하기 위한 하나의 방편이자 중국 교육이 현대화로 나아가는 상징이었다.

봉건 사회에서는 과거 제도를 통해 인재를 선발했다. 그러나 처음에는 매우 진보적이었던 이 제도는 시간이 가면서 점점 많은 폐단을 불렀다.

아편전쟁 후 중국은 몇 차례나 열강의 위협을 받았다. 이에 지식인들은 서양 각국이 해외에서 위력을 떨치는 까닭을 분석했다. 그 결과 전함이 튼튼하고 대포의 성능이 좋아서가 아니라 뛰어난 인재들이 있었기에 가능했다는 결론을 내렸다. 그러한 인재들은 서양 각국에 널리 퍼진 학교가 배출해낸 이들이었다. 그래서 지식인들은 학교를 세우는 것이야말로 가장 먼저 도모해야 할 일이라고 호소했다.

"나라의 자강自强을 바란다면 모든 일 중에서 교육이 으뜸이다."

그리하여 낡은 제도를 개혁하고 과거 제도를 폐지하며, 학교를 세우고 인재를 양성하는 풍조가 광서 24년(1898)에 급격히 확산되었다. 1898년 2월 14일, 광서제는 경사대학당을 설립하라는 조서를 내렸다. 하지만 그 후에도 수구파는 여전히 핑계를 대면서 황제의 명을 받들지 않았다. 6월 26일 광서제는 다시 한번 조서를 내려서 독촉했다. 그리하여 12일 뒤에 대학당을 관리하는 사극대신 손가내孫家鼐가 예부에서 경사대학당의 큼직한 도장을 가져왔다.

중국 최초의 국립 종합대학은 베이징 징산景山 동쪽의 마신묘馬神廟 옛 터에서 정식으로 문을 열었다. 이 학교는 설립 당시 모두 218명을 모집해서 6급으로 나누었는데, 1~2급은 대학, 3~4급은 중·고등학교, 5~6급은 초등학교에 해당했다.

【 중국 최초의 현대적인 학제 】

경사대학당은 광서제의 유신 시기에 창설되었지만, 몇 년간의 준비 기간을 거치면서 전국적으로 주목을 받았다. 이는 시대 조류에도 부합하고 청 정부에게도 위협이 되지 않았기 때문에 백일유신이 실패하고 서태후의 수렴청정이 시작된 후에도 여전히 중시되었다. 대학당에 관한 상주문은 늘 그날 안으로 회답을 받을 수 있었고, 조정은 대학당을 전국의 모범으로 만들 것을 요구했다.

청 정부의 요구로 경사대학당은 광서 28년(1902) 7월과 광서 29년(1903) 11월에 각급 학당의 규정을 손질했다. 이 규정은 초등학교에서 중·고등학교, 대학교에 이르기까지의 규정 총 5권을 포함하고 있으며, 특히 대학의 규정에는 통유원通儒院(오늘날의 대학원과 같음)이 덧붙여졌다. 교사의 자질을 높이기 위하여 초급 및 고급 사범학당의 규정을 각 1권씩 정했고, 국가 경제와 민생에 중요하다는 인식하에 초·중·고등의 농업학당, 공업학당, 상업학당, 실업학당 규정을 각 1권씩 정했다. 그리고 실업교원 강습 규정과 실업학당의 규칙을 각각 정했다. 이후 정부의 허락을 받은 후 전국에 반포했으니, 이는 중국 정부가 반포한 최초의 온전한 학당 규정이다.

베이징에 있는 경사대학당 터

 이때부터 중국의 학교는 시험을 치러서 입학하고, 학년에 따라 올라가고, 시험을 쳐서 졸업하고, 사회에 나가 일하는 현대식 학교 제도를 따르게 되었다. 이 규정에는 사회과학과 자연과학 과정도 포함되었다. 이러한 학교 제도는 평생 경서만을 읽도록 강요하는 과거 제도를 완전히 변화시

경사대학당 총감독의 관방關防과 《흠정대학당장정欽定大學堂章程》

경사대학당 ◆ 471

컸다. 1906년, 위안스카이와 장즈둥 등이 조정에 상주함으로써 과거 제도는 완전히 폐지되었다.

【 중국 최초의 현대적인 대학 】

경사대학당이 설립된 후 청 정부가 각 성에 이를 모방한 학당을 세울 것을 요구하자 각지에서 앞다투어 학당을 건립했다. 1908년을 전후해서는 전국 각 성의 고등학당이 졸업생을 배출하기 시작했다. 설립된 지 10년이 지난 경사대학당은 예과와 사범대 졸업생을 배출했으며, 분과대학(오늘날의 단과대학)을 창설해서 교사들이 자질과 경험을 쌓도록 했다.

1908년 10월 28일, 경사대학당은 상주문을 올려 대학당의 규정에 따라 분과대학의 창설을 요청했다. 그리하여 원래 정한 8개의 분과대학 중에서 7개가 동시에 창설되었다. 경제과, 법정과, 문과, 격치과格致科, 농업과, 공업과, 상업과 등이 당시 개설된 분과대학이다.

경사대학당의 패종

각 단과대학의 설립 과정을 통해 현대 대학으로 발전해가는 과정을 확인할 수 있다. 예를 들면 격치과 대학의 화학문化學門(지금의 화학과)이 규정한 과목은 무기화학, 유기화학, 분석화학, 화학실험, 응용화학, 이론 및 물리화학, 화학평형론 등이다. 보조 과목은 미적분, 수학, 물리학, 물리학실험 등이다. 초기의 현대식 고등교육 과정은 대부분 거금을 들여 외국 교수를 초빙하는 형태였다.

경사대학당은 1903년부터 유학생을 선발해 외국으로 보내기 시작했다. 분과대학이 창설될 즈음 처음으로 일본, 유럽, 아메리카로 간 유학생 47명은 대부분 귀국 후 대학당 교수도 재직하며 자신들이 배운 과학 지식을 강의함으로써 현대적인 고등교육 및 각 학과의 개척자이자 창시자가 되었다.

경사대학당 축구팀 멤버들

관학대신 손가내(왼쪽)와 임인대학 시절의 관학대신 장백희張百熙

【 전국의 학교를 관리하다 】

청 정부는 경사대학당에 다양한 임무와 직능을 부여했다. 경사대학당은 인재를 육성하는 최고 학부로서 전국의 각급 학교에 대한 지도를 책임졌다. 대학당 규정을 각지의 학당에 반포해서 그대로 따를 것을 요구했고, 학당 학생의 2차 시험과 소개, 유학도 대학당이 책임지고 집행했다. 또 《시무보》가 관보官報로 바뀔 때 관학대신이 규정의 초안을 잡았다. 편

경사대학당 ◆ 473

역국編譯局이 출판하는 간행물도 관학대신이 책임지고 심사했다. 각지의 신문사가 발행하는 신문과 국민이 발명한 기술 등도 우선 경사대학당이 심사했다. 이렇게 많은 직무가 경사대학당 한 곳에 집중되었다. 경사대학당은 실질적으로 교육, 문화, 과학기술, 신문, 출판 등 모든 방면에서 최고 관리 기관으로 부상했다.

직무가 이렇게 복잡하고 과중했던 것은 경사대학당이 중국 정부가 세운 최초의 대학이었기 때문이다. 하지만 과중한 책임은 대학당의 발전을 촉진했다. 1905년 말엽, 즉 경사대학당이 창설된 지 7년 후 대학당의 부담을 줄이고 전국의 학교를 체계적으로 관리하기 위해서, 조정은 학부學部 설립에 관한 조서를 발표했다. 전국의 학교 업무를 관할하는 학부가 설립된 후 경사대학당은 비로소 대학당의 일만을 전적으로 책임지고 관리할 수 있었다.

【 '무술대학' 과 '임인대학' 시기 】

경사대학당은 1898년에 설립된 뒤부터 1900년까지 약 2년 동안 무술戊戌대학으로 불렸다. 개학 당시만 해도 학생이 100명 남짓이었지만 이후에는 계속 모여들어 218명으로 늘어났다.

1900년, 8국의 연합군이 베이징을 점령하는 사건이 벌어졌다. 경사대학당 역시 점령되면서 학생들이 뿔뿔이 흩어지고 학교의 운영도 중단되었다. 이후 1902년 임인년壬寅年에 다시 문을 열고 10월 4일에는 정식으로 신입생 모집 시험을 치렀다. 이 시기 대학을 관할한 관학대신은 장백희張百熙였다. 그는 사상이 비교적 개방적인 신파新派의 한 사람이었는데, 그의 추천으로 오여륜吳汝綸과 장소포張篠浦가 경사대학당의 총교습總敎習을 맡았다. 그해에는 우선 '속성과' 신입생을 모집했다. 이것은 교과 과정이 3~4년으로 오늘날 대학의 학제와 비슷하다. '속성'이라고 한 것은 아마도 과거시험을 준비하는 10여 년간의 고생스러운 과정에 빗댄 것으로 보인다. 신입생의 전공은 관료를 지망하는 '사학仕學'과 교사를 지망하는 '사범師範'으로 나뉘었다. 당시에는 아직 '계系'라는 명칭이 없었으므로 사학관仕學館과 사범관師範館으로 불렸다.

경사대학당의 총교습 오여륜吳汝綸

사학관의 수험생은 베이징의 각 아문에서 추천했고, 사범관의 수험생은 각 성에서 선발하여 보냈다. 수험생의 추천이나 선발 정원은 큰 성은 7명, 중간 정도의 성은 5명, 작은 성은 3명으로 규정했다. 1904년부터는 예비과의 학생을 모집했다. 그리하여 장쑤성·저장성·후난성에서 각각 24명, 쓰촨성·푸젠성·광둥성에서 각각 20명, 후베이성·안후이성·장시성에서 각각 15명, 허베이성은 12명, 허난성은 8명, 산둥성·산시성山西省·산시성陝西省·윈난성, 동북 3성은 각각 6명, 간쑤성과 광시·구이저우 두 성은 각각 4명씩 모집했다. 이로써 경사대학당의 규모는 점차 커졌다. 1902년부터 1911년까지 9년 동안 경사대학당을 '임인壬寅대학'이라고도 했다.

【 학당 내 학생들의 생활 】

경사대학당을 창설할 즈음에도 과거 제도는 아직 명맥을 유지하고 있었다. 공부해서 벼슬을 하려는 선비들은 여전히 과거에 응시하려 했고, 새로운 학제로 창설된 경사대학당에 대해서는 별로 흥미를 느끼지 못했다. 조정에서는 선비들의 입학을 독려하기 위해 경사대학당을 졸업한 학생은 그 자격이 진사 출신과 같다고 규정했다.

1902년 속성과의 신입생을 모집할 때 사학관의 수험생 자격은, '베이징 관리는 5품 이하 8품 이상이고, 외지의 관리 입후보자로서 베이징에 남은 자는 도원道員 이하 교직敎職 이상'인 사람만 시험을 보고 사학관에 들어갈 수 있었다. 사범관의 수험생은 반드시 거인, 공생, 생원, 감생이어야 했다. 바로 이 때문에 입학하기 전부터 어떤 학생은 이미 관리의 신분이었으며, 이런 학생은 졸업을 한 후에도 계속 관리의 신분을 유지했다. 이 때문에 학교의 고용인들은 모든 학생들을 '나리'라고 불렀다.

그러나 학생은 결국 학생이었다. 그들은 나라가 열강들에 둘러싸여 위기에 빠지자 과감하게 나서서 지극한 애국심을 표출했다. 1903년, 제정 러시아가 동북 3성을 점령한 지 3년이 되었다. 신축조약 이후 제정 러시아와 청 정부가 체결한 '교수동 3성 조약'에 따르면, 러시아는 마땅히 군대를 철수해야 했지만 철군은커녕 오히려 무리한 요구를 해왔다. 이 소식이 경사대학당에 전해진 4월 30일, 사범관과 사학관 학생들이 집회를 열고 제정 러시아를 성토했다. 연설자가 눈물을 흘리며 연설하자 전교생의 감정이 격앙되었다. 집회 후 학생들은 러시아를 비난하는 문건 등을 작성하고 후베이성의 학생들에게 대회의 경과를 소개하며 뜨거운 애국심을 보여주었다.

베이징 대학 초대 교장 옌푸(왼쪽)와 역시 베이징 대학 교장을 지낸 차이위안페이蔡元培

1913년 11월 베이징 대학교 제1회 졸업생 사진

초창기 베이징 대학 교정

結　1911년 신해혁명으로 청 왕조가 무너지고 중화민국이 탄생했다. 국가의 정체성이 바뀌자 경사대학당도 1912년 5월 베이징 대학교로 이름이 바뀌었고, 대학당의 총감독도 대학교 교장이라고 불렀다. 초대 교장은 저명한 계몽사상가이자 교육자인 옌푸였다. 위안스카이를 우두머리로 한 북양北洋 정부는 근본적으로 교육을 중시하지 않았기 때문에 베이징 대학교를 지원하지 않았다. 그 당시 옌푸는 대학의 발전을 위해 전력을 다했다. 그는 은행 등에서 돈을 빌려 교원의 급료와 운영비로 쓰다가 결국 1912년 10월에 사직할 수밖에 없었다.

　1916년 12월, 위안스카이 정부가 무너진 후 사상가이자 교육자인 차이위안페이蔡元培가 교장으로 임명되었다. 그의 포용력에서 나온 사상의 자유에 힘입어 대학 내에는 과학과 민주의 풍조가 형성되었다. 5·4운동이 일어나기 전 해인 1918년에는 새로운 학교 건물인 훙루紅樓를 지었다. 당시 교원이 217명에 달했는데 평균 연령이 30여 세였다. 그중 교수는 90명에 달했으며 27~28세의 젊은 교수도 적지 않았다. 그들 중에서 천두슈陳獨秀, 리다자오李大釗, 마인추馬寅初, 양창지楊昌濟 등은 당시 사상계를 이끌었다. 그들은 베이징 대학을 신문화운동의 대본영이자 5·4운동의 발원지로 만들었다.

【 추근 】

● 추근

추근이 바다 건너 일본으로 간 것은 남권과 부권에 대한 도전이었다. 일본에서 귀국한 후 우싱吳興의 여학교에서 글을 가르칠 당시에도 기회가 있을 때마다 교사와 학생들에게 남녀평등 사상을 전파했다.

추근秋瑾(1875~1907)은 저장성 사오싱紹興 사람으로 자는 선경璿卿 또는 경웅竟雄이고 호는 감호여협鑒湖女俠이다. 그녀는 중국 근대 민주혁명의 여장부로 평가받고 있다.

1875년 11월 8일, 푸젠성 샤먼廈門에서 태어난 그녀는 할아버지 가화공嘉禾公이 푸젠성의 관리로 임명되자 가족들을 따라 푸젠성에서 살았다. 추근은 어린 시절을 샤먼에서 보내다가 16세에 고향 사오싱으로 돌아왔다. 19세에는 오빠와 어머니를 따라 아버지가 관리로 있는 후베이성으로 갔다. 부모의 명으로 21세에는 샹탄湘潭의 부유한 상인 자제인 왕정균王廷鈞과 결혼했다. 추근은 돈으로 관직을 산 남편이 호부戶部의 주사主事로 부임해 갈 때 아들과 함께 따라갔다. 그러나 2년 뒤인 1904년 봉건 가정의 속박에서 벗어나 남편과 아들에게 작별을 고한 뒤 바다 건너 일본으로 유학을 떠났다. 혁명가로서 그녀의 생애는 이렇게 시작되었다.

추근은 일본에서 쑹자오런宋敎仁, 펑자유馮自由 등 혁명 지사들과 사귀면서 혁명 활동에 가담했다. 1905년에는 황싱黃興의 소개로 쑨원孫文을 만나 동맹회에 가입했으며 저장성 동맹회의 주맹인主盟人이 되었다.

1905년 말에 귀국한 추근은 이듬해 여름 상하이에서 《중국여보中國女報》를 발행해 여성 해방을 선전하고 혁명 사상을 고취했다. 이후 항저우에서 광복회 회원으로 무장봉기를 준비했으며, 얼마 후 광복회 지도자인 서석린徐錫麟의 추천을 받아 사오싱 대통학당의 감독으로 임명되었다. 1907년 7월 9일 서석린이 안칭安慶에서 안후이성의 행정장관 은명恩銘을 암살하려다 체포되어 처형당하는 일이 발생했다. 그때 혁명 동지들이 추근에게 피하라고 권했지만 그녀는 본분을 지켰다. 그리고 7월 13일에 대통학당에서 체포되었다. 옥중에서도 그녀는 죽을지언정 신념을 굽히지 않았다. 오히려 "가을 바람, 가을비의 쓸쓸함이 사람을 죽이누나"라고 하며 비분한 감정을 토로했다.

1907년 7월 15일 새벽, 추근은 사오싱의 쉬안팅커우軒亭口에서 처형되었다. 신해혁명 후 그녀의 시신은 항저우의 시후西湖호 서령교西泠橋 기슭으로 이장되었다. 쑨원은 그녀의 무덤에 '건국영웅巾幗英雄(여장부라는 뜻)'이라는 글을 남겼다.

【 어린 애국자 】

추근은 16세 전까지 샤먼에서 생활했다. 샤먼은 1842년에 체결된 난징조약에서 통상을 약속한 5개 항구 중 하나였다. 외국의 침략자들은 가는 곳마다 서양식 회사인 양행洋行을 설립하고 세관을 독점했다. 그 결과 더 많은 밀수 선박이 아편과 밀수품을 샤먼으로 들여와 판매함으로써 대량의 은이 유출되었다. 침략자들은 또 무장 병력을 파견하여 중국인을 대량 학살했다.

1884년 7월, 두 척의 프랑스 군함이 푸젠성 민장閩江강 어귀에 들어와 군함 11척과 운송선 19척을 침몰시키고 800여 명의 사상자를 냈다. 프랑스 군함은 또 마웨이馬尾 조선창을 비롯한 포대와 민간인의 가옥을 파괴했다. 침략자들의 만행은 아홉 살 소녀 추근의 가슴에 증오의 불씨를 지폈다. 그녀는 어머니에게 이렇게 말했다.

"빨간 머리를 가진 사람들이 이렇게 중국인들을 해치고 있으니, 이대로

여성 영웅으로 칭송받는 추근

가다간 모두가 그들의 노예가 되겠어요!"

그녀는 어른이 되면 무술이 뛰어난 용사가 되어 침략자들을 몰아내겠다고 굳게 결심했다. 사오싱에 돌아온 그녀는 책을 읽는 것 외에 외사촌 형제들에게서 말 타는 법과 검술을 배웠다.

추근은 어릴 때부터 나라를 구하는 여걸이 되기를 소망했다. 후난성에 온 뒤에는 동용董榕이 쓴 《지감기芝龕記》를 읽고 큰 감동을 받았다. 그 내용이 명나라 말엽 진양옥秦良玉과 심운영沈雲英이라는 두 여장군이 후금의 군대를 쳐서 전공을 세운 이야기였기 때문이다. 두 여장군이 변방의 전장을 질주하며 남자 못지않게 나라를 지킨 데 대해 추근은 매우 탄복했다. 추근은 두 여장군을 기리며 시 8수를 지었다. 거기에 다음과 같은 구절이 있다.

"군화를 신고 칼을 차고 머리에 수건을 쓴 채 붉은 반점이 있는 흰 말을 탄 모습이 낭자군娘子軍이라는 칭호가 부끄럽지 않네."

"백만 군사 손에서 아버지를 구해 돌아오니 천 마리가 넘는 만주족의

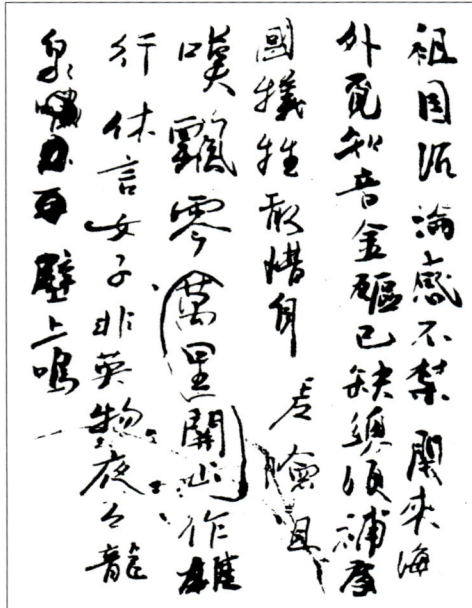

추근의 〈자고천鷓鴣天〉

말들이 일시에 쓰러지네."

"마음이 똑같은 두 여자가 조정의 일을 짊어지니, 얼마나 많은 남자가 스스로 머리를 숙이던가!"

"조정 대신들이 육식을 즐길 때에도 그녀들은 소찬素餐을 했고, 몸과 마음을 바쳐 나라에 충성을 다했네."

어린 추근은 이렇듯 몸과 마음을 다하여 국가에 충성하는 여장부를 우러러 보았다.

【 여성 해방을 주장하다 】

추근은 청대 말 사회의 봉건 예법이 여성을 억압하는 현실을 직접 보고 듣고 느꼈다. 그녀는 민주 사상을 접한 후 여성 해방의 기치를 높이 들고 근대 여권운동의 선구자가 되었다.

추근은 어릴 때부터 여장부에 관한 책을 즐겨 읽었다. 베이징에서는 남장 차림을 한 채 연극을 보러 갔다가 화제가 되기도 했다. 그녀는 말을 타고 검을 휘두르는 것을 좋아했고 〈보도가寶刀歌〉, 〈보검가寶劍歌〉 등의 시를 지었다. 그녀는 이런 행동을 통해 남존여비의 사회 관습에 도전했다. 또 〈만강홍滿江紅〉이라는 사詞에서 자신의 포부를 토로했는데, 그 마지막 연은 이러하다.

몸은 남자의 행렬에 들지 못했지만 마음은 남자보다 강렬하고
평생의 혈기를 헤아려보건대 사람 때문에 늘 뜨거웠구나
세속의 흉금으로 누가 나를 알겠는가?
영웅의 마지막 길은 고난이 많으니
이 홍진의 세상 어디에서 지기를 찾으랴
푸른 적삼이 젖는구나.

추근의 의협심과 호방한 기상은 진정 사람을 놀라게 한다.

추근이 바다 건너 일본으로 간 것은 남권男權과 부권夫權에 대한 도전이었다. 일본에서 귀국한 후 우싱吳興의 여학교에서 글을 가르칠 당시에도 기회가 있을 때마다 교사와 학생에게 남녀평등 사상을 전파했다. 상하이에서 《중국여보》를 창간한 후에는 여성 해방의 목소리를 더욱 높였다.

나는 지금 수많은 여성 동포들의 단결을 바라고, 전국 여성계의 소리와 호흡이 아침저녁으로 통하기를 바라며, 여성계의 총기관이 우리 여성을 세간의 압박에서 벗어나게 해 하루빨리 광명의 세계에 들어가길 바라며, 잠자는 사자를 깨우는 선구자이자 문명의 선각자가 되기를 바란다.

추근은 《중국여보》에 쓴 격정 넘치는 글에서 삼강오륜의 해악을 꼬집고 여성이 스스로 일어나 자신을 해방시킬 것을 호소했다. 특히 인격의

독립과 경제적 독립을 쟁취해야 한다고 역설했다. 《중국여보》는 자금난으로 두 번밖에 발행되지 못했지만 여성 해방운동에 큰 영향을 미쳤다.

【 바다 건너 일본으로 유학을 가다 】

추근이 일본으로 유학을 떠난 것은 부부관계가 좋지 않았던 탓도 있었지만, 그보다는 그녀의 남다른 개성과 함께 여성 해방을 쟁취하고 위기의 조국을 구하겠다는 신념 때문이었다. 일본에 도착한 후 그녀는 중국 유학생 회관에서 개설한 일어 학습반에서 일어를 공부했다. 그녀는 교사가 되는 학문이나 의학을 배우지 않았다. 그런 학문이 나라를 구하고 수많은 여성을 구하는 데 필요한 능력을 길러주지 못한다고 보았기 때문이다. 그녀는 청 정부가 금지한 책을 많이 읽어 외부 세계의 상황을 살피고 친구를 많이 사귀고자 애썼다. 그래서 역시 유학생인 진힐분陳擷芬 등과 함께 공애회共愛會를 조직했다.

근대 중국 여성들이 만든 최초의 애국 조직인 공애회는 청 정부에 저항하는 한편, 여자도 군대에 가서 부상병을 간호할 것을 주장했다. 추근은 애국적인 혁명 활동에 완전히 빠져버렸다. 그녀는 혁명 단체인 삼합회三合會에 가담해서 '군사軍師'가 되었으며, 외사촌 오빠 서석린의 소개로 광복회에 가입했다. 쑨원 선생과 회담한 후에는 그의 혁명론에 감동한 나머지 동맹회에 가입했고, 나아가 저장성의 주맹인으로 추천을 받았다. 이때 그녀는 자를 경웅竟雄으로 고치고 자칭 감호여협이라고 했다.

추근은 일본에서 계몽에 힘쓰고 강연회를 조직하는 한편, 《백화보白話報》를 발행하고 남녀평등을 주제로 한 장편소설 《정위석精衛石》을 썼다.

추근이 일본에서 지은 시에도 민족 의식과 혁명의 정서는 짙게 깔려 있다. 예컨대 〈황해의 배 안에서 일본인과 함께 일본과 러시아의 전쟁 지도를 보다黃海舟中日人索句並見日俄戰爭地圖〉와 같은 시가 그러하다.

만 리에 바람을 타고 갔다가 다시 오니
몸은 동해에 있으면서 거문고를 끼고 있네.
억지로 지도를 보다가 안색이 변하나니
강산을 약탈자에게 맡겨 멸망케 할 수 있겠는가?
탁주濁酒는 우국憂國의 눈물을 씻어주지 못하나니
시대를 구하는 것은 출중한 인재에게 기대야 하리.
십만 명 두개골의 피를 바쳐서라도
반드시 천지의 힘으로 만회해야 하네.

이 격앙된 시는 청 왕조를 뒤엎는 혁명을 위해서라면 유혈도 감수하겠다는 추근의 강렬한 의지를 담고 있다.

1905년 11월, 일본 문부성이 청나라 유학생을 단속하면서 중국 유학생들의 분노를 샀다. 추근도 학업을 포기하고 귀국함으로써 일본 정부에 항의를 표시했다. 이후 그녀는 본격적인 혁명 활동에 투신했다.

【 불행한 결혼의 감옥에서 벗어나다 】

왕정균과의 결혼은 순전히 부모의 강요에 따른 것이었다. 추근은 결혼 전 상대방에 대해 아무 감정도 없었을 뿐 아니라 결혼 후에도 행복을 느끼지 못했다. 왕씨 가문은 장사로 부자가 된 집안이라서 문화적 소양이 부족했다. 추근은 나랏일에 관심이 많았던 반면 왕정균은 자신의 안락만을 도모하는 부잣집 자제였다. 그들이 결혼한 것은 청일전쟁 후 청 정부가 일본과 치욕스러운 시모노세키 조약을 체결할 때였다. 추근은 나라를 걱정하는 마음이 컸지만, 왕정균은 그런 일 때문에 마음 쓸 필요가 없다고 했다. 이렇게 마음이 맞지 않자 두 사람의 관계는 나날이 멀어졌다. 결혼 후에 추근은 〈사도온謝道韞〉이라는 시를 지었다.

    재잘거리며 말할 땐 얼마나 영민했던가
    청아한 재능은 속기俗氣마저 씻었네
    가련하구나, 사도온이여!
    포참군鮑參軍에겐 시집가지 못했으니.

이 시는 동진東晉의 재능 있는 여성 사도온이 시집을 간 상대가 사랑하는 사람이 아니었다는 것을 탄식하는 내용이다. 추근은 이 시를 통해 남편에 대한 불만을 토로했다.

추근은 베이징에서 각종 신간과 신문 등을 읽으면서 신파新派의 인물들을 접했다. 그녀는 특히 량치차오가 주간으로 있었던《신민총보》를 즐겨 읽었고, 거기에 실린《나란부인전羅蘭夫人傳》에 깊은 감명을 받았다. 그녀는 나란 부인처럼 용감하게 헌신하는 애국자를 숭배했다. 여성 해방 의식이 고취되자 남편에 대한 불만이 더 커져갔다. 한번은 왕정균이 기생집에서 술을 마시고 와서는 극장에 가서 연극을 본 추근을 일방적으로 나무랐다. 화가 난 추근은 집을 나와 여인숙에 들어갔다. 그녀는 일찍이 자신의 오빠에게 이렇게 하소연했다.

"(왕정균은) 신의가 없고, 정의도 없으며, 오입질과 도박을 일삼고, 빈달을 하고, 남에게 손해를 끼치면서 자기 이익만을 챙기고, 친척을 업신여기고, 좁은 식견에 제 잘났다고 뽐낸답니다."

그녀는 신학문을 배우는 한편 봉건 가정의 속박에서 벗어나기 위해 의연히 바다 건너 일본으로 유학을 갔다. 마침내 그녀는 새장을 빠져나온 새처럼 자유의 공기를 마시게 되었다. 하지만 조국의 위기가 그녀의 마음을 무겁게 짓눌렀다.

【 장렬하게 순국하다 】

1906년, 추근은 혁명의 선전과 준비로 바빴다. 그해 겨울에는 항저우의 군대에서 광복회 회원들을 만났다. 허요許耀, 하초夏超, 여공망呂公望, 주아위周亞衛, 주서朱瑞 등이 그들이었다. 이들 대부분은 나중에 군대와 정계의 유명인사가 되었다.

1906년 말에 추근은 저장성 진화金華, 란시蘭溪 등지에서 비밀리에 회합

사오싱에 있는 추근의 생가와 그녀를 기념하는 풍우정風雨亭

저우언라이와 쑨원의 부인 쑹칭링宋慶齡이 쓴 제사

사오싱에 있는 추근 열사 기념비

을 가지고 무장봉기를 준비했다. 하지만 후난성 류양瀏陽 등지에서 일으킨 봉기가 실패로 돌아가자 잠시 활동을 중단했다. 1907년 봄에는 돈을 모아 기계를 사고 자신의 아이들을 보기 위하여 후난성 샹탄의 왕씨네 집으로 갔다. 그때 왕정균은 여전히 베이징에 있었고, 시아버지가 그녀에게 2천 금을 주었다고 한다.

4월에는 광복군 제도를 입안했으며, 〈동포에게 고하는 격문〉과 봉기 포고문을 기초하여 5월 26일을 봉기일로 확정했다(나중에 7월 19일로 고침). 모든 준비가 끝나자 추근은 상하이에서 서석린 등과 만날 약속을 하고, 석문石門(지금 저장성 퉁샹桐鄕) 서자화徐自華의 집에 가서 자금을 모았다. 서자화, 서소숙 자매는 전 재산을 털어 도와주었고, 추근은 끼고 있던 비취 팔찌 한 쌍을 그들에게 선물했다. 떠나기 전에는 자신의 유골을 서령西泠에 묻어달라고 부탁했다. 체포되기 사흘 전 서소숙에게 보낸〈절명사絶命詞〉에서 그녀는 이렇게 말했다.

"설사 죽더라도 살아 있는 것과 같으므로 목숨 바쳐 소임을 다하노라. 이제 영원히 이별이니 시대의 풍조가 그의 머리를 취하노라."

그들의 봉기 계획은 저장성 우이武義와 진화에서 정보가 새나가는 바람에 청 군대에 의해 차례차례 무위로 돌아갔다. 안후이성에 있던 서석린은 부득이 먼저 행동하지 않을 수 없었고, 결국 7월 6일 안칭에서 행정장관 은명을 암살한 후 체포되어 처형당했다. 이로써 추근의 봉기 계획은 만천하에 드러났다. 이때라도 몸을 피했더라면 화를 면할 수 있었겠지만, 그녀는 봉기가 성공하지 못하면 자신을 희생하겠다는 결심을 품고 있었다. 옥중에서 모진 형벌을 받으면서도 그녀는 끝내 굴복하지 않았다. 아무런 자백을 받아내지 못한 청 정부는 자백을 한 것처럼 허위로 문서를 꾸며 강제로 지문을 찍은 후에 사건을 종결했다.

7월 15일 새벽 4시, 추근은 쉬안팅커우에서 참혹하게 살해되었다.

結 추근은 신해혁명 직전 청 정부의 봉건 통치를 뒤엎으려다가 희생된 걸출한 여성 혁명가이다. 그녀의 시와 글은 민주 혁명과 여성 해방을 널리 선전하는 데 일조했다.

혁명이 성공할 것이라는 확고한 신념, 혁명을 위해 청춘과 목숨을 바친 그녀의 굳은 의지에 절로 옷깃이 여며진다. 그녀의 인생 역정은 근대 여성 해방의 발자취를 상징한다고 해도 과언이 아니다.

【 쑨원 】

● 쑨원

쑨원은 민족, 민권, 민생의 삼민주의를 제시했다. 그러나 10여 년 간의 투쟁을 거치면서 수차례 좌절을 겪자 시기에 맞게 구삼민주 의를 신삼민주의로 발전시켰다. 이는 쑨원이 역사의 조류에 끊임 없이 적응했음을 말해준다.

위대한 민주주의 혁명가이자 중국 혁명의 선구자인 쑨원孫文(1866~1925)은 광둥성 향산현香山縣(지금의 중산中山) 사람으로 호는 중산中山이다. 젊은 시절 쑨원은 하와이, 광저우, 홍콩 등지에서 서양식 교육을 받았다. 1892년에 홍콩의 서의서원西醫書院을 졸업한 뒤에는 마카오, 광저우 등에서 의사로 일했다.

　1894년 청일전쟁이 발발하자 쑨원은 자본 계급 혁명의 길을 택했다. 그래서 흥중회興中會와 중국동맹회 등 혁명 단체를 조직하고 혁명 강령을 제시했다.

　신해혁명이 발발한 1911년 12월, 해외에서 돌아온 쑨원은 17개 성의 대표가 준비한 중화민국 임시정부회의에서 임시 대통령으로 추대되었다. 하지만 한 달쯤 지나 임시정부가 위안스카이와 타협하는 바람에 대통령의 지위를 위안스카이에게 넘겨주었다. 쑨원은 위안스카이의 권력 독점을 막기 위해 대통령에서 물러나기 전 직접 중화민국 임시 약법約法을 제정했다.

1913년에서 1925년까지 10여 년 동안 쑨원은 민주주의를 주창하고 독재에 반대하는 투쟁에 앞장섰다. 그는 우선 일본에서 중화혁명당을 조직했다. 1919년에는 중화혁명당을 중국국민당으로 개편하고 광저우에서 군정軍政을 조직했다. 그는 중화민국 비상대총통으로 취임했지만 군벌의 배신과 방해로 몇 번이나 좌절을 겪었다. 쑨원이 절망에 빠져 있을 때 국제공산당과 중국공산당이 그를 향해 도움의 손길을 내밀었다.

　1924년 1월, 쑨원은 광저우에서 국민당 제1차 전국대표대회를 열고 개편 선언을 발표했다. 그리고 "러시아와 연합하고, 공산당과 연합하며, 농민과 공인工人을 돕는다"는 3대 정책을 채택함으로써 구舊삼민주의를 신新삼민주의로 발전시키며 국민당과 공산당 및 각계 민중의 통일전선을 구축했다. 11월에는 병든 몸으로 불평등조약의 폐기와 국민회의의 개최를 호소하며 제국주의 및 북양의 군벌과 투쟁했다. 그리고 병으로 쓰러져 1925년 3월 12일 베이징에서 서거했다. 그는 눈을 감기 전에도 "혁명은 아직 성공하지 못했으니 동지들이 계속 노력해야 한다"고 호소했다.

【 젊은 시절의 혁명 사상 】

홍콩은 쑨원의 혁명 사상이 싹튼 곳이다. 1883~1885년 중국과 프랑스가 전쟁을 벌이는 동안 프랑스 군함을 제압한 홍콩 사람들의 투쟁이 쑨원의 애국심과 민족 의식을 불러일으켰다. 그는 이 시기를 혁명 사업에 진력한 첫 단계로 보았다. 1923년 홍콩대학 의학원에서 강연할 때 "홍콩과 홍콩대학은 내 지식의 탄생지"라고 했고, "혁명 사상과 새로운 사상이 발전한 곳도 홍콩"이라고 말했다. 그가 홍콩에서 배운 것은 의술로 사람을 구하는 일이었지만, 국가적 위기에 직면하자 구국의 길을 선택했다.

1894년 11월과 1895년 2월, 쑨원은 하와이, 홍콩, 광저우에서 홍중회를 조직하여 "중화를 진흥하고 국체國體를 유지한다"는 홍중회의 창립 종지를 제시했다. 1895년에는 홍콩의 각 지구와 연락하여 음력 9월 9일 광저우에서 무장봉기를 하기로 계획했다. 하지만 거사 직전에 계획이 새나가는 바람에 정부 당국에 발각되었다.

1912년 설날에 쑨원은 임시대총통으로 취임한다. 왼쪽은 1911년 12월 귀국할 당시 홍콩에서 찍은 사진

　쑨원은 이때부터 '반란자 일당 쑨원'이라는 죄목으로 지명수배를 당했다. 이후 16년 동안 압박을 견디다 못해 줄곧 해외에서 망명 생활을 했다. 유럽에서 잠시 머물 때 그는 비로소 서양 자본주의 사회의 모습을 보았고, 이 시기 서양 사회의 계급과 사회적 모순을 민감하게 주시하면서 자신의 삼민주의 사상을 가다듬었다.

　1905년, 쑨원의 적극적인 주도로 도쿄에서 중국동맹회가 성립되었다. 아울러 동맹회 강령이 통과되고 쑨원이 총리로 추대되었다. "만주족을 몰아내서 중화를 회복하고, 민주 국가를 건설해서 토지의 권리를 평등히 한다"는 동맹회의 강령은 쑨원을 거쳐 민족, 민권, 민생의 삼민주의로 거듭났다. 이는 젊은 시절 혁명 사상의 총체적 결과물이라 할 수 있다.

1888년 10월 홍콩 서의서원에서 공부할 때 청 정부에 반대하는 친구들과 찍은 사진. 왼쪽부터 양학령, 쑨원, 진소백, 관경량, 우렬

1906년 2월 싱가포르 동맹회 회원과 함께

동맹회 강령

구삼민주의에서 신삼민주의로

국내외에서 정치적 좌절을 몇 번이나 겪은 쑨원은 "지금의 중화민국은 가짜 간판일 뿐이며, 앞으로 한 차례 대혁명이 일어나야만 비로소 진정한 중화민국이 될 것"이라고 주장했다. 그는 나라를 개조하려면 반드시 혁명 정당을 개조해야 함을 인식하고 국민당을 개편했다. 1921년에 중국공산당이 이미 배태되었는데, 쑨원은 자신의 국민당이 공산당과 같은 혁명

정신과 자질을 갖추기를 바랐다.

　마지막에 그는 조화의 길을 찾았다. 그것은 공산당을 국민당에 흡수시키는 것이었다. 그는 '공산당을 용납하는' 방식으로 개편을 단행해서 국민당의 정체성을 바꾸었다. 그의 주장은 국민당 우파의 격렬한 반대에 부딪혔지만, 그는 국제공산당과 국민당에 가입한 공산당의 방조 아래 공산당과 합작하여 국민당 개편 정책을 단호히 추진했다. 그리고 1923년 11월에는 '중국국민당 개편 선언'을 발표했다.

　1924년 1월, 국민당이 제1차 전국대표대회를 열었다. 그때 쑨원이 대회의 임무를 선포했는데, 첫째는 국민당을 개편하는 것이었고 둘째는 정당의 힘으로 나라를 개조하는 것이었다. 여기서 밝힌 대회 선언은 삼민주의를 새롭게 해석한 것이었다. 민족주의는 대외적으로 제국주의를 반대하고 대내적으로 각 민족의 일률적인 평등을 구하는 것으로 해석했고, 민권주의는 소수의 개인이 소유하지 않고 일반 평민들이 공유하는 민주 정치의 수립으로 해석했으며, 민생주의는 소수의 토지 소유를 반대하는 것과 국가 경제 및 국민 생활로 해석했다. 동시에 이 대회에서 "러시아와 연합하고, 공산당과 연합하며, 농민과 공인을 돕는다"는 3대 정책을 제시했다. 신삼민주의는 쑨원의 후기 혁명 사상이 전기에 비해 질적으로 비약했음을 보여준다.

【 폭력혁명을 주창하고 무장봉기를 조직하다 】

　쑨원은 민주혁명에 투신한 후에는 물리력으로 청 정부를 전복할 것을 강력히 주장했다. 황제를 보위하는 캉유웨이나 량치차오의 주장과 엇갈

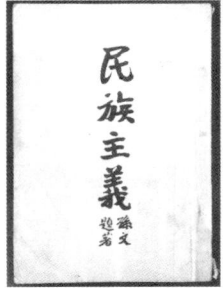 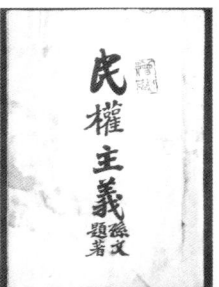 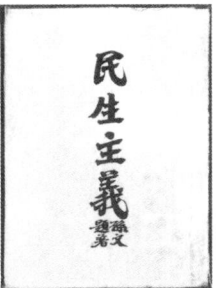

쑨원이 직접 제목을 쓴 《민족주의》, 《민권주의》, 《민생주의》

쑨원이 차용한 '천하위공天下爲公'은 민권주의를 설명한다.
오른쪽 사진은 국민당 1차 당대회에서 개막 연설을 하는 쑨원

리자 여러 차례 무장봉기를 계획했다.

1895년 2월, 홍콩에서 흥중회를 조직한 쑨원은 양구운楊衢雲, 진소백陳少白, 정사량鄭士良 등과 광저우에서 봉기를 일으키기로 은밀히 모의했다. 그들은 비밀 결사 단체, 방위 병영, 관청에 맞서는 무리 혹은 수군 관리 및 병사들과 연락하여 10월 26일을 무장봉기일로 정했다. 거사 전날 밤, 각 지역에서 준비를 끝내고 청 정부를 토벌할 격문을 기초한 뒤 청천백일기靑天白日旗를 만들어 혁명 깃발로 삼았다. 하지만 홍콩에서 무기가 계획

대로 운반되지 못하고 배신자들이 밀고하는 바람에 훙중희의 육호동戮浩東 등이 체포되었고 쑨원은 일본으로 망명했다.

1907~1908년 쑨원은 광둥의 차오저우潮州, 후이저우惠州, 친저우欽州, 장저우漳州, 팡청防城, 윈난의 전난관鎭南關 어귀에서 여섯 차례에 걸쳐 봉기를 일으켰다. 팡청을 점령한 봉기군은 "전제정치와 불평등한 정치를 몰아내고 민주 입헌 정치 체제를 세운다"는 선언문을 반포했다. 쑨원은 베트남에서

광저우 황화강에 있는 72열사의 묘

귀국하여 전난관 전투를 지휘했지만 봉기는 실패로 끝났다.

1911년의 '광저우 봉기'나 '황화강黃花崗 전투'는 쑨원이 빈랑섬에서 가진 회합에서 내린 결정에 따라 황싱이 몰래 모의해서 일으킨 것이다. 그런데 그 과정에서 기밀이 누설되는 바람에 준비가 불충분한 상황인데도 선통宣統 3년 3월 29일(1911년 4월 27일)에 봉기를 일으켰다. 황싱은 몸소 결사대 수십 명을 거느리고 양광 총독의 관서官署로 쳐들어갔다. 봉기군은 청나라 군대와 하룻밤 동안 치열한 전투를 벌였지만, 결국 수적인 열세를 극복하지 못했다. 그러나 1911년 10월 10일 밤, 후베이성의 혁명당 사람들이 일으킨 우창武昌 봉기가 마침내 성공을 거두었고, 우창 혁명군 정부를 건립하면서 청 정부를 무너뜨렸다.

우창의 봉기는 각 성의 호응을 얻었고, 청나라 정부는 이후 급속히 해체되었다.

【 2차 혁명을 이끌다 】

1913년 3월, 신해혁명의 성공으로 얻은 과실을 탈취한 위안스카이가 국민당의 이사장 대리인 쑹자오런을 암살했다. 그리고 4월에는 제국주의 5개국의 은행 재단으로부터 거액의 돈을 빌려 내전을 준비하면서 독재를 시작했다. 쑨원은 위안스카이를 타도하기 위해 군대를 일으켜 2차 혁명을 이끌었다.

2차 혁명에서 장시 도독 리례쥔李烈鈞, 안후이 도독 바이원웨이柏文蔚, 광둥 도독 후한민胡漢民 그리고 장쑤 도독 청더취안程德全이 전면에 나서서 위안스카이와 싸웠다. 그들 대다수가 옛날 동맹회의 회원이자 국민당 당원으로서 쑨원을 자신들의 리더로 간주했다. 위안스카이 타도를 목적으로 한 이 한 차례의 투쟁은 쑨원, 황싱 등 국민당 지도자들의 영도하에 전개되었다.

위안스카이가 무력에 의지하여 대대적으로 남하하고 독립적인 각 성省이 사태를 관망한 탓에, 수동적으로 전쟁에 임했던 국민당의 상황은 급속

1916년 4월 9일, 일본에서 군주제를 취소하는 경축 모임에서 찍은 사진. 앞줄 왼쪽에서 다섯 번째가 쑨원이고 네 번째가 그의 부인 쑹칭링이다.

하게 악화되었다. 얼마 후 난창南昌이 위안스카이의 군대에 점령되었고 9월 1일에는 난징이 함락되었다. 그러자 위안스카이에 반대하여 독립을 선포한 각 성이 잇달아 독립을 취소했고, 이렇게 해서 2차 혁명은 실패하고 말았다. 위안스카이에게 지명수배를 당한 쑨원과 황싱 등은 어쩔 수 없이 일본으로 망명해야 했다.

쑨원은 2차 혁명 실패의 원인이 국민당 조직의 기강 해이에 있었다고 생각했다. 그래서 동맹회 시절의 혁명 정신을 회복하기 위하여 1914년 7월 18일 도쿄에서 국민당원을 소집했다. 이 자리에서 그는 민권주의와 민생주의의 실행을 종지로 삼고, 전제정치 타도와 완전한 민주 국가 건설을 목적으로 중화혁명당을 조직하여 군벌 세력 및 독재 정치와 지속적으로 투쟁하고자 했다.

1917년 9월 11일 쑨원은 대원수로 임명되었다.

【 최후의 순간까지 혁명을 위해 힘쓰다 】

군주제를 회복시키려던 위안스카이의 꿈은 전국 백성의 저항에 부딪혀 1916년 3월에 완전히 무너지고 말았다. 위안스카이 정권이 붕괴되자 호국운동 속에서 형성된 크고 작은 군벌 세력이 잇달아 할거했다. 쑨원은 다시 이들 세력과 싸워야 할 상황에 처했다.

1917년 7월, 쑨원은 국회와 '임시 약법'을 폐기하려는 북양 정부의 돤치루이段祺瑞에 반대하며 호법운동을 펼칠 것을 주장했다. 그는 우선 호법운동을 지지하는 후하이濩海 주둔군을 거느리고 광저우로 갔다. 8월에는 소집한 의원 100여 명이 광저우에서 비상 국회를 열었다. 쑨원은 9월에 총사령관으로 선출되어 광둥, 윈난, 광시, 구이저우, 쓰촨, 후난의 병력을 이끌고 돤치루이의 무력 통일에 저항했다. 그러나 1918년 남북이 회의를 열어 강화하는 바람에 호법운동은 성과를 거두지 못했다.

여러 차례 좌절을 겪은 쑨원은 1920년 11월 말에 광저우에서 군정을 재조직했고, 이듬해 4월에는 비상대총통으로 당선되었다. 그는 원래 광둥에 있는 천중밍陳炯明의 무장 병력의 힘을 빌려 북벌을 추진하고자 했다. 그러나 천중밍은 표면적으로는 광저우 군정의 육군부장 겸 내무부장을 맡았지만 안으로는 북양의 군벌 세력과 사통하고 있었다. 1922년 6월, 천중밍이 갑자기 혁명 세력에 등을 돌리면서 쑨원의 총통부를 공격했다. 쑨원은 어쩔 수 없이 영풍함永豊艦으로 옮겨갔다. 천중밍의 배신으로 쑨원은 군벌 세력에 의존하면 혁명에 성공할 수 없다는 것을 깨닫게 되었다.

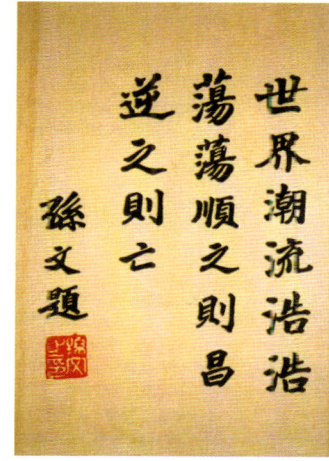

쑨원의 친필

1924년 10월, 베이징에서 정변이 발생했다. 펑위샹馮玉祥이 차오쿤曹錕, 우페이푸吳佩孚를 몰아내고 쑨원에게 전보를 보내, 베이징에 와서 대계大計를 주관해달라고 요청했다. 민족의 단결과 통일을 위하여 쑨원은 위험을 무릅쓰고 의연히 북쪽으로 향했다. 하지만 이때 그의 간은 아주 심각한 상태였으며, 장거리 여행은 병세를 더욱 악화시켰다. 쑨원은 1924년 12월 31일 베이징에 도착했고, 이듬해 3월 12일 병원에서 영원히 눈을 감았다.

평생 혁명을 추구하고 나라와 민족을 위하여 온 힘을 쏟은 쑨원의 일생은 영원히 기념할 만하다.

結 "세계의 조류는 기세가 도도해서 순응하면 번영하고 거스르면 망한다."

이는 쑨원이 후세 사람들에게 남긴 명언이다. 쑨원의 일생은 역사의 조류에 순응하면서 국가의 통일과 발전, 민족의 평등과 단결을 위해 끊임없이 분투한 과정이라고 말할 수 있다.

젊은 시절 그는 중국의 가난하고 나약한 모습이 청 정부의 무능과 부패 때문이라고 생각했다. 그래서 혁명을 통해 만주족 통치 세력을 무너뜨려야 한다고 보았다. 하지만 1912년 신해혁명 후 임시대총통으로 부임할 때 총통선언서에서 한족, 만주족, 후이족, 몽골족, 짱족 등 여러 민족의 통일을 선포했다. 그는 이렇게 방향을 전환해서 각 민족의 평등을 주장하고 억압을 반대했다.

1905년에 쑨원은 민족, 민권, 민생의 삼민주의를 제시했다. 그러나 10여 년간의 투쟁을 거치면서 수차례 좌절을 겪게 되자 시기에 맞게 구삼민주의를 신삼민주의로 발전시켰다. 이는 쑨원이 역사의 조류에 끊임없이 적응했음을 말해준다.

군벌의 배척을 받았던 시기에 쑨원은 빈곤하고 낙후한 중국을 부국강병으로 이끌 경제 문제 연구에 힘을 쏟았다. 1919년에 저술한《건국방략建國方略》은 중국을 번영과 풍요로 이끄는 웅대한 청사진이었다.《건국방략》제2부〈물질건설〉에서 쑨원은 중국 연해에 세계 수준의 항구를 건설하고, 전국에 철로를 가설하고, 북방 및 서남 지방을 개발하고, 고원에 철로를 건설하고, 싼샤三峽에 발전소를 건설해야 한다고 주장했다. 내전이 끝없이 이어지는 상황에서 쑨원의 이런 계획은 실현이 불가능한 이상주의로 보였다. 하지만 그로부터 80년 후 쑨원의《건국방략》에 담긴 계획은 적잖이 현실이 되었다.

【 5·4 신문화운동 】

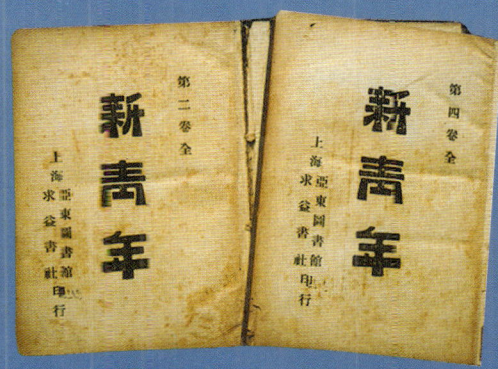

● 신문화운동의 시작을 알린 잡지《신청년》

"부패한 사상이 온 나라에 만연해 있으므로 우리는 진심으로 공화국의 체제를 공고히 하고, 공화제를 반대하는 무리의 윤리와 문학 같은 낡은 사상을 깨끗이 쓸어내야 한다. 그렇지 않으면 공화제 정치를 할 수 없을 뿐 아니라 공화의 간판도 내걸 수 없다."

중국 문명은 면면히 흐르는 기나긴 강처럼 고대에서 현대에 이르기까지 수천 년간 이어져왔다. 백가쟁명의 선진시대 제자諸子로부터 은하수처럼 찬란한 당시와 송사, 소박하고 웅장한 진나라의 벽돌과 한나라의 기와, 변화무쌍하고 준수한 송나라와 원나라의 산수화에 이르기까지.

그러나 이 유서 깊은 중국 문명은 20세기 초에 보기 드문 도전에 직면했다. 청나라의 군주제를 뒤엎고 갓 태어난 중화민국은 유럽과 아메리카 대륙의 과학 문명에 큰 충격을 받았다. 민족 문화의 방향을 결정해야 하는 이 역사적 전환기에 중국에서는 몇몇 선구자의 주창 아래 한 차례의 자기 혁신운동, 즉 5·4 신문화운동이 펼쳐졌다.

5·4 신문화운동은 사상 해방운동으로부터 시작되었다. 즉 1915년 9월 천두슈가 상하이에서 창간한 《청년잡지青年雜誌》(제2권부터는 《신청년新青年》으로 고침)를 지표로 삼고 신문화운동의 시작을 선포했다. 민주 과학 사상을 받아들인 지식인들은 민주와 과학의 기치를 높이 들고 낡은 도덕, 낡은 문학 대신 새로운 도덕과 문학을 제창했다.

그리고 뒤를 이어 러시아 10월혁명의 영향으로 초보적인 공산주의 사

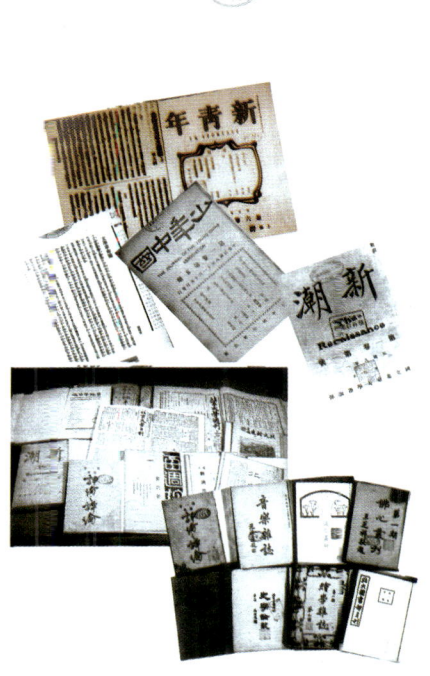

신문화운동 당시 베이징 대학교에서 출판한 각종 간행물

상을 수용한 지식인들이 러시아 혁명과 마르크스주의를 선전하면서 중국을 새로운 시대로 이끌었다.

【 신문화운동과 문학혁명 】

　문언문文言文을 백화문白話文으로 대체할 것을 제창하고, '문학혁명'의 구호 아래 신문학을 제창한 것은 5·4 신문화운동의 중요한 내용으로서 《신청년》의 업적이라 할 수 있다. 《신청년》의 필자들은 문체의 개혁과 문학혁명이 낡은 정치, 낡은 사상을 반대하고 새로운 정치, 새로운 사상을 주창하는 투쟁과 밀접하게 연계된다는 것을 명확히 인식했다.

　당시 백화문을 반대하고 신문학을 공격했던 세력은 상당히 완고했다. 1917년 1월, 후스의 〈문학개량추의文學改良芻議〉가 《신청년》에 실렸다. 뒤이어 천두슈가 〈문학혁명론文學革命論〉을 발표하면서 후스의 주장에 힘을 실어주었다. 후스와 천두슈의 주장은 독립과 자주의 권리가 개인에게 있다는 관점에서 출발한 것이었다. 즉 개인의 독립적인 사고를 주창하고, 옛사람에게 의지하는 것을 반대하고, 봉건적인 권위에 맹종하는 것을 반대하고, 전통의 속박에서 인간의 개성과 재능을 해방시킬 것을 주장했다.

베이징대 마르크스 학설 연구회의 장서 일부

그들이 주창한 문학혁명은 바로 이런 정신을 철저히 실행한 것으로, 옛 사람을 모방하여 옛고문을 쓰는 것이 문학이 아니란 걸 주장하고 마땅히 자기의 말로 자신의 문장을 써야 한다고 강조했다. 리다자오가 편집을 맡은 《신종보晨鐘報》의 창간호에서도 이렇게 썼다.

"새로운 문명의 탄생에는 반드시 새로운 문예의 전주곡이 있다."

요컨대 문학은 사상, 문화, 윤리, 도덕의 중요한 표현 매체이므로 낡은 문화를 혁신하려면 반드시 낡은 문학을 혁신하는 문학혁명이 필요하다는 뜻이다.

신문화운동의 팔기인 중 한 명인 후스

5·4 신문화운동

【 공자의 가르침만을 추종하는 데 반대하다 】

위안스카이가 황제를 칭한 시기를 전후하여 전국 각지에서 공자에게 제사를 지내고 경서를 읽는 풍조가 성행했다. 5·4 신문화운동은 시대를 거스르는 이러한 흐름을 집중적으로 비판했다. 가장 먼저 공자의 학설만을 추종하는 것에 반대한 글은 이바이사易白沙의 《공자평의孔子平議》와 천두슈의 《나의 마지막 각오吾人最後之覺悟》였고, 뒤이어 많은 사람이 뒤따랐다. 그중 유명한 인물이 쓰촨성의 우위吳虞와 베이징의 리다자오 등이다. 그들은 낡은 문화, 낡은 예법, 낡은 도덕을 신랄하게 비판하면서 유교와 전제정치의 관계를 지적했다. 특히 봉건 통치자들이 호신부로 삼은 '삼강三綱'에 대해 용감하게 따지고 봉건 통치 계급이 만들어낸 우상을 타파했다.

하지만 5·4운동 당시 '타도공가점打倒孔家店(공자의 유교 사상을 알리는 거점을 뒤엎자는 뜻: 옮긴이)'의 구호는 없었으니, 이는 후세 사람들이 5·4정신을 총괄하면서 지어낸 말이다. 5·4 신문화운동은 여러 가지 사조로 시작되었다. 어떤 것은 '신청년'파처럼 급진적이었고, 어떤 것은 학형學衡파처럼 보수적이었지만 학형파도 개혁은 찬성했다. 또 차이위안페이처럼 양쪽의 주장을 다 포용한 경우도 있었다. 그들은 한목소리로 전통 문화의 개혁을 주장했지만 어느 누구도 그것을 완전히 부정하지는 않았다. 이는 공자에 대해서도 마찬가지였다. 리다자오는 "나는 공자라는 인물 자체를 배격하는 것이 아니라, 역대 군주들이 만들어낸 우상으로서

《신종보》의 편집인 리다자오

의 공자를 배격하는 것"이라고 했다. 우위도 "우리가 공격하는 것은 봉건적인 예법과 도덕이지 예의 그 자체가 아니다"라고 했다. 천두슈는 한 걸음 더 나아가 이렇게 말했다.

"공자의 가르침은 역사적으로 강력한 가르침으로서 우리의 마음을 무형으로 통일하는 도구이다. 나는 이 점을 절대적으로 인정하며 추호도 의심하지 않는다."

"우리가 공자의 가르침을 반대하는 것은 공자 자체를 반대하는 것이 아니며, 또한 그의 가르침이 고대 사회에서 가치가 없다는 뜻도 아니다. 하지만 그의 가르침은 요즘 사람들의 마음을 지배하지 못하고 시대의 조류에도 맞지 않는다. 그리고 한 무리의 사람들이 기어코 공자를 되살려 사람들을 압박하고 현대의 조류를 거스르고자 하니, 이는 우리의 진보에 가장 큰 걸림돌이 된다."

이런 언급들은 신문화운동 선구자들의 공통된 인식이었다.

전 국민을 대상으로 한 계몽운동

신해혁명 후부터 5·4운동 전까지는 삼강오륜을 비롯한 유가의 봉건 도덕이 여전히 사람들의 정신을 지배했다. 신해혁명 전에는 민주주의를 부르짖기보다는 주로 청 왕조에 반대했고, 전통적인 도덕과 질서는 붕괴되거나 해체되지 않았다. 그랬다면 1916년 위안스카이가 황제를 칭하고 1917년 장쉰張勳이 복위하는 역사적 퇴행 현상이 나타나지 않았을 것이다. 황제는 이미 권좌에서 물러났지만 사람들의 머릿속에 있는 황제는 아직 사라지지 않았던 것이다.

신해혁명의 가장 큰 약점은 프랑스대혁명 이전처럼 계몽운동이 없었다는 것이다. 이 때문에 무술변법 당시 활약했던 양두楊度도 비록 쑨원의 혁명을 돕고 개혁을 옹호했지만, 한편으로 위안스카이에게 황제가 되라고 권했다. 유신운동을 이끈 캉유웨이도 신해혁명 후 군주제의 옹호자로 변신하여 공자의 가르침을 국교로 정하고 헌법에 넣을 것을 주장했다. 2,000년 전 한나라 무제 시대처럼 "유가의 가르침만을 존중하자"는 목소리를 높였다.

이런 현상은 5·4운동 당시 지식인들의 우려를 자아냈다. 천두슈는 〈낡은 사상과 국체 문제舊思想與國體問題〉라는 글에서 이렇게 말했다.

"부패한 사상이 온 나라에 만연해 있으므로 우리는 진심으로 공화국의 체제를 공고히 하고, 공화제를 반대하는 무리의 윤리와 문학 같은 낡은 사상을 깨끗이 쓸어내야 한다. 그렇지 않으면 공화제의 정치를 할 수 없을 뿐 아니라 공화의 간판도 내걸 수 없다."

5·4 신문화운동은 바로 이런 역사적 배경에서 일어났다. 이는 사상의 관점에서 신해혁명 당시 부족했던 면을 보강한 것으로, 전 국민에 대한 계몽운동이었다.

【 5·4 신문화운동의 발원지 】

5·4 신문화운동의 발원지는 베이징 대학교이다. 1916년 2월, 베이징 대학 교장으로 부임한 차이위안페이는 신문화운동의 발기인은 아니었지만, 당시 이 운동의 가장 유력한 지지자였다. 그는 사상의 자유 및 포용과 관용을 주장했으며, 한 차례 개혁을 통해 교수가 학교를 이끌어가는 분위

기를 조성했다. 즈 학술 연구를 장려해서 신문화운동에 언론의 공간을 충분히 열어주었고 새로운 사조, 새로운 문화를 위한 터전을 마련해주었다. 차이위안페이는 《청년잡지》의 편집인 천두슈를 문과대학 학장으로 초빙하고 리다자오를 도서관장에 임명했다. 또 후스, 류반눙劉半農, 첸쉬안퉁錢玄同, 루쉰, 저우쭤런周作人 그리고 유학파 자연과학자들을 교수로 초빙했다.

신문화운동 지지자 차이위안페이

이렇게 많은 사상계의 선구자들이 한자리에 모임으로써 베이징 대학은 사상 및 학술의 중심지로 떠올랐다. 1919년, 파리회의에서 중국 대표단이 국가의 주권을 쟁취하려던 노력이 좌절되었다는 소식이 전해졌다. 이에 베이징 대학 학생들이 먼저 일어나 제국주의와 무능한 정부를 맹렬히 비난했다. 그들은 거리로 나서서 제국주의와 봉건주의에 반대하는 시위를 벌였고, 이때부터 청년 지식인들이 민주주의 혁명의 선봉장이 되었다.

【 천두슈와 《신청년》 】

천두슈는 자가 중푸仲甫로서 안후이성 화이닝懷寧 사람이다. 젊은 시절 일본에 유학을 다녀온 그는 1904년 《안후이속어보安徽俗語報》를 창간하여 민중 계몽에 힘썼고, 쑨원이 이끄는 동맹회와 신해혁명에도 가담했다. 신해혁명 후 거듭된 혁명의 실패는 천두슈를 비롯한 지식인들을 고

신문화운동을 이끈 천두슈

 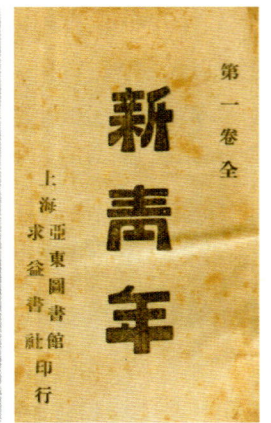

《청년잡지》 창간호. 2호부터는 《신청년》으로 제목을 바꾸었다.

뇌에 빠뜨렸다. 천두슈는 과거 몇 차례의 혁명이 모두 위에서 아래로 내려오는 정치혁명이었음을 인식하고, 진정한 민주 국가를 이룩하려면 아래에서 위로 올라가는 국민의 사상혁명이 필요하다고 주장했다.

1915년 9월, 천두슈는 상하이에서 《청년잡지》를 창간하고, 〈청년에게 고함敬告靑年〉이라는 글을 발표하여 청년들에게 여섯 가지 희망을 제시했다. 즉 그는 청년들이 자유롭고, 진보적이고, 세계를 지향하고, 과학을 중시하는 인물이 되어야 한다고 강조했다. 이 여섯 가지 희망은 민주, 과학, 개방, 혁신 등 신문화운동의 주요 내용을 포함했다. 그는 20세기 청년들에게 벼슬을 해서 부자가 되겠다는 생각을 버리고, "진실하고 새로운 신념을 만들어가야 한다"고 촉구했다. 당시 중국은 대외적으로는 외세의 압박, 대내적으로는 독재자의 핍박으로 인해 도덕적으로 타락해가는 경향이 있었다. 그는 '근勤, 검儉, 염廉, 결潔, 성誠, 신信' 여섯 글자를 제시하고 이를 "나라를 구하는 중요한 길"로 보았다.

《청년잡지》는 2호부터 제목을 《신청년》으로 바꾸었다. 천두슈가 베이징 대학 교수로 초빙되자 《신청년》도 주필을 따라 베이징 대학으로 가서 5·4 신문화운동의 핵심 간행물이 되었다. 아울러 천두슈도 신문화운동을 주도하는 인물 중 하나가 되었다.

結　5·4 신문화운동은 전통 문화의 위기에서 일어난 대규모 사상계몽운동이자 문화혁신운동이다. 5·4 신문화운동은 20세기 중국인의 언어, 사유 규범, 문화를 새롭게 확립함으로써 전통에서 현대로의 전환을 완성했다.

　5·4 신문화운동은 1919년 5월 4일에 발생한 5·4 학생운동의 사상적·문화적 바탕이 되었다. 또 갖가지 선진 문화 사조가 중국에 전파되는 환경을 조성했으며, 1921년 중국공산당의 성립을 촉진했다. 그로 인해 중국 역사에 신기원이 열렸고, 아울러 중국을 민주적이고 과학적인 현대화의 길로 이끌었다고 말할 수 있다.

　중국인들은 여전히 5·4 신문화운동이 개척해놓은 시대에 살고 있다. 5·4 신문화운동을 통해 보여준 용기, 열린 자세, 독립 의식, 창조 정신은 중국 문명의 소중한 재산이 되었다.

5·4 학생운동

역자 후기 | 중국 이해의 새로운 지평을 열다

　중국과 우리나라의 관계는 지정학적 위치로 인해 수천 년 동안 밀접하게 이어지면서 전쟁으로 얼룩진 시대도 있었고 평화적인 교류의 시대도 있었다. 특히 수천 년 동안 우리나라의 정신적 토대가 된 불교와 유교가 중국으로부터 들어왔다. 그러나 20세기 초에 일본의 침략과 중국의 공산화로 인해 중국과 우리나라의 관계는 거의 1세기 정도 교류가 없었다. 그러다가 1990년대에 들어와서 정식 국교가 수립되면서 활발한 교류, 특히 경제교류가 시작되었고 21세기에 들어와서는 문화교류도 점점 더 활성화되고 있는 추세이다.

　그렇다면 지금 이 시대에 우리에게 가장 요구되는 것은 중국에 대한 새로운 이해라고 할 수 있다. 그리고 새로운 시대에 적응하면서 점점 팽창해가고 있는 중국을 알고 그 근저에 깔려 있는 그들의 정신과 심성을 알기 위해서는 중국의 전통문화에 대한 이해가 필수적이다. 중국의 전통문화와 그 속에 담긴 정신을 이해하지 못하고 피상적인 이해에 그친다면, 오히려 중국과 교류할 때 많은 시행착오와 불필요한 에너지 낭비를 초래할 것이다. 반대로 중국인과 그 문화를 깊이 이해하면 할수록 보다 효율적이면서 주체적인 대중관계를 수립할 수 있을 것이며, 아울러 우리나라의 전통문화에 대해서도 더 깊이 있는 이해가 가능할 것이다. 중국과 수천 년을 교류하면서 많은 영향을 받았기 때문이다.

이 책은 중국 최고의 대학인 베이징대학 교수 1백여 명이 함께 참여해 만든, 중국문명을 이해하기 위한 입문서이다. 각 분야의 최고 전문가들이 직접 기술했기 때문에 중국문명을 다룬 책 중에서는 더할 나위 없이 좋은 책이라고 말할 수 있다. 고대 선진先秦 시대에서 근세의 민국民國에 이르기까지 중요한 정치적 사건뿐 아니라 그에 관련된 인물 그리고 각 시대의 문학, 사상, 문물 등에 대해 일목요연하게 알 수 있도록 균형 있게 소개하고 있다.

　이 책은 중국 역사나 문학, 사상을 전공하려는 사람에게도 좋은 입문서가 되겠지만 오늘을 사는 젊은이들이 읽으면 중국에 대한 훌륭한 교양을 갖출 수 있을 것이다. 많은 젊은이들이 이 책을 읽고 중국 이해의 터전을 마련할 수 있다면 옮긴이로서 더 바랄 것이 없겠다. 이 방대한 책을 기획해서 출간한 김영사에 깊은 감사를 전한다.

2007년 겨울
옮긴이

찾아보기 |

5·4운동 465, 478, 512~514

ㄱ

가반家班 303~305
《간록신서》 421
갑오전쟁 448
강광인康廣仁 455, 464
강희제 116, 166, 203, 219, 235, 252, 254, 255, 257~259, 282~286, 291, 292, 294, 312, 339, 348, 404, 405
개규천蓋叫天 332
《건국방략建國方略》 506
건륭제 68, 121, 138, 140, 191, 219, 220, 229, 232, 252, 256, 258~260, 262, 282, 283, 286, 289, 290, 294~296, 312, 322, 325, 341, 348, 351, 353, 354
건문제 92
겔룩파 127
경극 305, 306, 308, 322~333
경사대학당京師大學堂 454, 468~478
경정충 209, 291
경태제景泰帝 92
계성蓟城 172
고경규高慶奎 330
《고공기考工記》 59

고사鼓詞 318
고악高顎 411
고염무顧炎武 158, 159, 162, 163, 165~167, 169
《곡률曲律》 300
곡예曲藝 310~319
곤곡崑曲 298~308, 324
곤산강崑山腔 298~300
공상임孔尙任 29, 235
공안파公安派 29
공애회共愛會 486
공오정龔午亭 310
공자 56, 132, 231, 232, 343, 345, 512~514
공자진龔自珍 296, 416~425
공척보工尺普 301~303
공화판拱花版 199, 203, 205, 206
곽이객廓爾喀 282, 289
《관장현형기官場現形記》 399
관천배關天培 428
광복회 481, 486, 489
광서제 449, 452, 454, 455, 457, 459~462, 468, 470
구심여邱心如 317
구우瞿佑 376
국자감國子監 226~236
국자학國子學 226, 228, 229
《군재독서지群齋讀書志》 136

궈모뤄郭沫若 82
급고각汲古閣 136
기년전 360, 362, 364~369, 371
기선琦善 437
기윤紀昀 380
기춘원綺春園 348, 350
《기해잡시己亥雜詩》 418, 424

ㄴ

《남가기南柯記》 19, 22, 27
《남산집南山集》 295
남희南戱 298, 302
노자 132
《논인절구論印絶句》 222
《농서農書》 74, 76, 210
《농정전서農政全書》 70~79, 210
닝마파 126

ㄷ

단옥재段玉裁 416
달라이 라마 118, 120, 121, 261, 289, 291~294
달와제達瓦齊 288
담부영譚富英 332
담사동譚嗣同 449, 454, 455, 461, 463
담흠배 324~326, 330
당재상唐才常 449
《당회요唐會要》 275
대명세戴名世 295
《대청회전大淸會典》 244
《대통력大統曆》 78
《대포묘회법大炮瞄准法》 431
《대학大學》 50
도광제 252, 428, 430, 433, 437
《도문잡영都門雜咏》 314

《도문회찬都門滙纂》 314
도채균 450
《도화선桃花扇》 29, 235, 345
동문관同文館 231
동용董榕 483
동중서 164
돤치루이段祺瑞 504
두관 203, 205, 206
드니 디드로 68
등정정鄧廷楨 428

ㄹ

라자로 카타네오 70
량치차오梁啓超 79, 162, 165, 169, 425, 449, 450, 452, 454, 463, 488, 499
루쉰 295, 376, 414, 515
류반눙劉半農 515
류야쯔柳亞子 425
리다자오李大釗 478, 511, 512, 515
리례쥔李烈鈞 502

ㅁ

마삼봉馬三峰 310
마여비馬如飛 310
마연량馬連良 330, 332
마인추馬寅初 478
마테오 리치 70, 75, 78, 339
만력제 99, 102
만사동萬斯同 141
매교령梅巧玲 326
《맹자》 50
메이란팡梅蘭芳 301, 326, 327, 332, 333
《먹등인화覓燈因話》 376
《명사明史》 295

명십삼릉 92
《명유학안明儒學案》 158, 167
《명이대방록明夷待訪錄》 158, 160
명정국시明定國是 449, 454, 459
《모란정牡丹亭》 19, 22, 23, 26
모진毛晉 137, 142
목우초穆藕初 306
《무림금석록武林金石錄》 221
무술변법 169, 425, 450, 454~465, 514
무술정변 450
문성공주 118
문원각文源閣 137, 138, 349, 355
《문원각기文源閣記》 138
문징명文徵明 218
문팽文彭 218, 219
문하파文何派 218
미셸 브누아 351

ㅂ

바이원웨이柏文蔚 502
반선액이덕니班禪額爾惪尼 291, 292
방택단方澤壇 360
방효표 295
《백화보白話報》 486
범무주范懋柱 142
《범승지서氾勝之書》 74
범유연范有緣 310
범흠范欽 136, 139, 140, 142
베이징성 172~181, 192, 461
벽송루 137, 143
《병매관기病梅館記》 424
《별록別錄》 135
보타종승의 묘 260~262
복지문장伏地文章 315
《본초강목本草綱目》 82~90, 210
부세 341

부유근富有根 310
북곡北曲 302
빈유본貧有本 310, 315

ㅅ

《사고전서》 68, 137, 138, 140, 142, 260, 295, 355
사고칠각四庫七閣 137
《사기》 132, 133
《사당인집四唐人集》 142
사서헌司瑞軒 310
사자림獅子林 353, 354
《사주지四洲志》 429
사캬파 126
사합원四合院 266~277
사희반 324
《산씨반散氏盤》 223
삼경반三慶班 324
삼민주의 495, 497~499, 506
삼음석三音石 371
삼합회三合會 486
상가회 290, 291
상샤오원尙小云 332
상지신 291
《상한론傷寒論》 85
서광계徐光啓 70~79
서령팔대가西泠八大家 220, 221
서석린徐錫麟 481, 486, 491
서소숙 491
서수란徐樹蘭 144
서유록徐有祿 310
서인주徐仁鑄 449
서자화徐自華 491
서태후 449, 455, 457, 459~462
서하객徐霞客 32~43
《석고문石鼓文》 222

《석두기石頭記》 402, 411
석옥곤石玉昆 310
《석진지析津志》 277
설복성薛福成 445
소경첨邵景詹 376
소운종蕭雲從 210
소진蘇秦 133
손가내孫家鼐 469
손국선孫菊仙 330
손극재孫克齋 142
《송원학안宋元學案》 167
송응성宋應星 58, 61, 62, 64~68
《수초당서목遂初堂書目》 136
순치제順治帝 121, 242, 292
《숭정역서崇禎曆書》 78
쉰후이성荀彗生 332
시계혁명 446, 452
《시무보時務報》 442, 449, 473
시셀바르트 352
시황제 134
《신민총보新民叢報》 450, 488
《신제해新齊諧》 386
《신종보晨鐘報》 511
《신청년新青年》 508, 510 515, 516
신해혁명 361, 425, 465, 478, 481, 492, 494, 502, 506, 513~515
심기봉沈起鳳 386
쌍후평雙厚平 310
쑨원孫文 480, 481, 486, 494~506, 514, 515
쑹자오런宋敎仁 480, 502

ㅇ

《아오먼웰보澳門月報》 430
아편전쟁 142, 230, 356, 430, 468
안사제顏思齊 111
《안후이속어보安徽俗語報》 515

《야의野議》 65
양구운楊衢雲 500
양기손楊沂孫 222
양두楊度 514
양보삼楊寶森 332
양소루楊小樓 325, 330
양숭이楊崇伊 460
양심수楊深秀 455, 464
양싱푸楊杏佛 425
양예楊銳 455, 464
양진어梁辰魚 298
양창지楊昌濟 478
언국붕言菊朋 330
《얼해화孽海花》 399
여공망呂公望 489
여삼승 330
여숙암余叔岩 330
여요강餘姚腔 298, 300
《역경》 138, 139
《영력실록永歷實錄》 159
엽덕휘葉德輝 142
영가잡극永嘉雜劇 298
영가희문永嘉戲文 298
영락제 92~94
영록榮祿 460, 461
옌푸嚴復 454, 478
오강파烏江派 29
오경재 388~398
오배鰲拜 284
오삼계 285, 290, 291
오세번 291
오여륜吳汝綸 475
오임기吳霖起 390
오파吳派 222, 223
옹동화翁同龢 459
옹정제 219, 283, 286, 295, 312, 348, 368, 405
《요재지이聊齋志異》 376~386
와토 341

완대성阮大鋮 304
《완사기浣紗記》 298
왕개운王闓運 353
왕계분汪桂芬 330
《왕문성공전서王文成公全書》 56
왕부지王夫之 158, 159, 163~169
왕소옥王小玉 310
왕수인王守仁 46
왕양명王陽明 46~56
왕요경王瑤卿 325, 327, 330
왕정王禎 74
왕정균王廷鈞 480, 487~490
왕주사王周士 310, 316
왕헌王獻 194
왕홍흥王鴻興 310
외팔묘外八廟 252, 253, 255, 256, 263
요균경寥均卿 94
우무尤袤 136
우창쉬吳昌碩 222, 223
우페이푸吳佩孚 505
《운좌산방잡록雲左山房雜錄》 433
원구단圓丘壇 360~362, 364, 365, 369
원매袁枚 386
원명원圓明園 137, 138, 341, 348~358
《원야園冶》 187
위안스카이袁世凱 455, 461, 472, 478, 494, 502~504, 512, 514
위양보魏良輔 298, 300
위전페이兪振飛 301
위충현 32
윌리엄 체임버스 358
유광제劉光第 455, 464
유근 47, 53
《유림외사儒林外史》 388~399
유향劉向 135
유흠劉歆 135
육구연陸九淵 52
육심원陸心源 143

육왕파陸王派 52
육호동戳浩東 501
은명恩銘 481, 491
의화단義和團 447
이길보李吉甫 148
이시진李時珍 82~89
이어李漁 210
이정李禎 376
이정산李靜山 314
이허위안頤和園 186, 187, 191, 460
이훙장李鴻章 450
이화대고梨花大鼓 313
《이견지夷堅志》 376
《이십년목도지괴현상二十年目睹之怪現狀》 399
익양강弋陽腔 298, 300, 301
《인경려시초人境廬詩草》 452
《일본국지日本國志》 444, 449, 452
《일본잡사시日本雜事詩》 444, 447, 452
《일지록日知錄》 159, 162, 167
임욱林旭 455, 460, 463
임천사몽臨川四夢 18~29
임칙서林則徐 422, 423, 428~439

ㅈ

자금성紫禁城 137, 138, 175~178, 181, 238, 368
자제서子弟書 313
《자제서총목子弟書總目》 313
《자차기紫釵記》 19, 22, 24, 26
자희태후 449, 455
장 드니 아티레 341, 351
장릉長陵 96~96, 99, 100, 104
장백희張百熙 474
《장생전長生殿》 29, 235
장소포張篠浦 475
장쉰張勛 513

장연창張燕昌 216
장이규張二奎 330
장인江陰 32
장정롱莊廷鑨 295
장즈둥張之洞 448, 472
장춘원長春園 348, 350~354
장희걸張希杰 377
저우신팡周信芳 332, 333
저우언라이周恩來 307
저우쭤런周作人 515
《전검기문黔紀聞》 295
전겸익錢謙益 137
전대흔錢大昕 141
《전등신화剪燈新話》 376
《전등여화剪燈餘話》 376
전송錢松 220, 221
전조망全祖望 142
절파浙派 219~221
정경丁敬 216, 220, 221
정극상 285
정남왕靖南王 290
정릉定陵 93, 99~102, 104
정사량鄭士良 500
정성공鄭成功 106~116
《정위석精衛石》 486
정위원程偉元 411
정이程頤 51
정장경程長庚 324~326, 330
정정조程廷祚 391
정주파程朱派 51
정지룡鄭芝龍 106, 109~111, 113
정호程顥 51
제갈량 257
《제민요술齊民要術》 74
조공무晁公武 136
조낭파 127
조설근曹雪芹 296, 303, 388, 402~414
조옹曹顒 404

조인曹寅 303, 404
조지침趙之琛 220, 221
조지프 니덤 43, 68
주기옥朱祁鈺 92
주서朱瑞 489
주신호朱宸濠 47, 54, 55
주아위周亞衛 489
《주역정의周易正義》 257
주영년周永年 144
주원장朱元璋 92, 234
주윤문 92
주율건朱聿鍵 106
주희 48, 51, 53, 56
준가얼准噶爾 256, 288, 289
중국공산당 495, 498, 517
중국국민당 494, 499
중국동맹회 494, 497
《중국소설사략》 376
《중국여보中國女報》 480, 485, 486
중화혁명당 494, 503
쥐정위안拙政園 187, 194
《지감기芝龕記》 483
《지구초패》 431
《지도초패地圖招牌》 431
《직재서록해제直齋書錄解題》 136
진단생陳端生 318
진보잠陳寶箴 442, 449
진소백陳少白 500
진예종陳豫鍾 220, 221
진자룡 76
진진손陳振孫 136
진홍수陳洪綬 210
진힐분陳擷芬 486

ㅊ

차오쿤曹錕 505

차이위안페이蔡元培 478, 512, 514, 515
채옹蔡邕 136
《천공개물天工開物》 58~68, 210
천단天壇 172, 176, 177, 179, 360~373
천두슈陳獨秀 478, 508, 510, 512~516
천일각天一閣 136, 138~142, 153
천중밍陳炯明 505
《청년잡지青年雜誌》 508, 515, 516
청더취안程德全 502
청옌추程硯秋 332
청일전쟁 454, 456, 457, 488, 494
청창清唱 300, 301, 308
《청회전清會典》 275
추근秋瑾 480~492
춘대반 324
《춘추》 132, 343
출두판出豆版 199
첸쉬안퉁錢玄同 515
《측량법의測量法義》 75, 78
《칠략七略》 135

ㅋ

카규파 127
카스틸리오네 351
캉유웨이 425, 449, 454, 461, 463, 499, 514

ㅌ

탄사彈詞 310, 316, 317
탕현조湯顯祖 18~29
《태평광기太平廣記》 376
태학太學 226, 228, 229, 232, 233

ㅍ

판첸 라마 289, 291~294
팔각고八角鼓 314
펑위샹馮玉祥 505
평남왕平南王 290
평서왕平西王 290
포반浦槃 378
포송령 376~386
포천옥浦天玉 310
포탈라 궁 118~130, 261
푸시화傅惜華 313
풍자유馮自由 480
풍진만馮鎭巒 380, 381
피서산장避暑山莊 137, 252~263, 354

ㅎ

《하객유기霞客遊記》 32~43
하노봉何老鳳 310
하빈何斌 113~115
하여장何如璋 442
하진何震 218, 219
하초夏超 489
《한단기邯鄲記》 19, 22, 27
해강奚剛 220
해소백奚嘯伯 332
해염강海鹽腔 298, 300
《해탁諧鐸》 386
허요許耀 489
현엽玄燁 284
호정언胡正言 198, 206
홍력弘曆 286
홍매洪邁 376
홍승洪昇 29, 235
화부花部 306
화춘반 324

황궁우皇穹宇 362, 364~366, 371
황싱黃興 480, 501~503
황역黃易 220, 221
황우직黃虞稷 137
황존소黃尊素 158
황종희黃宗羲 141, 158, 160~163, 165~167, 169
황준헌黃遵憲 425, 442~452
회음벽回音壁 371
후스胡適 452, 510, 515
후조종侯朝宗 304
후한민胡漢民 502
휘조반사徽調班社 322
휘파徽派 218~220
흡사가歙四家 219
홍중회興中會 494, 496, 500, 501
《홍루몽》 296, 303, 386, 388, 402~414, 447